Kinder & Religion

Was Erwachsene wissen sollten

Frieder Harz

Kallmeyer

Dr.theol. **Frieder Harz**, geb.1943, war Lehrer an Grund- und
Hauptschulen und Gemeindepfarrer. Seit vielen Jahren ist er in
der Aus- und Fortbildung von Unterrichtenden im Fach Evangelische Religionslehre tätig, derzeit als Professor für Religionspädagogik an der Evangelischen Fachhochschule Nürnberg und
als Lehrbeauftragter an der Evangelisch-Theologischen Fakultät
der Ludwig-Maximilians-Universität München. Er ist landeskirch-
licher Beauftragter der Evang.-Luth. Kirche in Bayern für religiöse
Erziehung in der frühen Kindheit.
Zahlreiche Veröffentlichungen zur religiösen Erziehung und Bildung
im Elternhaus, in Kindertagesstätten und in der Grundschule.

Bibliografische Information der Deutschen Bibliothek
Die Deutsche Bibliothek verzeichnet diese Publikation in der
Deutschen Nationalbibliografie; detaillierte bibliografische Daten
sind im Internet über http://dnb.ddb.de abrufbar.

Impressum

Frieder Harz
Kinder & Religion
Was Erwachsene wissen sollten

1. Auflage 2006
© 2006 Kallmeyer bei Friedrich in Velber
Erhard Friedrich Verlag GmbH,
30926 Seelze-Velber
Redaktion: Solveig Möhrle
Gestaltung: Beate Franck-Gabay/Friedrich Medien-Gestaltung
Titelfoto: Claudia Below
Druck: Aalexx GmbH, Großburgwedel. Printed in Germany
ISBN 13: 978-3-7800-5224-7
ISBN 10:   3-7800-5224-5

Wer hat die Erde gemacht? Warum müssen Menschen sterben? Wieso gibt es Ungerechtigkeit auf der Welt? Früher oder später sehen sich die meisten Eltern, Lehrerinnen oder Mitarbeiter von Kindertagesstätten mit diesen Fragen der Kinder konfrontiert. Dieses Buch regt zur Auseinandersetzung mit folgenden Inhalten an:

- Was ist Religiosität und Religion? Vor welchen Aufgaben steht eine christlich orientierte religiöse Erziehung und Bildung im Blick auf die gesellschaftliche kulturelle und religiöse Vielfalt?

- Was ist Gottes Beziehung zu unserer Welt und wie verhält sich das Unsichtbare zum Sichtbaren? Wie können Erwachsene Kinder beim Aufbau ihrer religiösen Vorstellungswelt angemessen begleiten?

- Die Welt der Bibel lädt ein zum Eintauchen in frühere Zeiten und zum Nachdenken darüber, wie die Botschaften der alten Geschichten auch für heutige Zeitgenossen hilfreich und wegweisend sein können: Wie können biblische Texte Kindern zu Mutmachgeschichten und anregenden Begleitern werden?

- Erwartungen an religiöse Erziehung richten sich vor allem auf die Vermittlung von Werten. Welchen wichtigen Beitrag können christliche Traditionen zur Förderung des Verantwortungsbewusstseins gegenüber sich selbst, den Mitmenschen und unserer Welt leisten?

- Christlicher Glaube lebt weniger in Lehrsätzen als vielmehr in konkreten Vollzügen, in Ritualen, im gottesdienstlichen Geschehen, in Bildern und Musik. Wie kann man über diese Zugänge den Reichtum der überlieferten Rituale, Bilder und Symbole für Kinder erschließen?

- Christliche Überlieferungen werden in besonderer Weise mit den Festen im Jahreskreis weitergegeben. Es gilt, in den Symbolen und Festbräuchen deren theologischen Aussagen auf die Spur zu kommen und Kindern die Botschaften dieser Feste zugänglich zu machen.

- Kinder sollen lernen, mit der heutigen Vielfalt der Konfessionen, anderen religiösen Überzeugungen und Religionen umzugehen. Was hilft Kindern zu einer eigenen religiösen Überzeugung zu finden, die sich zugleich durch Verständnis für andere religiöse Einstellungen auszeichnet?

Das Buch stellt die Orientierungshilfen vor, die der Glaube anbietet. Zum Vergleich treten Ausblicke auf andere Religionen hinzu. Wer mehr über die Hintergründe des christlichen Glaubens wissen, sich Ideen zur Praxis religiöser Erziehung holen oder seine Erinnerung an biblische Geschichten auffrischen möchte, für den hält dieses Buch gesonderte Informationskästen bereit.

Viel Vergnügen und viel Gewinn beim Lesen!

Frieder Harz

Kinder & Religion

Was Erwachsene wissen sollten

6   Religion, was ist das?

▸ Worum es in diesem Kapitel geht **8**
▸ Religion und Kirche sind nicht dasselbe **9**
▸ Religion für Kinder **11**
▸ Religionspädagogik **18**
▸ Das christliche Menschenbild und religiöse Bildungsziele **23**

24   Vorstellungen von Gott begleiten

▸ Worum es in diesem Kapitel geht **26**
▸ Wie sieht Gott aus? **27**
▸ Wo wohnt Gott? **31**
▸ Auf welche Art und Weise wirkt Gott? **32**
▸ Enttäuschte Hoffnungen **35**
▸ Gibt es ein Leben nach dem Tod? **38**
▸ Gott und Engel, Himmel und Hölle **41**
▸ Mit Kindern beten **44**
▸ Gottesvorstellungen und religiöse Bildungsziele **47**

48   Biblische Geschichten damals und heute

▸ Worum es in diesem Kapitel geht **50**
▸ Glaube – das unerschütterliche Vertrauen auf Gottes Begleitung **54**
▸ Anerkennung erfahren: Der Glaube setzt andere Maßstäbe **56**
▸ Eigene Grenzen und neue Anfänge **58**
▸ Die Welt mit neuen Augen sehen: Geschichten von Heilung und Hoffnung **60**
▸ Vom Bibeltext zur eigenen Nacherzählung **63**
▸ Botschaften zwischen den Zeilen entschlüsseln **67**
▸ Biblische Geschichten und religiöse Bildungsziele **70**

72   Werteerziehung durch Religion

▸ Worum es in diesem Kapitel geht **74**
▸ Sich an unveräußerlichen Werten orientieren **78**
▸ Herausforderungen annehmen **84**
▸ Um Entscheidungen und Lösungen ringen **90**
▸ Ethik und religiöse Bildungsziele **93**

94 **Glauben erleben**

▸ Worum es in diesem Kapitel geht **96**
▸ Rituale **99**
▸ Die Kirche – ein Ort des Glaubens **103**
▸ Der Gottesdienst **106**
▸ Bilder **111**
▸ Musik **114**
▸ Ausdrucksformen des Glaubens und
  religiöse Bildungsziele **117**

118 **Feste im Jahreskreis und ihre Botschaften**

▸ Worum es in diesem Kapitel geht **120**
▸ Weihnachten und Weihnachtszeit **124**
▸ Passion und Ostern **130**
▸ Pfingsten **137**
▸ Erntedank und Gedenktage **139**
▸ Christliche Feste und religiöse
  Bildungsziele **141**

142 **Von der Vielfalt der Konfessionen und Religionen**

▸ Worum es in diesem Kapitel geht **144**
▸ Ein Glaube in verschiedenen Konfessionen **145**
▸ Vom Wahrheitsanspruch der Religionen **147**
▸ Interreligöses Miteinander und religiöse
  Bildungsziele **153**

154 **Biblische Geschichten**

▸ Zur Einleitung der biblischen Nacherzählungen **155**
▸ Abraham und Sara finden eine neue Heimat **156**
▸ Davids Salbung **158**
▸ Josef und seine Brüder **160**
▸ Die Heilung des Gelähmten **163**
▸ Jesus speist mit Zachäus **166**
▸ Abraham und Lot finden eine Lösung **167**
▸ Das letzte Abendmahl **169**
▸ Jesu Auferstehung **170**
▸ Pfingsten **171**

Weiterführende Literatur **173**
Stichwortverzeichnis **174**
Bildnachweise **175**

Religion, was ist das?

▸ Worum es in diesem Kapitel geht

▸ Religion und Kirche sind nicht dasselbe

▸ Religion für Kinder

▸ Christliches Menschenbild und Religionspädagogik

▸ Das christliche Menschenbild und religiöse Bildungsziele

Im Gospelchor steht das Individuum im Dialog
mit der Gemeinschaft der Gläubigen

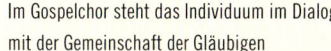

Worum es in diesem Kapitel geht

Auf die Frage nach eigenen religiösen Orientierungen und nach religiöser Erziehung gibt es unterschiedliche Antworten und Meinungen:

- Die einen denken zurück an ihre Kindheit, in der Religion eine positive Rolle gespielt hat. Da war es der Vater oder die Großmutter, die mit ihnen gebetet und auch Geschichten aus der Kinderbibel vorgelesen haben. Geblieben ist die Erinnerung an eine angenehme Atmosphäre, an das gute Gefühl, den starken, allmächtigen Gott auf seiner Seite zu haben. Auch wenn sich inzwischen viel verändert hat und sich die Beziehung zu diesem Gott gewandelt hat – die Beziehung zu einem göttlichen Gegenüber ist für diese Menschen selbst wichtig geblieben. Sie ist es wert, dass auch die eigenen Kinder solche Erfahrungen machen.
- Andere haben erst später einen Bezug zur Religion gefunden und möchten ihn gerne möglichst frühzeitig an die eigenen Kinder weitergeben.
- Etliche denken mit gemischten Gefühlen und innerer Distanz an bisherige Erfahrungen mit Religion und Kirche. Weil sie selbst keine Bindung zur Kirche haben oder sich aus solcher Bindung gelöst haben, halten sie Religion und Glauben für sich wie für ihre Kinder für unnötig. Vielleicht waren es auch Vorstellungen vom strafenden Gott, die sie als Kinder zum Wohlverhalten anleiten sollten und später den Abschied von diesem Gottesbild leicht machten.
- Wieder andere haben wenig eigene Erfahrungen mit Religion, stehen ihr aber interessiert und aufgeschlossen gegenüber. Ich weiß nicht, was es mit Religion auf sich hat, sagen sie, dazu müsste ich erst mehr darüber wissen.

→ Wie denken Sie über Religion?
→ Was ist Ihnen im Blick auf die Kinder wichtig?

Religion meint die Beziehung zu einem Letztgültigen, Höchsten – was immer das auch sein mag. In diesem weiten Verständnis bezeichnet dieses Wort eine Dimension des menschlichen Lebens, in der es um dessen Ursprung, Sinn und Ziel geht. Religiös sind die Fragen: Was ist mir das Wichtigste in meinem Leben? Was gibt ihm Sinn? Was hilft mir in Unsicherheit und Angst? Was gibt mir Orientierung? Was gilt jenseits des Sichtbaren, Erkennbaren? Wo komme ich her, wo gehe ich hin? Solche Fragen sind für alle Menschen wichtig, deshalb kann man davon ausgehen, dass in diesem weiten Sinn alle Menschen für Religiöses grundsätzlich ansprechbar sind.

Dieses Kapitel klärt zunächst, wie Religion in unserer modernen Gesellschaft in Erscheinung tritt. Davon ausgehend werden Konsequenzen für die Aufgaben religiöser Erziehung entwickelt.

WISSENSWERT

Religio wird vom lateinischen Wort *religare* hergeleitet. Es bedeutet „zurückbinden, an etwas befestigen" und bringt somit die Verbindung des Menschen mit Gott zum Ausdruck.

Religion und Kirche sind nicht dasselbe

Früher waren Religion und kirchliche Frömmigkeit weitgehend identisch. Das hat sich in der modernen Gesellschaft geändert:

- Die Bindung an die christlichen Kirchen ist zurückgegangen, die Stimme der Kirchen in der Öffentlichkeit hat an Bedeutung verloren. Man spricht von einem Traditionsabbruch, weil immer weniger Menschen die überlieferten christlichen Traditionen kennen und praktizieren.
- Andererseits finden religiöse Angebote außerhalb der Kirchen großen Zulauf. Das reicht vom Bücherangebot zur Esoterik und moderner Spiritualität bis zu mancherlei religiösen Signalen und Anklängen in der Werbung. Der religiöse „Markt der Möglichkeiten" ist groß und unübersichtlich.

Heute reicht Religion weiter als die überlieferten kirchlichen Angebote. Auch sind neben den christlichen Kirchen inzwischen andere Religionsgemeinschaften im gesellschaftlichen Leben präsent, vor allem der Islam.

Wie zeigt sich Religion in unserer Gesellschaft?

Religion erscheint in dem hier vorgestellten weiten Verständnis in all dem, was einem für das eigene Leben wichtig und wegweisend ist.

- Neben überlieferter Frömmigkeit hat auch Alltägliches seine „religiöse Weihe" bekommen: Religiös besetzt ist für viele der Sport, die Identifikation mit den Siegern und Helden. Bei den großen Fußballturnieren ist immer wieder vom „Fußballgott" die Rede. Auch Werbung ist weithin religiös besetzt, wenn sie auf tiefe Sehnsüchte in Menschen anspielt und deren Erfüllung in Aussicht stellt („Gib deiner Zukunft ein Zuhause!",

„der Duft der großen weiten Welt" usw.). „Konsumtempel" laden zum Einkaufserlebnis ein; Modetrends gewinnen „Kultstatus".

- Enger gefasst ist das Verständnis von Religion, das sich als gemeinschaftliche Antwort auf das Wahrnehmen und Erleben eines alles umfassenden Göttlichen versteht. In gemeinsamen Ritualen, Orientierungen und Einstellungen findet es seinen Ausdruck. Im Blick ist hier auch die ganze Vielfalt der neuen Religiosität, in der das Transzendente, Göttliche ganz bewusst zum Thema gemacht und zur Sprache und Darstellung gebracht wird. Das gilt etwa für esoterische Frömmigkeit, Meditationstechniken, die zu innerer Erleuchtung führen oder für die Wiederbelebung kultischer Naturreligionen. Dazu gehört auch der vor allem von Jugendlichen praktizierte Okkultismus.
- Klarer zu bestimmen sind die überlieferten Religionen mit ihren „Urkunden des Glaubens", den klar definierten Zeichen der Zu-

Für viele Fans ist der Sport religiös besetzt

gehörigkeit und ihrer traditionsbildenden kulturellen Kraft. So wird christlicher Glaube in den christlichen Konfessionen gelebt und praktiziert, in je verschiedener Nähe oder Distanz zu den kirchlichen Institutionen.

In Religionen geht es um das, was einem Orientierung und Halt im Leben gibt. Damit kommt die Frage nach der religiösen Wahrheit ins Spiel. In allen Religionen gibt es Gruppierungen, die den eigenen Wahrheitsanspruch mit der Bekämpfung anderer Wahrheitsansprüche verbinden. Oft steht das Bedürfnis nach Orientierung an möglichst einfachen Denk- und Verhaltensmustern dahinter, die klar zwischen „schwarz" und „weiß" unterscheiden. Es sind die fundamentalistischen Gruppen, die großen missionarischen Eifer entwickeln und so am meisten auf sich aufmerksam machen.

Umgang mit Religion zeigt sich also in unserer gegenwärtigen Gesellschaft auf sehr unterschiedliche Weise.

- Die einen nehmen sich für solche Fragen keine Zeit und reagieren eher unreflektiert und spontan auf die verschiedenen religiösen Angebote.
- Andere haben auf diese Fragen Antworten gefunden, die ganz bewusst ohne Rückgriffe auf religiöse Traditionen auskommen.
- Wieder andere pflegen Kontakte zu den Kirchen und praktizieren auf unterschiedliche Weise die in ihnen wirksamen christlichen Traditionen.

Hat es angesichts solcher Vielfalt überhaupt Sinn, sich über Religion zu verständigen? Oder ist es nicht etwas so Privates, dass es gar nicht für das Gespräch mit anderen und für die Öffentlichkeit bestimmt ist?

Aus verschiedenen Gründen erscheint es wichtig, sich mit Religion zu befassen und dies auch gemeinsam mit den Kindern zu tun:

- Wer sich im religiösen „Markt der Möglichkeiten" zurechtfinden will, braucht ein kritisches Urteilsvermögen. Was ist an den Angeboten „dran"? Erfüllen sie die in sie gesetzten Erwartungen?
- Das Nachdenken über die Fragen nach dem Sinn und Ziel des Lebens braucht Anregungen von außen, damit es nicht versandet. Wie sind andere mit diesen Fragen umgegangen? Was ergibt sich daraus für die eigenen Antwortversuche? Schon Kinder denken über diese Fragen nach und brauchen dabei einfühlsame Gesprächspartner.
- Die eigene Lebensgeschichte wird von Ritualen und Symbolen begleitet, die ihren Ursprung oft in der frühen Kindheit haben und vielfach in Zusammenhang stehen mit religiösen Traditionen. Wie geht es mit diesen persönlichen Verhaltensweisen weiter? Können sie mit den zunehmenden Lebenserfahrungen mitwachsen?
- Christliche Überlieferungen haben die abendländische Kultur geprägt, in Malerei, bildender Kunst, Musik und Literatur. Es gehört zur Bildung dazu, sich auch mit diesen kulturell-religiösen Wurzeln unserer Gesellschaft auseinander zu setzen, um die Gegenwart besser zu verstehen.
- Je stärker verschiedene Religionen im gesellschaftlichen Leben präsent sind, desto wichtiger wird die Begegnung und Auseinandersetzung mit anderen Religionen. Nur so können Ausgrenzungen vermieden und gegenseitiges Verstehen gefördert werden.

Religion für Kinder

→ Erinnern Sie sich an die Fragen von Kindern nach dem Anfang ihres Lebens und auch nach der Welt und ihren Geheimnissen? „Wo kommt das alles her? Wer hat das gemacht? Warum ist es so und nicht anders? Warum müssen Tiere und Menschen sterben?" Welche Gespräche haben sich daraus entwickelt?

→ Wie gewinnen kleine Kinder verbindliche Maßstäbe und Regeln für ihr Verhalten? Welche Rolle spielt dabei eine letzte, höchste Instanz, die die Ordnung in unserer Welt verbürgt und darauf drängt, dass Menschen ihre Verantwortung für das Zusammenleben wahrnehmen?

→ Welche Bedeutung haben Geschichten, wiederkehrende und verlässliche Gesten, Symbole, Feste für Kinder? Wie strukturieren sie die Zeit? Welche Schlüssel zum Verständnis unserer Welt bieten sie an? Führen sie die Kinder auch vom Alltäglichen, Sichtbaren zum Geheimnisvollen, Staunenswerten? Gibt es bestimmte Orte und Zeiten, an denen Kinder solche Erfahrungen in besonderer Weise machen können?

Das sind die Themenkreise, um die es in diesem Buch beim Nachdenken über Religion für Kinder und Religion der Kinder geht.

In der Familie Religion vermitteln und erleben

Das kleine Kind erlebt im Verhältnis zu seinen ersten Bezugspersonen umfassende, Leben ermöglichende Geborgenheit, Ermutigung zum Leben, Zuwendung, Vertrauen – kurzum, was sein Leben hält und trägt. Solange diese Bindung für das Kind noch die ganze Welt bedeutet, hat sie durchaus religiösen Charakter.

Frühe positive Bindungserfahrungen sind weniger quantitativ nach der zeitlichen Länge der Zuwendung, sondern qualitativ nach ihrer Intensität und Echtheit zu beurteilen. Sie ermöglichen es dem Kind, sich später offen, neugierig und zielstrebig in der Welt der Dinge wie auch in anderen Beziehungsangeboten zurechtzufinden.

Frühe Geborgenheitserfahrungen sind auch ein wesentlicher Zugang zu späteren Gottesbildern. Erfahrene Liebe macht anschaulich und lebendig, was auch für das unsichtbare

Vorleserituale schaffen ein Gefühl der Geborgenheit und strukturieren den Tag – als Zeichen der Begleitung haben sie religiösen Charakter

Gegenüber gelten soll, das die Erwachsenen Gott nennen. Anerkennende Zuwendung ist der Erfahrungsschatz, aus dem das frühe Gottesbild seine Konturen gewinnt. In diesem Sinne ist es schon gerechtfertigt, von den ersten Bezugspersonen als einem „ersten Gott" des Kindes zu sprechen. Die Wirkung dieser frühen Erfahrungen zeigt sich später auch, wenn die Grenzen der menschlichen Bezugspersonen wahrgenommen werden. Dann suchen Kinder nach einer Vertrauensbeziehung, die noch weiter reicht, über die Grenzen zwischenmenschlicher Beziehungen und unserer erfahrbaren Welt hinaus.

Religiöse Erziehung beginnt also mit dem Anfang des Lebens. Indem Eltern sich als verlässliche Bezugspersonen zeigen, handeln sie gleichsam an Gottes Statt. So eröffnen sie dem Kind die Welt zum Wahrnehmen mit allen Sinnen und lassen es spüren, dass es geliebt und in seiner Einmaligkeit und Einzigartigkeit wertgeschätzt ist. Schon bald spürt das Kind, dass Geborgenheit und Liebe nicht mit der grenzenlosen Erfüllung aller Wünsche gleichzusetzen sind. Kinder erleben, dass Willensäußerungen nicht die gewünschte Resonanz finden. Wichtig ist, dass sie in solchen Enttäuschungen und späteren Konflikten spüren, dass die Vertrauensbeziehung daran nicht zerbrechen muss, sondern sogar intensiver und dichter werden kann. Auch derartige Erlebnisse und Erfahrungen haben ihre Bedeutung für das Gottesbild der Kinder (→S. 29 ff.). Es ist auf die Dauer ja wenig erfolgversprechend, die bei den Bezugspersonen erlebten Versagungen durch die Verlagerung der Wünsche auf den allmächtigen Gott zu kompensieren. Auch in dieser Beziehung stehen Enttäuschungen bevor. Hilfreich ist es, wenn Kinder später in ihrer Gottesbeziehung ebenfalls erfahren können, dass grundlegen-

des Vertrauen und die Zusage von Schutz und Begleitung weiter reichen als die Erfüllung aller Wünsche. So werden auch Erfahrungen von unerfüllten Wünschen in den zwischenmenschlichen Beziehungen zu wichtigen Voraussetzungen einer tragfähigen und belastbaren Gottesbeziehung.

Den zwischenmenschlichen Erfahrungen von Geborgenheit entsprechen verlässliche Ordnungen in der Welt der Dinge, im Erleben von Raum und Zeit. Kinder brauchen Rituale, die den Tagesablauf und später auch den Wochenverlauf bis hin zum Jahreszyklus strukturieren und ihnen eine verlässliche Ordnung geben. Solche Rituale begleiten das gemeinsame Leben bei den Gesten und Spielen beim Wickeln und Baden, beim Füttern, beim Schmusen. Sie reichen von der Begrüßung nach dem Aufwachen bis zur Verabschiedung in den Schlaf. Als elementare Zeichen der Behütung und Begleitung haben sie religiösen Charakter. An ihnen machen sich auch religiöse Botschaften in Worten und Gesten fest, die dann später als Ausdruck der Beziehung zu Gott identifiziert werden können: vor allem das Gute-Nacht-Gebet in seiner besonderen Dichte. Im Laufe der Zeit spannt sich der Bogen hin zu den Festen im Jahreskreis und ihrer Bedeutung für den eigenen Glauben.

Am Anfang der religiösen Erziehung kommen also vor allem die Rituale (→S. 44 f., 99 ff.) zum Tragen, dann die Feste mit ihren Bräuchen (→S. 124 ff.). Schon da wird relevant, wie Kinder mit unterschiedlichen religiösen Traditionen (→S. 147 ff.) umgehen. Wichtig werden die elementaren ermutigenden Botschaften der biblischen Geschichten (→S. 54 ff.) und weiter die Fragen der Kinder nach Gott (→S. 56 ff.) und nach dem angemessenen verantwortlichen Tun (→S. 74 ff.).

12

In Kindertagesstätten in kirchlicher Trägerschaft Religion vermitteln und erleben

Mit dem Besuch der Kindertagesstätte begegnen die Kinder dem Religiösen im Rahmen einer öffentlichen Institution. Erzieherinnen und Erzieher haben ihre Kompetenzen in mehrjähriger Ausbildung erworben und erweitern sie mit Hilfe eines reichhaltigen Fortbildungsangebots. Religionspädagogische Aktivitäten sind gut fundiert, wenn sie Teil der Ausbildung waren, wenn in den konzeptionellen Überlegungen zu den verschiedenen Lernfeldern auch die religiöse Dimension berücksichtigt wird und wenn die Erzieherinnen und Erzieher religionspädagogische Fortbildungen besuchen. Entscheidend ist dabei auch das Interesse des Trägers der Kindertagesstätte an religiöser Erziehung und Bildung. Zwei Drittel der Kindergärten in Deutschland sind in kirchlicher Trägerschaft, zu etwa gleichen Teilen in evangelischer und katholischer.

Kirchliche Träger (Kirchen- bzw. Pfarrgemeinden, übergreifende Gemeindeverbünde, Caritas und Diakonie) geben aus verschiedenen Gründen der religiösen Erziehung besonderes Gewicht:

- Das Lernen in den ersten Lebensjahren geschieht mit besonderer Intensität – das gilt auch für die religiöse Dimension. In dieser Zeit machen Kinder grundlegende Erfahrungen, auf die sie später immer wieder zurückgreifen können. Religiöse Beheimatung stiftet eine Vertrauensbasis, die weit tragen kann und auch in den nötigen Veränderungen der religiösen Vorstellungen in den kommenden Jahren die emotionale Beziehung zum göttlichen Gegenüber festhält. Mit der Taufe kleiner Kinder wird zum Ausdruck gebracht, dass diese Beziehung vom Anfang des Lebens an wirksam ist. Im Angebot religiöser Erziehung in der Kindertagesstätte wird dies im alltäglichen Miteinander anschaulich.

- Christliche Gemeinden wollen Menschen in allen Altersstufen Räume anbieten, in denen sie miteinander erfahren, was Glauben heißt. Am besten geschieht das in einer Form des Zusammenlebens, das nicht auf zeitlich kurze, den Alltag unterbrechende Sonderveranstaltungen begrenzt ist, sondern im tagtäglichen Miteinander – eben wie in der Kindertagesstätte. Dabei wird den Kindern deutlich, wie die Beziehung zu Gott auf einfache, ungezwungene, natürliche Weise zum Leben dazugehört.

Kindertagesstätten sind ein Teil der christlichen Gemeinde. In ihnen verwirklicht sie ihren ureigensten Auftrag:

- Als **diakonische Gemeinde** kümmert sie sich um Gruppen in unserer Gesellschaft, die in einem wenig familienfreundlichen Klima oft an den Rand der gesellschaftlichen Beachtung gerückt sind, nämlich Familien und Kinder. Sie bietet Betreuung an und bietet Eltern Gelegenheit, Kontakte zu knüpfen.

Diakonia

Christliche Werte in den Kindergartenalltag integrieren: Teilen lernen, Gemeinschaft leben

Martyria

Kommunio

Liturgia

- Als **verkündigende Gemeinde** gibt sie Glauben in einer Art und Weise weiter, wie er zum Leben der Kinder und Eltern passt, so dass er zu deren eigenem Glauben werden kann.
- Als **kommunikative Gemeinde** bringt sie Menschen mit ganz unterschiedlichen religiösen Einstellungen zusammen und regt die Verständigung untereinander an, zwischen Christen mit unterschiedlicher Nähe zur Kirche und auch Angehörigen anderer Religionen.
- Als **feiernde Gemeinde** gestaltet sie mit den Kindern den Glauben in Gottesdiensten, in Liedern und Spielen, in bewusstem Erleben der Feste des Kirchenjahres.

Als Teil der kirchlichen Gemeinde sollten die Mitarbeitenden in der Kindertagesstätte eingebunden sein in die Kommunikation der haupt- und ehrenamtlichen Mitarbeiterinnen und Mitarbeiter der Gemeinde. Sie brauchen Unterstützung bei ihren Aufgaben: bei ihren Angeboten für Familien, bei den Fragen nach den wesentlichen Inhalten des christlichen Glaubens, beim Umgang mit Familien aus anderen Religionen, beim Gestalten von Gottesdiensten für Familien. Und sie können mit ihrer pädagogischen Kompetenz die Arbeit in den Gemeinden bereichern.

In Kindertagesstätten in nichtkirchlicher Trägerschaft Religion vermitteln und erleben

Da Religion im weiten Sinne zu unserer modernen Gesellschaft dazugehört, sollte sie auch in nichtkirchlichen Einrichtungen thematisiert werden. Im Unterschied zu Einrichtungen mit kirchlichem Profil geht es dann wohl nicht um religiöse Beheimatung im konfessionell-christlichen Traditionszusammenhang. Aber auch bloßes Informieren über religiöse Überlieferungen ist keine Alternative, weil das dem zu

fordernden ganzheitlichen Lernen mit allen Sinnen und in vertrauensvollen Beziehungen widerspricht. Geboten sind vielmehr Begegnungen mit Menschen, an denen spürbar wird, wie Religion sich in persönlichen Einstellungen und Überzeugungen zeigt. In solchen Begegnungen sollte dann auch die religiöse Vielfalt erfahren werden, die für unsere plurale Gesellschaft kennzeichnend ist. Kinder lernen dabei, dass Erfahrungen mit Religion immer bezogen sind auf das, was ganz konkrete Menschen glauben.

- Wie sollen kleine Kinder mit religiöser Vielfalt umgehen? Die Vielfalt der religiösen Überlieferungen darf nicht zu einem unübersichtlichen Gesamtbild verschwimmen. Stattdessen sollen einzelne Traditionsprofile, Zugehörigkeit zu Religionen und Konfessionen nach und nach immer deutlicher wahrnehmbar werden (→ S. 42 ff.).
- Eine breite Basis an Gemeinsamkeiten bietet die ethische Erziehung. Religiös überlieferte ethische Orientierungen sind in den säkularisierten Traditionen der Menschenrechte allgemeinverbindlich geworden. Wichtig bleibt dennoch, dass Kinder an erwachsenen Vorbildern erfahren können, wie bei ihnen höchste Werte in ihrer Lebenseinstellung und damit auch in ihrem religiösen Bewusstsein verankert sind. Sie sollten erleben können, wie diese innere Haltung sie zu bestimmtem ethischen Urteilen und Handeln motiviert und ermutigt und ihnen Hoffnung auf Gelingen gibt. Dazu dienen die Ausführungen zur ethischen Erziehung und Bildung (→ S. 72 ff.).
- Beim Erkunden ihrer Umwelt stoßen die Kinder auch auf die Spuren religiöser Traditionen. Seien es Gebäude wie Kirche und Moschee, Darstellungen biblischer Motive in der Kunst, die christlich verwurzelten

Festtraditionen im Jahreskreis – mit Kindern den Zusammenhängen und Hintergründen nachzugehen heißt auch, sich in gemeinsamer Suche auf die entsprechenden Traditionen einzulassen. Hinweise dazu geben die Abschnitte zu den Ausdrucksformen und Festen des christlichen Glaubens (→S. 94 ff. und S. 118 ff.).

- Religiöse Ausdrucksformen kennen lernen heißt auch, sie – zumindest zeitweise – mitzuerleben und mitzufeiern. Das gilt im Blick auf Rituale, mit denen die religiösen Botschaften verbunden sind, auf die Geschichten der Bibel, die zur Identifikation einladen, auf Gebete, in denen die Beziehung zu Gott erlebbar wird, und auch auf größere gottesdienstliche Formen, in denen all dies vertreten ist. Wichtig ist deshalb, dass Mitarbeitende in der Einrichtung oder Gäste in diesem Sinne etwas von ihrer Religion, von ihrem Glauben zeigen. Genaueres dazu findet sich in den Kapiteln zu biblischen Geschichten und zum ganzheitlichen Erleben des Glaubens (→S. 48 ff. und S. 94 ff.).
- Kinder stellen ihre Fragen, in die sie die religiöse Thematik einbeziehen. Auch in der Kindertagesstätte in nichtkirchlicher Trägerschaft sind Erziehende herausgefordert, sich auf solche Gespräche einzulassen und dabei ihre eigene Überzeugung ins Spiel zu bringen. Die Frage nach Gott stellt sich im Blick auf die eigene Biografie, das eigene Nachdenken in all seiner Unabgeschlossenheit und Vorläufigkeit. Anregungen zu solchem Nachdenken gibt das Kapitel zu den Vorstellungen von Gott und vom Glauben (→S. 26 ff.).

In den entstehenden Bildungsplänen für Kindertagesstätten wird die religiöse Dimension in unterschiedlich ausführlicher Weise themati-

GG Artikel 7

1. Das gesamte Schulwesen steht unter der Aufsicht des Staates.

2. Die Erziehungsberechtigten haben das Recht, über die Teilnahme des Kindes am Religionsunterricht zu bestimmen. Der Religionsunterricht ist in den öffentlichen Schulen, mit Ausnahme der bekenntnisfreien Schulen, ordentliches Lehrfach. Unbeschadet des staatlichen Aufsichtsrechtes wird der Religionsunterricht in Übereinstimmung mit den Grundsätzen der Religionsgemeinschaft erteilt. Kein Lehrer darf gegen seinen Willen verpflichtet werden, Religionsunterricht zu erteilen.

siert. So fordern sie dazu auf, sich auch jenseits eigener kirchlicher Bindung mit religiösen Fragestellungen zu beschäftigen.

Religionspädagogik in der Konzeption
Kindertagesstätten in kirchlicher Trägerschaft entwickeln ihr besonderes Profil in konzeptionellen Überlegungen, in denen die religiöse Dimension besondere Beachtung findet. Religionspädagogische Aktivitäten und Ziele sollten dabei nicht nur additiv einem allgemeinen Bildungskonzept hinzugefügt werden. Sie sollten vielmehr von der biblisch begründeten Sicht des Kindes und im Zusammenhang mit allen davon abgeleiteten pädagogischen Dimensionen und Handlungsfeldern entwickelt werden.

- Ausgangspunkt der Konzeptentwicklung ist das biblisch-christliche Menschenbild. Daraus ergeben sich einerseits allgemeine erzieherische Aufgaben, bei denen andererseits aber auch besondere Akzentuierungen durch spezifisch christliche Sichtweisen zum Zuge kommen. Wesentlich ist, dass allgemeine

Bedingungen für ein religiöses Urteilsvermögen

Dazu gehören

- differenzierte Einblicke in die religiösen Überlieferungen, ihre Entstehungs- und Wirkungsgeschichte
- Erfahrungen, was Glaube für den Lebensvollzug bedeuten, wie er grundlegende Fragen beantworten und dem eigenen Leben Sinn und Orientierung geben kann
- das Kennenlernen der ethischen Orientierung durch Religion
- das Erleben und Verstehen, wie Glaube in Ritualen, Liedern, Gebeten, Festen, Räumen seinen Ausdruck findet.

Das alles geschieht mit dem Ziel,

- zu einem eigenen Urteil zu finden, welche dieser Überlieferungen für das eigene Leben bedeutsam ist
- religiöse Fragen zu stellen und überlieferte Antworten kritisch daraufhin zu befragen, inwieweit sie bei der Suche nach eigenen Antworten helfen können
- ethische Herausforderungen als Aufforderung zu verstehen, Verantwortung für sich selbst, für die anderen und für die umgebende Welt zu übernehmen
- sich überlieferte religiöse Vollzüge in eigener Entscheidung anzueignen, sie auch zu verändern, um sie so neu mit Leben zu füllen.

16

pädagogische und spezifisch religionspädagogische Aktivitäten in einem stimmigen Zusammenhang erscheinen (→ S. 18 ff.).

- Spezifisch religiöse Themen und Inhalte werden nicht an bestimmte Zeiten oder gar besondere „Lehreinheiten" gebunden, sondern sind mit dem Alltagsgeschehen in der Kindertagesstätte verknüpft. Sie verbinden sich mit den Ritualen, nehmen in den biblischen Geschichten Themen auf, die für die Kinder aktuell wichtig sind, kommen in den Fragen und Gesprächen der Kinder zu Wort und werden bei Festvorbereitungen wie auch bei Erkundungen mitbedacht. Auch in den spezifisch religionspädagogischen Hand-

lungsfeldern gilt es immer wieder an diesen konzeptionellen Grundlagen Maß zu nehmen. Dazu dienen die jeweils letzten Abschnitte in jedem Kapitel.

Aufgaben des Religionsunterrichts

Aus den oben (→ S. 9 ff.) benannten Gründen und mit den entsprechenden Zielsetzungen wird in den Schulen Religionsunterricht angeboten. In seiner Organisation unterscheidet er sich von anderen Fächern: Die Verantwortung für die Inhalte liegt nämlich nicht beim Staat, sondern bei den Religionsgemeinschaften. Sie wirken bei der Erstellung der Lehrpläne und der Beauftragung der Unterrichtenden mit.

Der Grund für diese Beteiligung der Religionsgemeinschaften liegt in der Selbstverpflichtung des Staates zu weltanschaulicher Neutralität. Gerade weil die Trennung zwischen Staat und Kirche geboten und jede Form von Staatsreligion zu vermeiden ist, wurde die Verantwortung für die inhaltliche Durchführung des Religionsunterrichts in die Hände der Religionsgemeinschaften selbst gelegt. Deshalb gibt es nicht nur den einen Religionsunterricht, sondern evangelischen, katholischen, jüdischen und sicherlich demnächst auch islamischen Religionsunterricht – und für diejenigen, die solchen Unterricht ablehnen, den Ethikunterricht.

Verantwortung der Kirchen für den Religionsunterricht

Verlockend könnte es ja für die Kirchen sein, diesen Auftrag im Sinne einer Mitgliederwerbung zu nutzen. Das wurde und wird ihnen immer wieder zur Last gelegt und unterstellt. Solche Intentionen aber würden den bisher benannten Aufgabenstellungen und Zielsetzungen widersprechen. Deshalb wurden sie in den kirchlichen Verlautbarungen zum Religionsunterricht abgelehnt. Das Ziel, religiöses Urteilsvermögen zu stärken, schließt aber auch ein, sich auf Religion nicht nur in einem groben, oberflächlichen, neutralen Überblick einzulassen, sondern an konkreten Beispielen Religion selbst zu erleben und verstehen zu lernen. Nur so kann es zu einem fundierten eigenen Urteil kommen.

Die Kirchen unterstützen und fördern kooperative Arbeitsweisen, die Begegnungen ermöglichen mit

- der anderen christlichen Konfession in gemeinsamen Unterrichtsprojekten
- mit anderen Religionen durch Einladung von Repräsentanten in den Unterricht und entsprechende Gegenbesuche.

Unterrichtende sollen nicht nur in neutraler Distanz Wissensinhalte über Religionen vermitteln. Sondern sie sollen auch zeigen, was es heißt, religiöse Überzeugung zu haben. Zugleich ist damit die Aufgabe gestellt,

- die Wahrnehmungsfähigkeit zu schärfen für die Vielfalt des Religiösen in unserer Gesellschaft,
- ein Forum zu schaffen, auf dem offen über all das gesprochen werden kann, was den Beteiligten für ihr eigenes Leben wichtig, lieb und wert ist und ihnen Orientierung gibt
- das Urteilsvermögen zu stärken, wo religiöse Angebote Hilfen zum Leben sind und wo sie vereinnahmen und einengen.

Dem Religionsunterricht in der Grundschule bieten sich viele Möglichkeiten, an die religiöse Erziehung und Bildung in der Kindertagesstätte anzuknüpfen und sie weiterzuführen.

- Auch Religionsunterricht in der Grundschule braucht Rituale, kann die Vielfalt an Ausdrucksmöglichkeiten der Kinder nutzen und auch das Feiern einbeziehen. Stärkeres Gewicht bekommen nun die theologischen Klärungen bei den biblischen Festgeschichten, auch die ikonographischen Kenntnisse bei der Erschließung der christlichen Kunst (→ S. 111 ff., 118 ff.).
- Interreligiöse Herausforderungen drängen dazu, den konfessionellen Religionsunterricht für Begegnungen mit Angehörigen anderer Religionen zu öffnen, so dass mit der Beheimatung im Eigenen auch die Aufgeschlossenheit für Fremdes wachsen kann (→ S. 147 ff.).
- Das eigene Fragen, die eigene Auseinandersetzung mit dem Glauben muss auch der „rote Faden" im Religionsunterricht bleiben, trotz der und in den vom Lehrplan vorgegebenen Themen. So gilt es weiterhin aufmerksam zu verfolgen, wie Kinder in ihrer Erschließung von Natur und Kultur auch ihre Glaubensvorstellungen weiterentwickeln (→ S. 24 ff.).
- Beim Erzählen biblischer Geschichten gewinnen neben den Lebensthemen der Kinder die historischen Hintergründe an Bedeutung. Und es ist die neue Aufgabe gestellt, in der Differenzierung zwischen „gesagt und gemeint", d. h. zwischen historischer Tatsächlichkeit und der Wahrheit für die eigene Glaubensbeziehung, voranzukommen (→ S. 67).
- Dem Religionsunterricht steht das Alternativoder Ersatzfach Ethikunterricht gegenüber. Dabei darf nicht übersehen werden, dass auch im Ethikunterricht religiöse Phänomene in unserer Gesellschaft zu thematisieren sind und umgekehrt der Religionsunterricht die Aufgabe ethischer Bildung hat. Dabei gilt es, den besonderen Beitrag einer christlichen Sichtweise zur ethischen Erziehung und Bildung zu verdeutlichen (→ S. 74 ff.).

Religionspädagogik

Wer sich über Religion äußert, muss Rechenschaft über seine eigene Position geben können. Bei der Klärung religiöser Fragestellungen wird in diesem Buch auf biblisch-christliche Traditionen zurückgegriffen. Das geschieht in der Überzeugung, dass biblischer Glaube zu persönlicher Freiheit führen möchte. Die Beziehung zu Gott macht sensibel für die unantastbare Würde des Menschen und weckt Verantwortung für sich und andere. Eben das ist mit dem sogenannten christlichen Menschenbild gemeint. Es zeigt auf, wie grundlegende Werte, die sich als Fundament unserer Gesellschaft bewährt haben, in engem Zusammenhang mit dem Menschenbild der Bibel stehen. Diesem Menschenbild sind religiöse Erziehung und Bildung in der Familie, in kirchlichen Kindertagesstätten sowie die Inhalte und Zielsetzungen des Religionsunterrichts und damit auch die Inhalte dieses Buches verpflichtet. Sie zeigen, wie biblische Intentionen in hohem Maße mit pädagogischen Zielen korrespondieren, die auf Selbstvertrauen, Verantwortung und eigenständige Zugänge zur umgebenden Welt zielen. Die folgenden Abschnitte skizzieren die Grundzüge des biblisch-christlichen Menschenbilds und das daraus resultierende Verständnis für allgemeine und religiöse Bildung.

Vertrauen und Anerkennung

Was Menschen lebensfähig und stark macht, sind gute Erfahrungen in verlässlichen Beziehungen. Sie tragen dazu bei, mit Herausforderungen und Umbrüchen im Leben zurechtzukommen. Vertrauensvolle Beziehungen zu einem verlässlichen Gegenüber am Anfang des Lebens sind Bedingung dafür, leben zu können

und vielfältige Beziehungen zur umgebenden Wirklichkeit aufzunehmen. Erlebtes Vertrauen macht Mut, weitere Kreise zu ziehen und damit auch über den Bereich des Gewohnten hinaus in Neuland vorzudringen. Solange verlässliche Vertrauenspersonen Begleitung anbieten, kann sich das Kind etwas zutrauen. Das hilft auch, über enttäuschtes Vertrauen hinweg zu kommen und neues zu gewinnen.

Vertrauen charakterisiert auch die Gottesbeziehung, wie sie in der biblisch-christlichen Überlieferung zum Ausdruck kommt. Die Beziehung zwischen Mensch und Gott ist da grundlegend von dem Vertrauen geprägt, dass Gott vorbehaltlos zu den Menschen hält, sie auch in schwierigen Situationen nicht im Stich lässt. Glaube und Vertrauen sind im christlichen Verständnis fast austauschbare Begriffe: Die frühesten Gotteserfahrungen der Urväter und Urmütter Israels, mit denen die alttestamentlichen Überlieferungen ihren Anfang nehmen, erzählen davon, dass Gott ihnen Beziehung anbot, ihnen Schutz und Begleitung zusagte und seine Versprechen einhielt. Die ganze Geschichte des Gottesvolkes lässt sich als eine Kette von Vertrauenszusagen Gottes lesen: Immer wieder geht es um deren Herausforderung, Belastung, Bewahrung und Festigung.

Auch Kinder suchen das bestärkende und versichernde Echo ihrer Bezugspersonen: Damit ein Kind seine Lebenskräfte und Fähigkeiten entfalten kann, braucht es die wertschätzende Zuwendung der anderen. Seine Bezugspersonen signalisieren ihm, dass es erwünscht ist, dass sein Dasein ihnen viel bedeutet und Freude macht. Diese Erlebnisse bilden die Wurzeln des sich entwickelnden Selbstgefühls und Selbstbewusstseins. Um sich selbst annehmen und akzeptieren zu können, brauchen Menschen die Erfahrung, dass andere sie angenommen und akzeptiert haben. Sie ist umso wichtiger, je mehr Kinder auch mit anderen, gegenläufigen Erfahrungen zurechtkommen müssen: dass nur Anerkennung findet, wer bestimmten Standards gerecht wird und im allgemeinen Bewusstsein akzeptierte und verankerte Leistungsnormen erfüllt. Kinder brauchen Zeichen der Anerkennung, die ihnen selbst gelten, ihrer Individualität, ihren Stärken und Schwächen, in denen sie sich von anderen Menschen unterscheiden.

Auch hier zeigt sich eine breite Übereinstimmung mit christlich-theologischen Grundüberzeugungen. So gehört zum christlichen Glauben, sich von Gott ohne Bedingungen und Vorbehalte anerkannt zu wissen. Dieser Glaube unterstützt die Wertschätzung menschlicher Individualität und Eigenständigkeit und stellt sich so den Tendenzen entgegen, Menschen zu normieren und als funktionierende Rädchen in einem umfassenden gesellschaftlichen Räderwerk zu sehen. Gott schenkt Anerkennung, die allen menschlichen Taten und Leistungen vorausgeht. Schon durch die Hebräische Bibel, die zugleich das Alte Testament der Christen ist, zieht sich als roter Faden die Glaubenserfahrung, von Gott erwählt und anerkannt zu sein. Ohne erkennbare Gründe, schon gar nicht aufgrund von irgendwelchen religiösen Leistungen, hat Gott sein Volk erwählt, zu seinem Gegenüber und Bundespartner bestimmt und es mit dieser Partnerschaft ausgezeichnet. Später hat Jesus von Nazareth solche Erfahrungen weitergeführt. Er hat sich Menschen am Rande der Gesellschaft zugewendet und ihnen die Anerkennung geschenkt, die ihnen von anderen Mitmenschen wegen ihres Andersseins vorent-halten worden war: wegen ihrer Krankheit oder wegen ihrer biografischen Entwicklung, die sie ins gesellschaftliche Abseits gebracht hat.

Miteinander leben

Das Zusammenleben in menschlichen Gemeinschaften braucht Ordnungen und Regeln, damit es gelingen kann. Aus unterschiedlichen Menschenbildern resultieren auch entsprechend verschiedenartige Vorstellungen vom Zustandekommen solcher Regeln. Das Bild vom funktionierenden Menschen sieht ihn im unkritischen Akzeptieren und Anwenden vorgegebener Regeln. Oft wurde das biblisch-christliche Menschenbild in solchem Sinne missverstanden, wenn gesellschaftlich überlieferte Ordnungen als von Gott gesetzte und damit unveränderbare verstanden wurden und man menschliche Autorität zu einer göttlichen hochstilisierte.

Tatsächlich hat das biblisch-christliche Menschenbild eine ganz andere Vorstellung: Gelingendes Zusammenleben ist ein Geschenk. Ihm stehen aber auch andersartige Erfahrungen entgegen: Streit und Konflikte, gestörte Beziehungen, Ärger und Enttäuschungen, die Mühen des Sich-Zusammenraufens. Die Bibel sieht die Menschen realistisch, mit ihren Fehlern und Schwächen. Das gehört zur Selbstständigkeit des Menschen mit dazu. Und sie hält zugleich an der Perspektive des gelingenden Zusammenlebens fest, begründet in den Zusagen von Vergebung und Neuanfang.

Vertrauen und Anerkennung müssen sich im Umgang mit Konflikten bewähren. Vertrauen ist nötig, um zu den eigenen Schattenseiten stehen zu können, zu den eigenen Fehlern und Schwächen. Das gehört zur menschlichen Selbstständigkeit dazu. Heilsam für Kinder ist deshalb die Gewissheit, dass durch eigene Fehler verursachte und verschuldete Störungen des Zusammenlebens in klarer und deutlicher Form auch wieder aus der Welt geschafft werden können. Das ist Thema des christlichen Glaubens: In der Bibel werden die Vorbilder des Glaubens in all ihren Schwächen und Unzulänglichkeiten gezeigt. Da betrügt Jakob seinen Bruder Esau um das Erstgeburtsrecht und muss fliehen (1. Mose 27). Petrus, die Schlüsselgestalt in der Schar der Jünger Jesu, verspricht zuerst, Jesus auch in der Gefahr nie von der Seite zu weichen – und verleugnet dann im Hof des hohenpriesterlichen Palasts in Jerusalem seine Freundschaft mit Jesus (Mt 26, 69 ff.). Aber all diesen „Helden" wird ein Neuanfang ermöglicht. Sie erfahren Vergebung und können wieder in ihren Beziehungen leben. Gott macht entstandenen Schaden zwar nicht ungeschehen, aber er hilft, trotz dessen Folgen Neues zu beginnen.

Daraus ergibt sich eine wichtige religionspädagogische Aufgabe. Es gilt zu zeigen, wie Glaube dazu ermutigt, eigene Fehler und Schwächen als Teil der eigenen Person anzunehmen, ehrlich zu ihnen zu stehen und sie mit der Perspektive zu verbinden, dass entstandene Konflikte gelöst werden können. Trotz wiederkehrender Fehlschläge wird es so möglich, zum Gelingen des Zusammenlebens einen eigenen Beitrag zu leisten.

Damit wird der Weg frei, in eigene Verantwortung für das Zusammenleben hineinzuwachsen. Am Anfang steht die Erfahrung, einen sicheren Platz in der Gemeinschaft zu haben, sich mit ihr identifizieren und sie als etwas Gutes erleben zu können. So entwickeln Kinder Verständnis für die Bedürfnisse anderer. Ihr eigenes Gerechtigkeitsempfinden kann sich entfalten, das auf die Gleichberechtigung aller zielt. Das Zusammenleben in der Gemeinschaft setzt dem einzelnen Individuum auch Grenzen. Aus der Fähigkeit, selbst Vereinbarungen zu

treffen, die das Zusammenleben ordnen und dabei den Bedürfnissen aller Beteiligten Rechnung tragen, werden verpflichtende Regeln für alle vereinbart. Im Mitgestalten und Einhalten von Regeln wird der eigene Beitrag zum Gelingen des Zusammenlebens anschaulich. „Heile Gemeinschaft" meint gerade nicht das konfliktfreie Zusammenleben, sondern die Chancen, je nach den eigenen Gaben und Fähigkeiten am Gelingen des Zusammenlebens mitzuwirken: durch eigenverantwortliches Übernehmen von Aufgaben, durch Streit und Versöhnung, durch eigene Ideen zu guten Regeln für das Zusammenleben.

Diese Sichtweise ethischer Erziehung zeigt wiederum hohe Übereinstimmung mit biblischen Aussagen: Gottes Forderungen an die Menschen, wie sie etwa in den Zehn Geboten überliefert sind, fordern nicht kritiklose Unterwerfung unter ein vorgegebenes Regelsystem. Sie stehen zum einen immer im Zusammenhang mit einer vorausgehenden von Gott geschenkten Perspektive des Zusammenlebens. So ist die Verkündigung der Zehn Gebote mit der Befreiung Israels aus der ägyptischen Sklaverei verbunden. Die ethischen Forderungen, die Jesus aufstellte, gehen aus von der grenzenlosen Liebe, wie er sie selbst praktiziert hat. Die biblisch überlieferten Regeln lassen Raum für die eigene Verantwortung, für den eigenen Beitrag zum Gelingen des Zusammenlebens. Die Zehn Gebote zeigen an, was alles schützenswert ist, vom Recht auf Leben über den Schutz der Familien, des Verhältnisses von Arbeitszeit und Freizeit, bis zum Verhältnis von Mann und Frau, der Glaubwürdigkeit der Rede, dem zum Leben nötigen Hab und Gut. Innerhalb solch eines Gesamtrahmens gilt es dann mit offenen Augen zu sehen, wo das eigene Engagement gefordert ist. Pädagogische und theologische

Intentionen stimmen darin überein, dass das gelingende Zusammenleben die Übernahme eigener Verantwortung ermöglicht. Diese Verantwortung kann sich in einem ethischen Orientierungsrahmen gemäß den eigenen Fähigkeiten und Möglichkeiten entfalten.

Welt erkunden

Hartnäckig halten sich Vorstellungen von Bildung als bloßem Zuwachs von Wissen. Ein pädagogisch verantworteter Bildungsbegriff meint aber nicht Vermittlung und Aneignung von Bildungsinhalten, bei denen die Kinder lediglich Objekte des Geschehens sind, sondern Bildung als Selbsttätigkeit und Selbstbildung. Eigenständiges Lernen heißt für Kinder, aufmerksam die Welt mit allen Sinnen wahrzunehmen, zu sehen und zu hören, zu spüren und zu riechen, mit Händen und mit Füßen zu ertasten und zu messen. Kinder lernen, indem sie ihr Interesse ganz Bestimmtem, Neugier Weckendem zuwenden. Sie untersuchen es, halten nach Hilfsmitteln Ausschau, freuen sich über Entdecktes und wundern sich auch darüber. Sie sind stolz auf ihre eigenen Entdeckungen und erzählen gerne anderen davon. Erwachsene können dazu den Kindern anregende Umgebungen anbieten, in denen alle ihre Sinne viele Impulse zum selbstständigen Entdecken bekommen. Ein solches Bildungsverständnis nimmt nicht allein Maß an zu erreichendem Abstraktionsvermögen und Intellektualität, sondern geht aus vom je einzelnen Kind und seinen Fähigkeiten, sich seine umgebende Welt zugänglich zu machen.

Auch hier bieten sich theologische Bezüge an: Jeder Mensch ist ein von Gott gewolltes Geschöpf und ist als Gottes Ebenbild mit besonderer Würde ausgestattet. Das gilt grundsätzlich für alle Menschen, unabhängig von besonderen geistigen Fähigkeiten. Als Konsequenz für religiöse Erziehung ergibt sich daraus eine Religionspädagogik, die alle Sinne anspricht und herausfordert, in der es viel zu erleben und zu tun gibt.

Zum Entdecken unserer Welt gehört auch der Umgang mit den Grenzen unseres Erkennens, der Umgang mit dem Geheimnisvollen. Besonders in der Lebenswelt kleinerer Kinder sind Erklärbares und Unverständliches noch eng miteinander verwoben. Ein ganz ursprüngliches Verhalten zum Unerklärbaren und Geheimnisvollen ist das Staunen. In ihm kommt zum Ausdruck, dass hier etwas unserem Erkennen und Verstehen entzogen ist. Staunen kennzeichnet ein Verhältnis zur Wirklichkeit als Ganzer. Und es weckt die Frage nach einem Urheber des Ganzen hinter den wahrnehmbaren Einzeldingen und ihren Zusammenhängen. Gerade die Wahrnehmung der Wirklichkeit als das, was erkennendem Zugriff entzogen ist, lässt nach einer Adresse menschlichen Staunens und Rätselns fragen: Wer oder was steckt hinter den Dingen?

Kennzeichnend für ein biblisch-christliches Menschenbild ist die Unterscheidung zwischen Schöpfer und Geschöpf, zwischen dem Ursprung von allem in Gott einerseits und dem Gewordenen andererseits, das für menschliches Wahrnehmen, Erkennen und bearbeitendes Verändern offen steht. Gott der Schöpfer selbst bleibt dem erkennenden Zugriff immer voraus und unerreichbar. Er bleibt als Ursprung der Welt unerklärbar und Geheimnis. Zwar erzählt die Bibel auf Schritt und Tritt davon, wie Gott sich Menschen gezeigt hat und für sie erfahrbar geworden ist. Aber alle diese Erfahrungen von Gott entziehen sich der Erklärbarkeit und Berechenbarkeit. Deshalb spricht die Bibel auch so viel in Bildern und Gleichnissen.

Für die Religionspädagogik bedeutet das eine große Herausforderung: Wie kann mit menschlichem Wahrnehmungsvermögen, mit der Freude am Sehen und Festhalten das große Gegenüber Gottes erreicht werden, das sich dem allen entzieht? Gefordert ist da eine Anschaulichkeit und Bildhaftigkeit, die das Sichtbare zum Gleichnis für das Unsichtbare werden lässt. Sie soll den Sinn wecken für Deutungen, die einerseits am Sichtbaren haften und andererseits über es hinausweisen. Das Sichtbare soll als Spur auf Gott hin erfahren werden können. Dieser Ansatz unterscheidet sich deutlich von dem theologischen Versuch, das Jenseitige, Transzendente in Begriffen zu erfassen. Religionspädagogisch ist gefordert, immer wieder bei dem Pol des anschaulich Wahrnehmbaren einzusetzen und von da aus die Kreise zu ziehen, die sich zum anderen Pol des Unerklärbaren hin bewegen.

Fantasie und Hoffnung

Eindruck und Ausdruck gehören für Kinder eng zusammen. Sie antworten auf Wahrgenommenes gerne mit eigener Darstellung. Im Verarbeiten ihrer Wahrnehmungen in kreativen Gestaltungen schaffen sie Neues. Wie die Kinder ihre Welt sehen, das zeigt sich in ihren fantasievollen, originellen schöpferischen Werken. Als die Wahrnehmenden sind Kinder hier zugleich die Schöpfer ihrer Welt. Aufmerksames Sehen und Hören spiegelt sich in ihren Produktionen. Geweckte Emotionen fließen ein, von Freude und Begeisterung an der Welt bis hin zu Enttäuschung und Trauer. Solch ganzheitliches Schaffen zeigt an, dass es um die Bedeutung des Wahrgenommenen und Ausgedrückten für das eigene Leben geht. Kreatives Schaffen ist Stellungnahme zur erfahrenen Wirklichkeit. Der individuelle Ausdruck ist dabei das Entscheidende, in dem sich die unverwechselbare eigene Persönlichkeit zeigt. Immer wieder erstaunt es, wie treffend schon kleine Kinder in ihren Bildern Entscheidendes auf den Punkt bringen können.

Kinder brauchen Hoffnung, dass sie in ihrer Welt auch künftig werden leben können und dass es sich in ihr zu leben lohnt. Hoffen bedeutet, mit Erwartungen in die Zukunft zu blicken und Pläne zu schmieden, wie sie gestaltet werden kann. In ihrem Schaffen verarbeiten Kinder positive und negative Erfahrungen und geben ihnen eine Gestalt. Sie bringen ihre Wünsche zum Ausdruck. So bewältigt aktives Schaffen Vergangenes und macht den Blick frei für Kommendes.

Auch hier bieten sich wieder theologische Bezüge an: Zum einen gehört es zum biblischen Schöpfungsauftrag dazu, mit eigener Fantasie die Welt zu gestalten und Gottes Schöpferwirken mit eigenem kreativen Schaffen weiterzuführen. Zum anderen drückt sich in solchem Schaffen immer auch die Spannung zwischen Fantasie und Realität aus. Fantasie setzt Erwartungen und Wünsche an die Zukunft frei. Im christlichen Glauben sind solche Wünsche an Gott gerichtet.

Hoffnung ist ein zentrales Thema des christlichen Glaubens. Ihre stärkste Ausprägung hat sie als Hoffnung über den Tod hinaus, auf ein neues Leben bei Gott. Aber auch für das irdische Leben gilt sie und lebt in den Verheißungen vom Licht in der Finsternis, von Recht und Gerechtigkeit für alle, vom Frieden auf Erden. Menschliches Wirken steht nicht unter der Last, die entscheidenden Impulse für die Zukunft unserer Welt selbst setzen zu müssen, sondern ist Antwort auf Gottes Zusagen. Es folgt vertrauensvoll dem, was mit diesen Zusagen gegeben ist.

Das christliche Menschenbild und religiöse Bildungsziele

Jedes der Kapitel in diesem Buch schließt mit einem Kasten, der die Inhalte des Kapitels auf ihre Bedeutung für die allgemeine und religiöse Bildung des Kindes hin prüft. Er zeigt, wie das christliche Menschenbild im pädagogischen Konzept einer christlichen Kindertagesstätte verankert werden kann und welche erzieherischen Aufgaben sich stellen. Dieser Kasten führt das beispielhaft am Thema „Zugehörigkeit zu Gottes Schöpfung" vor.

Vertrauen und Anerkennung

Kinder erleben die verlässlichen, wiederkehrenden Abläufe in der Natur und machen sie sich bewusst. Sie erfahren, dass Bedrohlichem wie Katastrophen, Sterben und Tod die Gesetzmäßigkeiten und Ordnungen in der Natur gegenüberstehen, die das Bedrohliche begrenzen. Sie erleben, wie sie ihre eigenen Fähigkeiten entfalten können, indem sie sich in die Natur und ihren Erlebnisraum samt all den Forschungsmöglichkeiten hineinbegeben.

- Ein biblischer Schöpfungspsalm (Ps 104) macht bewusst, dass diese verlässlichen Ordnungen und ermutigenden Erfahrungen von Gott gewollt sind.
- Lieder und Gebete bringen den Dank an Gott zum Ausdruck (→ S. 114 ff.).
- Erfahrungen mit Sterben und Vergehen in der Natur werden in Gesprächen thematisiert (→ S. 38 ff.).

Miteinander leben

Kinder nehmen wahr, wie durch menschliche Eingriffe Naturabläufe gestört werden, und wie sie in ihrem eigenen Handeln Verantwortung für die Natur wahrnehmen können. In ihren gemeinsamen Vorhaben wachsen sie auch in Mitverantwortung für andere in der Kindergruppe hinein.

- Kinder formulieren Bittgebete, in denen sie von Gott den nötigen Mut, Ausdauer und Ideen für sich und andere erbitten (→ S. 46 ff.).
- Kinder entwickeln Regeln für den Umgang mit Tieren und Pflanzen (→ S. 84 ff.).

Welt erkunden

Kinder entwickeln ihre Forschungsvorhaben, um Zusammenhänge in der Natur besser verstehen zu können. Sie stoßen dabei auch auf die Frage nach dem Urheber, dem Schöpfer unserer Welt.

- Sie verfolgen ihre Vorstellungen von Gottes Schöpferwirken und machen sich bewusst, dass diese Vorstellungen vorläufig bleiben (→ S. 32 ff.).
- Sie betrachten Bilder der Schöpfung als Gottes Werk in der christlichen Kunst und erkennen auch die persönliche Deutung des Malers (→ S. 111 ff.).
- Sie nehmen wahr, dass der Glaube an Gott den Schöpfer Juden, Christen und Muslime verbindet und lernen entsprechende Aussagen aus anderen Religionen kennen.

Fantasie und Hoffnung

Kinder begleiten ihre bewussten Begegnungen mit der Natur mit Wünschen und Erwartungen, die in die Zukunft weisen.

- In Fantasiereisen und meditativen Übungen malen sich Kinder innere Bilder der Schöpfung aus, die wünschens- und bewahrenswert ist.
- In Kunstwerken und in Musikstücken sehen sie, wie Künstler ihre inneren Bilder zum Ausdruck gebracht haben und lassen sich zu eigenem Ausdruck anregen.
- Kinder gestalten mit ihren eigenen Ideen den Erntedankgottesdienst mit.
- Kinder hören eine Geschichte zu einem Naturgleichnis Jesu, z. B. das Gleichnis vom Senfkorn und erfahren es als Mutmachgeschichte für ihr eigenes Leben. *Mit dem Himmelreich ist es wie mit einem Senfkorn, das ein Mann auf seinen Acker säte. Es ist das kleinste von allen Samenkörnern; sobald es aber hochgewachsen ist, ist es größer als die anderen Gewächse und wird zu einem Baum. So dass die Vögel des Himmels kommen und in seinen Zweigen nisten* (Mt 13, 31–32).

Vorstellungen von Gott begleiten

▶ Worum es in diesem Kapitel geht

▶ Wie sieht Gott aus?

▶ Wo wohnt Gott?

▶ Auf welche Art und Weise wirkt Gott?

▶ Enttäuschte Hoffnungen

▶ Gibt es ein Leben nach dem Tod?

▶ Gott und Engel, Himmel und Hölle

▶ Mit Kindern beten

▶ Gottesvorstellungen und religiöse Bildungsziele

Gott ist wie das Licht – er selbst ist unsichtbar,
aber sein Wirken zeigt sich überall

Worum es in diesem Kapitel geht

Kinder nehmen aufmerksam wahr, was um sie herum vor sich geht, und stellen Fragen. Ihre Neugierde richtet sich sowohl auf die sichtbare Welt wie auch auf das Unsichtbare. So wie sie sich aus den Zusammenhängen der Natur ihr Weltbild formen, so konstruieren sie mit ihren Ideen, Vermutungen und Überzeugungen auch ihre religiöse Vorstellungswelt. Sichtbares und Unsichtbares sind in gleicher Weise für sie interessant. Im einen Bereich wirken sie als Entdecker, im anderen als Philosophen und Theologen.

Die Fragen der Kinder öffnen einen Zugang zur Welt des Glaubens, bei dem nicht Glaubenssätze, feste Systeme und Gedankengebäude und begriffliche Abstraktionen im Vordergrund stehen. Dieser Zugang macht auf eine grundlegende Intention christlicher Theologie aufmerksam: Es geht immer um konstruktive Auseinandersetzung, um je neue Versuche und Ansätze, die Beziehung zu Gott mit dem Nachdenken über unsere Welt in Zusammenhang zu bringen. Wesentlich für solches Theologisieren sind nicht feststehende Lehrsätze, sondern sich verändernde Einsichten und unabgeschlossene Denkprozesse. Mit den Kindern über Gott nachzudenken bedeutet darum zugleich, Einblicke in das Ursprüngliche und Wesentliche christlicher Theologie zu gewinnen.

Die Fragen, inneren Bilder und Vorstellungen der Kinder sind damit auch ein wichtiger Schlüssel zur Auseinandersetzung mit den biblischen Überlieferungen. Interessante Parallelen tun sich auf zwischen biblischen Aussagen und Erfahrungen und den eigenen Vermutungen der Kinder. Biblische Geschichten geben den Kindern Anstöße, über Gott, den Himmel, Gutes und Böses in unserer Welt nachzudenken, und umgekehrt kann solches gemeinsame Nachdenken zusammen mit den Kindern auch neue und überraschende Zugänge zur Welt der biblischen Erfahrungen mit Gott eröffnen. Biblische Geschichten regen an, mit den eigenen Vorstellungen weiter zu kommen, bisher Gedachtes zurückzulassen und Neues zu erproben. Der Blick der Kinder hilft mit, das Elementare und Wesentliche in der biblisch-christlichen Geschichte der Erfahrungen mit Gott zu fassen und zu präzisieren.

Theologische Gespräche mit Kindern stellen die erwachsenen Gesprächspartner vor besondere Herausforderungen. Da ist viel Beweglichkeit im eigenen Nachdenken und Argumentieren gefordert, auch Ehrlichkeit in der eigenen Überzeugung und die Bereitschaft, sich auf Ungewohntes einzulassen. Die Rollenverteilung zwischen Unwissenden und Wissenden verändert sich zu Gesprächspartnern auf gleicher Augenhöhe. Gemeinsam stehen sie vor der Aufgabe, auf Fragen Antworten zu suchen, die sich nicht beweisen lassen, und die oft genug in der sonst gewohnten Schlüssigkeit gar nicht möglich sind.

Was steht dem Beweglichen, Dynamischen, Veränderbaren im Nachdenken über Gott an verlässlich orientierender Mitte gegenüber? Es ist das grundlegende Vertrauen in die Beziehung zwischen Gott und Menschen, zu dem letztlich unvorstellbaren, unerklärbaren und jenseitigen Gegenüber. Diesem Ruhepol verleiht das Gebet Ausdruck: Das Reden von Gott ist gleichzeitig ein Reden mit Gott.

Wie sieht Gott aus?

Kleine Kinder stellen sich Gott in Menschengestalt vor. Das hat seine guten Gründe: In Gott begegnet ihnen all das wieder, was die Beziehung zu den Eltern oder anderen nahestehenden Personen so wertvoll macht. Bei Gott kann man sich geborgen und beschützt fühlen. Gottes Liebe ist wie die Wärme und Zuneigung, die man bei geliebten Menschen spüren kann. Gott ist ein starker Helfer, der einem immer zur Seite steht und der auch in schwierigen Situationen Rat und Trost geben kann. In Gebeten wird Gott als Person angesprochen. Gott ist ein Gegenüber, mit dem man reden kann. All das verweist auf ein Gegenüber in Menschengestalt – und es entspricht dem Bedürfnis der Kinder nach konkreten Vorstellungen von dem, was es in unserer Welt gibt. „War das der liebe Gott?" fragen kleine Kinder manchmal, wenn sie dem Pfarrer in seinem Talar oder Messgewand begegnet sind.

Menschliche Gottesbilder wurden auch in vielen gemalten Bildern transportiert. So hat das Gottesbild vom alten Mann mit langem, wallendem Bart als Zeichen seiner Würde und Weisheit viele Generationen geprägt – so wie ihn etwa auch Michelangelo in der Sixtinischen Kapelle in Rom gemalt hat.

Auch die Gebetsanrede „Vater unser im Himmel" trägt diese Vorstellung weiter. Die Bibel kennt mancherlei menschliche Vorstellungen von Gott. So wird erzählt, dass Gott nach der Erschaffung der Welt und der Menschen im Schöpfungsgarten umhergeht (1. Mose 3,82). Gott zeigt Gefühle wie Zorn und Mitleid, Liebe und Reue, ganz so wie seine menschlichen Geschöpfe.

Gottesbild im Wandel

Aber diese Bilder, die Kinder im Kindergarten-alter und noch bis in die Schulzeit hinein mit Gott verbinden, können so nicht bleiben. Sie werden durch viele neue Erfahrungen mit der umgebenden Wirklichkeit erschüttert. Wenn von einem Gott erzählt wird, der auf Erden wandelt und Menschen besucht, passt das überhaupt nicht zu dem, was die Kinder über ihre Welt erfahren. Und auch nicht zu dem, was Kinder von Gott hören: Gott ist überall und unsichtbar in unserer Welt da, für alle Menschen im Gebet ansprechbar. Gott hat Einfluss auf die Welt, der über den von Menschen weit hinausreicht. Gott ist anders da als es Menschen sind. Gott ist größer und umfassender als Menschen. Wenn sich die Vorstellungen der Kinder von unserer Welt nach und nach ausdifferenzieren, müssen sich auch die menschlichen Vorstellungen von Gott verändern.

Ziel ist letztlich eine Vergeistigung des Gottesbildes, das keine Orientierung an einer menschlichen Gestalt mehr braucht und dennoch die Beziehung zu einem göttlichen Gegenüber festhalten kann. Bilder von Gott als menschlicher Gestalt können dann aufgegeben

Ein alter Mann mit Bart irgendwo im Himmel – so stellen Kinder sich Gott vor

Kinder Erfahrungen mit Gott machen lassen

Du sollst dir kein Bildnis machen

Wie ist das biblische Bilderverbot gemeint? Lange Zeit wurden eigene Vorstellungen der Kinder von Gott mit Bezug auf das sogenannte alttestamentliche Bilderverbot zurückgewiesen: *Du sollst dir kein Gottesbild machen und keine Darstellung von irgend etwas am Himmel droben, auf der Erde unten oder im Wasser unter der Erde* (2. Mose 20, 4–5). Anschauliche Vorstellungen von Gottes Aussehen, Wohnen und Wirken sollten erst gar nicht entstehen. So wollte man sich auch den mühsamen Prozess ersparen, sie angesichts einer differenzierteren Sicht der Wirklichkeit Schritt um Schritt zurücknehmen zu müssen. Übersehen wurde dabei aber das Bedürfnis der Kinder nach solchen anschaulichen Vorstellungen. Auch theologisch gesehen ist diese Ablehnung anschaulicher Bilder und Vorstellungen von Gott nicht zu begründen. Das biblische Gebot bezieht sich nämlich auf die Verehrung von Gottesbildern, wie sie bei anderen Stämmen und Völkern im Umkreis der israelitischen Sippen üblich war. Das Festhalten und Fixieren Gottes in einem Kultbild sollte vermieden werden. Gleichzeitig ist die Bibel ja voll von symbolhaften Bildern über Gott – Gott wie ein Vater, eine Mutter, wie eine Glucke, wie ein Fels, eine Burg usw. Das Verbot von Kultbildern bedeutet keine Ablehnung von Gottesvorstellungen der Kinder. Das gilt umso mehr, als diese eigenen Bilder der Veränderung unterliegen, in ihrer Unvollkommenheit immer wieder zur Revision anstehen.

Im christlichen Glauben kommt Jesus Christus die Schlüsselstellung zu. So wird verschiedentlich argumentiert, dass das Bild Jesu als Mensch die Vorstellungen von Gott ersetze. In Jesus zeige Gott sein menschliches Gesicht, deshalb habe sich die Suche nach angemessenen Gottesvorstellungen ausschließlich auf ihn zu richten. In der Tat gelten Leben und Verkündigung Jesu als der Schlüssel zum Gottesverständnis. In seiner Person hat Jesus für Christen auf einzigartige Weise gezeigt, wer Gott ist. Er ist so gewissermaßen selbst zum Gottesbild geworden. Dennoch reicht es nicht aus, die Suche nach Gottesvorstellungen mit den Geschichten von Jesus zu beantworten. Denn auch Jesus sprach von seiner Beziehung zum „Vater im Himmel", und seine Gleichsetzung mit Gott provoziert bei Kindern unklare Vorstellungen von einem „Gott-Mensch" oder „Halbgott". So erscheint es doch besser, den Vorstellungen und Bildern der Kinder von Gott nachzugehen und Anregungen dazu aus der Verkündigung Jesu wie den Taten Jesu aufzunehmen (→ S. 60 ff.).

Besondere Nähe zu Gott wird vom auferstandenen Jesus Christus ausgesagt, der bei Gott und zugleich unter den Seinen ist (Mt 28, 18–20). Das weist auf die Vorstellungen von der Kraft, dem ‚Geist', in dem Gott und der Auferstandene in Menschen wirken. Die Pfingstgeschichte (Apg 2) erzählt von der Begeisterung, in die diese Kraft Menschen versetzt und sie befähigt, in Wort und Tat das Evangelium weiterzugeben. Das erinnert an den „Wohnort Gottes" im menschlichen Herzen. Solche eher unpersönlichen Vorstellungen kommen vielen Menschen entgegen, die mit menschenähnlichen (anthropomorphen) Gottesvorstellungen große Schwierigkeiten haben. Gott als „guter Geist" und Lebenskraft in Menschen, das lässt sich auch gut vereinen mit dem Zuspruch des Segens, der vielen Menschen an wichtigen Wendepunkten ihres Lebens zum Wegbegleiter wird (→ S. 99 ff.).

Allerdings lösen sich solche ‚Geistvorstellungen' leicht aus dem Kontext biblisch-christlicher Gottesbeziehung und werden zu einem eher diffusen, namenlosen „Etwas", einer „höheren Macht" oder Schicksalskraft, über die sich kaum Aussagen machen lassen. Viele Zeitgenossen glauben in solchem Sinne an Gott, setzen sich aber bewusst vom biblisch-christlichen Überlieferungszusammenhang ab. An dessen Stelle treten dann oft esoterische Vorstellungen von göttlicher Energie, die die Welt durchpulst und die man durch besondere Techniken für sich selbst nutzbar machen kann.

Bilderverbot in Judentum und Islam

Das Verbot bildlicher Vorstellungen von Gott wird in Judentum und Islam sehr ernst genommen. Sind in der Synagoge noch stilisierte Pflanzen in künstlerischer Ausgestaltung erlaubt, so gilt in der Moschee die Beschränkung auf die Darstellung von Texten des Koran. Die Heiligkeit und Transzendenz Gottes verbietet es, Gott mit menschlichen Vorstellungen in Beziehung zu bringen. Freilich gibt es auch im Islam poetische Namen für Gott, der in arabischer Sprache Allah heißt. Von den 100 möglichen sind aber nur 99 „schönste Namen" sagbar, der hundertste bleibt der menschlichen Sprache verschlossen. Die Aufforderung, ein Bild von Gott zu malen, muss bei strenggläubigen Muslimen Ablehnung hervorrufen.

werden zugunsten abstrakterer Vorstellungen von Gottes Personalität. Zugleich wird bewusst, dass dieses Gegenüber in Begriffen und Bildern nur annäherungsweise zu fassen ist. „Gott ist die Liebe" heißt es in den Johannesbriefen (1.Joh 4,16); Gott ist Licht (Ps 27,1), Geist (Joh 4,24), Quelle des Lebens (Ps 36,10). Gott zeigt sich in der Kraft, die Menschen Mut macht zum Leben. Aber bis zu diesem Ziel ist es ein langer Weg.

Die große Herausforderung ist, dass Kinder bis ins Grundschulalter hinein an konkrete Gottesvorstellungen gebunden sind. Von allem müssen sie sich ein Bild machen können, auch von Gott. Aber alle Bilder von Gott sind unangemessen, fragwürdig. Was Kindern und ihren Gesprächspartnern somit bevorsteht, ist eine Gratwanderung zwischen anschaulichen menschenähnlichen Vorstellungen und vorsichtigen Abstraktionen. Menschliche Vorstellungen von Gott werden erdacht – und wieder verworfen. Dabei gibt es für die Kinder mancherlei zu lernen: An die Stelle von unveränderlichenanschaulichen Vorstellungen tritt – schon bei kleinen Kindern – ein Spiel mit Vermutungen, Hypothesen, Hilfskonstruktionen, in denen nach und nach Anschauliches aufgegeben und Abstrakteres gewonnen wird.

Gott hat keinen Körper

Eine Mutter und ihr Kind beobachten den Pfarrer,
der mit einem Talar bekleidet in der Kirche umherläuft.

KIND: Ist das der liebe Gott?
MUTTER: Nein, das ist doch Pfarrer Schmidt. Gott hat gar keinen Körper, damit er überall sein kann.
KIND: Dann sitzen ja bei Gott die Beine direkt am Hals!

Kindergartenkinder stellen sich Gott noch als konkrete menschliche Gestalt vor. Erst später kann dieser Körper zu etwas Unsichtbarem werden, das man sich zum Beispiel wie etwas Gasförmiges, Energiegeladenes oder Leuchtendes vorstellt. Interessant ist, dass die Vorstellung von Gottes Gesicht aber noch lange bleibt. Denn am Gesicht lassen sich Gefühle und Empfindungen des Gegenübers ablesen, es drückt Zuwendung aus und lässt sich im Gebet anreden. Es braucht viel Abstraktionskraft, die Vorstellung von Gott als konkrete Person in eine unanschauliche Beziehung zu verwandeln, in der das Gegenüber zu einem inneren Bild, zur inneren Einstellung wird und zugleich die Aufgeschlossenheit für solche Beziehung erhalten bleibt.

Robert Coles berichtet, wie die von ihm befragten Kinder in aller Welt am vorstellbaren Gesicht Gottes festzuhalten versuchten: „Ich habe 293 Kinderzeichnungen von Gott zusammengetragen, und alle bis auf 38 zeigten Sein Gesicht, vielleicht noch den Hals oder etwas Schulterähnliches, aber keinen Leib, keine Arme, keine Beine. Alle diese Bilder sind aufgrund meiner Aufforderung, „ein Bild von Gott" zu malen, entstanden. Wenn ich mehr will und die Kinder dazu ermutige, über die Darstellung des Gesichts hinauszugehen, tun mir die meisten den Gefallen. Aber ich besitze auch 53 Zeichnungen von Kindern, denen trotz meines Vorschlags nicht daran gelegen ist, noch etwas hinzuzufügen." Wie tief das Bild vom Gesicht haftet, zeigt auch der biblische Segensspruch, der meist am Ende eines Gottesdienstes gesprochen wird: *Der Herr segne und behüte dich. Der Herr lasse sein Angesicht über dir leuchten und sei dir gnädig. Der Herr wende sein Angesicht dir zu und schenke dir Heil* (4. Mose 6, 24).

Körperhafte Vorstellungen werden oft fantasievoll übersteigert. Problemlösungen, die in der christlichen Theologie auf begrifflich-abstrakte Weise geschehen, lösen die Kinder unter Einbezug ihrer anschaulichen Vorstellungen. Dass Gott nicht nur wissend, sondern allwissend ist, wird etwa in der Vermehrung seiner Ohren angezeigt. Dass er nicht nur gegenwärtig, sondern allgegenwärtig ist, in der Vielzahl der Füße; dass Gott nicht nur mächtig, sondern allmächtig ist, in der Vervielfachung der Hände, oder ganz einfach in einem überlangen Körper. In solcher Übersteigerung beginnt sich die Menschengestalt nach und nach aufzulösen. Vergeistigung des Körperbildes wird in späteren Jahren oft mit gelber oder weißer Farbe angezeigt.

30

FÜR DIE PRAXIS

Symbole gestalten

Die poetische Sprache der Psalmen verwendet viele Bilder und Symbole, um Gott zu beschreiben: *Der Herr ist mein Licht und mein Heil* (Ps 27,1); *Sei mir ein schützender Fels, eine feste Burg, die mich rettet* (Ps 31, 3); *Denn bei dir ist die Quelle des Lebens* (Ps 36,10).

- Kinder wählen sich ein Wort aus, das ihnen gut gefällt, schreiben es in schöner Schrift, ergänzen Farbe und verzieren das Wort.
- Sie zeichnen das Symbol und notieren eigene Gedanken über Gott ringsherum.
- Sie kommentieren das Symbol mit Fotos, Bildern, Texten aus unserer Zeit und gestalten so ein Plakat.
- Sie formulieren ein Gebet, zu dem sie sich von dem gewählten Symbol anregen lassen.
- Sie suchen sich eine Geschichte aus der Bibel, die zu diesem Symbol passt.

Zu solchen Nachdenken gehört auch, die dominierenden männlichen Gottesbilder in Frage zu stellen. Gott ist wie Mann und Frau, Vater und Mutter. Auch dieses Nebeneinander überwindet die Vorstellung von einem Körper Gottes.

Wo wohnt Gott?

Kinder im Vorschulalter sind oft noch überzeugt davon, dass Gott in der Kirche wohnt. Aber auf einen leibhaftig erscheinenden Gott geben Kirchenbesuche keine Hinweise. Länger noch kann sich die Vorstellung von einem Wohnen Gottes im Himmel halten. Denn die entzieht sich zunächst unserem unmittelbaren Beobachten. Weil für die Kinder alles, was es in unserer Welt gibt, einen konkreten Ort haben muss, löst die Vorstellung von Gott im Himmel das Problem, wo denn Gott selbst seinen Ort hat. Biblische Bilder geben dem reichlich Nahrung, von Kindergebeten („Gott im Himmel") bis zur Erzählung von der Himmelfahrt Jesu Christi. Aber schon Kinder im Vorschulalter haben häufig Flugreisen unternommen und die Wolken von oben gesehen, haben von der Größe des Weltalls erfahren und von Forschungssatelliten, die darin unterwegs sind: Auch über den Wolken ist für Gott kein Platz mehr. Vom Ringen zwischen dem Bedürfnis nach einer anschaulichen Vorstellung von Gottes Aufenthaltsort und naturwissenschaftlichen Erkenntnissen zeugt auch die Aussage eines Vierjährigen, der sich über Gottes Zuhause seine Gedanken macht:

VATER: Was glaubst du: Wo ist Gott?
KIND: Oben im Himmel.
VATER: Aber oben im Himmel sind doch die Wolken.
KIND: Nein, ich meine, wenn du aufsteigst, hoch und hoch und hoch, an den Wolken vorbei *(leiser)* weiter hoch und hoch und hoch, dann kommst du *(flüstert)* zu einer ganz, ganz kleinen Hütte, und in dieser Hütte ist Gott.

Gott ist den Menschen nahe

In der englischen Sprache gibt es zwei Wörter für Himmel. *Sky* meint das Sichtbare, etwa die höheren Zonen unserer Lufthülle, *heaven* das Unsichtbare, das Unanschauliche, Jenseitige. Kinder sollten das Wort Himmel mit der Bedeutung von *heaven* füllen lernen. In dieser zweiten Bedeutung geht es dann nicht mehr um die räumliche Unterscheidung von oben und unten, sondern zwischen dem Sichtbaren und Unsichtbaren. Neue Orte für Gottes „Zuhause" gewinnen an Bedeutung:

- Gott ist den Menschen inmitten ihres alltäglichen Lebens nahe und zeigt sich in allem Geschaffenen. Alles kann zum Gleichnis für Gottes Anwesenheit werden: Materielles und Immaterielles wie beeindruckende Naturerlebnisse.
- Gott „wohnt" auch in menschlichen Herzen, wird spürbar in Erfahrungen von Trost und Ermutigung, von liebevoller Zuwendung, von Freude und Begeisterung.

In ihrem Nachdenken über Gott „spielen" die Kinder mit den unterschiedlichen Orten des „Wohnens" Gottes. Sie füllen sie mit Bedeutungen, geben ihnen Gewicht in ihren Aussagen und Bildern und arbeiten sich so von eher anschaulichen zu den mehr abstrakten und symbolischen Aussagen vor. Gleichzeitig wird damit der naturwissenschaftlich-entdeckende Zugriff auf unsere Welt vom verstehend-deutenden Blick auf sie begleitet. Dieser weist über das Erklärbare hinaus und bezieht Gefühle mit ein: vom Erlebnis des Sternenhimmels bis zum Staunen über ein Neugeborenes.

Auf welche Art und Weise wirkt Gott?

Kleine Kinder lassen sich gerne davon überzeugen, dass Gott alles in unserer Welt gemacht hat. Aber diese Überzeugung wird immer brüchiger mit dem Kennenlernen von Ursache und Wirkung. Nicht Gott hat Bäume gepflanzt, sondern die Menschen haben das getan. In der Konkurrenz zum wahrnehmbaren menschlichen Wirken hat Gott auf die Dauer keine Chance. Da bleibt dann nur noch das Bild von Gottes Schöpfungstaten am Anfang der Welt, das auch noch im Grundschulalter wirksam ist – bis vermutlich spätestens bis Ende der Grundschulzeit die Urknall-Hypothese und faszinierende Bilder aus dem Weltraum über die Geburt neuer Sterne das ihre tun. Gegen die Bilder von der Frühzeit der Erde und der Menschen hat dann auch der biblische Bericht von der Erschaffung der Welt in sechs Tagen keine Überzeugungskraft mehr. Was tritt an die Stelle der nach und nach demontierten Vorstellungen von Gottes Wirken?

Gott wirkt durch Menschen

Hält man an Vorstellungen von Gottes unmittelbarem Eingreifen in unsere Welt fest, dann rückt Gottes Wirken zwangsläufig an den Rand unserer wahrnehmbaren Wirklichkeit. Anders ist es, wenn Gottes Tätigkeit in den Aktivitäten von Menschen entdeckt werden kann. Zusammenhänge von Ursache und Wirkung inmitten unserer Welt bleiben relevant. Gottes Wirken steht nicht neben ihnen, sondern deutet sie. An die Stelle der gegenseitigen, einander ausschließenden Konkurrenz von göttlichem und menschlichem Wirken tritt deren Zusammenhang, so wie ihn Matthias Claudius in seinem Erntedanklied gut zum Ausdruck bringt.

Wir pflügen und wir streuen den Samen auf das Land.
Doch Wachstum und Gedeihen steht in des Himmels Hand:
der tut mit leisem Wehen sich mild und heimlich auf
und träuft, wenn heim wir gehen, Wuchs und Gedeihen drauf.
Er sendet Tau und Regen und Sonn- und Mondenschein,
er wickelt seinen Segen gar zart und künstlich ein
und bringt ihn dann behände in unser Feld und Brot.
Es geht durch unsere Hände, kommt aber her von Gott.

Matthias Claudius

Ähnliches gilt für die biblische Schöpfungsgeschichte. Nicht mehr die Alternative zwischen Gottes Wirken oder der naturwissenschaftlichen Kausalität sollte bestimmend sein, sondern auch hier der Zusammenhang: Gottes Wirken *erkennen können* in den naturwissenschaftlich fassbaren Phasen und Ereignissen der Entstehung der Welt und des Lebens auf unserem Planeten.

Kinder suchen nach Erklärungen für den Zusammenhang von Ursachen und Wirkungen. Für vieles in unserer Welt aber reichen solche Erklärungen nicht aus. Menschen sprechen von Zufall, Schicksal, Glück oder Unglück – oder auch vom Wirken Gottes. Wichtig ist, dass mit den wachsenden Erklärungsmöglichkeiten ein Gespür für das Deuten des Geschehens erhalten bleibt und seine Sprache und Ausdruck findet. Das geschieht vor allem in der Gebetserziehung, in der Dank und Bitten an Gott gerichtet werden (→ S. 45 f.).

Gottes Wirken deutlich machen

Anlässe für das Staunen schaffen

Immer wieder gibt es Anlässe, über die Natur und ihre Wunder zu staunen. Das Staunen ist keine Alternative zu naturwissenschaftlichen Erklärungen. Es kann vielmehr durch ein Verstehen von Gesetzmäßigkeiten noch größer werden. Staunen lenkt den Blick auf Gottes Schöpferkraft, mit der er im Leben und Handeln von Menschen und dem Dasein von Tieren und Pflanzen immer noch am Werk ist. Zum Staunen hinzu kommt so der Dank dafür, dass Gott die Ordnung in der Natur so hat werden lassen, wie wir sie vorfinden.

Das Wachstum der Pflanzen, aus denen die Menschen Nahrung herstellen, lässt sich gut beobachten und erklären. Aber dass sich die kaum zu überschauende Vielfalt an Einzelvorgängen, Faktoren, Bedingungen vom Säen der Pflanzen bis zur Zubereitung der Mahlzeiten durch gute Konstellationen, menschlichen Fleiß, erprobte Verfahren zum Gelingen zusammengefunden hat, das ist Grund zum Danken. Das Gelingen des Ganzen ist mehr als die Summe der je erklärbaren Einzelvorgänge und ihrer Zusammenhänge. Auf diese Weise wird eine Grundhaltung des dankbaren Annehmens all dessen gefördert, was uns das Leben ermöglicht und erleichtert.

Mit der biblischen Schöpfungsgeschichte die Welt sehen

Die biblische Schöpfungsgeschichte (→ S. 69) zielt weniger darauf, die Entstehung der Welt und des Lebens zu erklären. Vielmehr gilt es in der Abfolge der Vorgänge, die zu der für uns wahrnehmbaren Natur geführt haben, einen göttlichen Willen wahrzunehmen. Er zeigt sich darin, wie aus einem anfänglichen Nichts ein verlässliches Gefüge von Lebensbedingungen, von Rhythmen und Ordnungen in der Natur wurde. Ein zentraler biblischer Satz ist deshalb die Zusage Gottes nach der Sintflutgeschichte: *Solange die Erde besteht, sollen nicht aufhören Aussaat und Ernte, Kälte und Hitze, Sommer und Winter, Tag und Nacht* (1. Mose 8, 22). Das gibt zugleich Raum für menschliches Tun, für das Wahrnehmen eigener Verantwortung, für die Erhaltung dieser Schöpfung Gottes.

Gespräche über die Fragen der Kinder führen

Am einfachsten ist wohl mit den Fragen umzugehen, die auf Erklärungen zielen. Kleine Kinder stellen einen Bezug zu ihrer eigenen Alltagserfahrung her: „Warum geht jeden Morgen die Sonne auf und am Abend wieder unter?" – „Damit Menschen, Tiere und Pflanzen am Tag Licht haben und in der Nacht schlafen können." Mit dem Schulalter kommen dann immer mehr naturwissenschaftliche Zusammenhänge mit ins Spiel. Mit Hilfe eines mit einer Lichtquelle angeleuchteten und gedrehten Globus lässt sich dann viel verdeutlichen.

Anders verhält es sich mit den Fragen der Kinder, die metaphysischen Rang haben: „Warum gibt es die Welt? Warum gibt es mich? Was war ich, bevor ich auf der Welt war? Was ist dort, wo die Welt zu Ende ist?" In solchen Fragen rühren die Kinder an die Grundfragen des Lebens. Wichtig ist, ihnen hier zu signalisieren, wie wertvoll und tiefgehend diese Fragen sind, über die sich die Menschen seit eh und je den Kopf zerbrochen haben. Es sind Fragen, über die man immer wieder von Neuem nachdenken kann und muss. Wenn religiöse Bezüge mit dem Hinweis auf Gott aufgenommen werden, dann soll dies keineswegs als schnelle Antwort geschehen, sondern auch das Nachdenken über Gott in dieses tiefgründige Staunen einbinden.

Kinder signalisieren mit ihren Fragen, dass sie bisher Selbstverständliches genauer bedenken und dass sie mit bisherigen Vorstellungen von Gott nicht mehr zurecht kommen („Was isst Gott? Gibt es im Himmel auch eine Küche? Wie kann Gott im Himmel wohnen und zugleich bei den Menschen sein?"). Dann ist es an der Zeit, mit ihnen auf dem Weg vom konkret Vorstellbaren hin zum Ungegenständlichen einen Schritt weiterzugehen. Ein paar Gesprächshinweise helfen weiter:

- Die Frage findet Beachtung: „Das ist eine wichtige Frage. Wir brauchen Zeit zum Nachdenken."
- Erwachsene dürfen durchaus zugeben, dass sie mit einer Frage ihre Schwierigkeiten haben: „Dass im Himmel eine Küche wie bei uns sein soll, das kann ich mir gar nicht so recht vorstellen!"

▶

- Durch entsprechende Aufforderung übernehmen im Gespräch die Kinder mit ihrer eigenen Fantasie und Kreativität die Führung: „Ich stelle mir vor …"
- An die Stelle des bisher nicht hinterfragten Wissens treten neue Vermutungen („So könnte es wohl sein …").
- Die Rolle der erwachsenen Gesprächspartner ist es, Kinder zu solchen Vorstellungen zu ermutigen, sie auf den Schritten ins Neuland ihrer eigenen Fantasie zu bestärken („Das ist ein interessanter Gedanke …").
- Wichtig ist es, die Kinder nach Begründungen zu fragen und so den Weg zum allmählichen Verzicht auf gegenständliche Vorstellungen voranzutreiben („Warum ist dir das wichtig? Was möchtest du damit sagen?").
- Auf dem Weg in die Abstraktion soll festgehalten werden, was die Beziehung zu Gott kennzeichnet: Nähe, Verbundenheit, Schutz, Freundschaft. Nachfragen zielen darauf, ob das in dem Bild von Gott zum Ausdruck kommt.
- Das Gespräch ist wichtiger als die Antwort. Kinder brauchen Signale, dass auch Erwachsene zu solchen Gesprächen Lust haben.

Im Laufe der Jahre verändern sich die Gespräche über Gott:
- Im Fragealter überfallen kleine Kinder die erwachsenen Bezugspersonen oft mit ihren religiösen Fragen. Aus „heiterem Himmel" äußern sie tiefgreifende Gedanken.
- In der Kindertagesstätte gewinnt dann das Gespräch der Kinder untereinander an Bedeutung und bietet den Erwachsenen gute Gelegenheiten, als Beobachtende die Denkbewegung der Kinder kennen zu lernen. Angestoßen werden solche Gespräche oft durch biblische Geschichten oder durch die Aufforderung, Bilder von Gott zu malen.
- Im Religionsunterricht strukturieren Lehrpläne und Unterrichtsvorbereitung auch das Nachdenken über Gott. Wichtig ist hier, dass auch die spontanen Fragen der Kinder beachtet werden und entsprechend Raum im Unterrichtsgeschehen bekommen.

Biblische Geschichten erzählen (→ S. 54 ff.) **und diskutieren**

Die Geschichte von Moses Berufung (2. Mose 1 ff.) spielt in der Zeit, als Israel in Ägypten unter dem Joch der Sklaverei zu leiden hatte. Mose war als Findelkind am Hof des Pharao aufgewachsen. Später musste er fliehen und kam als Nomade im Land der Midianiter zu Wohlstand. Ein Gang in die Wüste führte ihn zu einem seltsamen Naturschauspiel: einem brennenden Dornbusch. Mose näherte sich und vernahm Gottes Stimme. Er wusste, dass in diesem Licht Gott ist und verdeckte sein Gesicht. Und er hörte Gottes Auftrag, der ihn zum Pharao schickte, um die Freilassung seines Volkes einzufordern.

An diese Geschichte können sich weiterführende Gespräche anschließen:
- Gott begegnet im Feuer, im Licht. Daraus ergeben sich Anregungen zum Nachdenken über Gottes Erscheinungsbild. Nicht in Richtung der menschenähnlichen Gestalt gehen die Impulse, sondern in die des Symbols Licht und seiner Bedeutungen.
- Gott greift nicht direkt ein, sondern handelt durch Menschen. Mose bekommt einen großen Auftrag und von Gott Kraft und Mut dazu.

Solchen spektakulären Gottesbegegnungen stehen in der Bibel unscheinbarere gegenüber: sei es im Traum (1. Mose 28), in dem Jakob eine Leiter sieht, die vom Himmel zur Erde reicht, mit Engeln darauf und Gott ganz oben; sei es in den Worten, die Menschen (in sich) vernehmen, wie Abraham bei der Aufforderung, seine Heimat zu verlassen und der Zusage treuer Begleitung (1. Mose 12).

Bilder betrachten

Kunstwerke halten zwar oft an menschenähnlichen Vorstellungen von Gott fest, machen aber auch das Nach- und Weiterdenken über Gottesbilder sichtbar. Auf vielen alten Bildern ist Gott in menschlicher Gestalt abgebildet. Wir führen mit den Kindern Gespräche darüber,
- Was die Vorstellungen der Maler mit denjenigen von Kindern wohl gemeinsam haben
- Was sie wohl mit ihren Bildern von Gott zum Ausdruck bringen wollten
- Welche Fragen wir an sie stellen würden, wenn wir mit ihnen sprechen könnten
- Was wir heute wohl anders malen würden

Enttäuschte Hoffnungen

Kinder nehmen gerne Gottes Allmacht für sich in Anspruch. Sie erwarten, dass Gott ihre Gebete erhört und sie vor Unheil und Schaden bewahrt. Doch dann erleben auch sie schon in frühen Jahren, dass sie selbst oder ihnen nahestehende Menschen nicht von Unglück oder Krankheit verschont werden. Ihr Vertrauen auf Gottes Schutz und Beistand wird erschüttert. Warum lässt Gott das zu? Warum handelt Gott nicht wie ein guter Vater und eine gute Mutter? Bei kleinen Kindern können ungebrochenes Vertrauen auf Gott und Enttäuschungen oft noch ziemlich unverbunden nebeneinander stehen. Mit zunehmendem Alter aber wächst auch hier das Bedürfnis nach zufriedenstellenden Erklärungen: Wie kann man an einen Gott glauben, der so viel Leid in der Welt zulässt?

Herausforderungen und Weiterdenken

Angesichts von Leid und Unglück gerät das Gefüge von drei wesentlichen Gott zugeschriebenen Eigenschaften ins Wanken, nämlich der Zusammenhang von Gottes Allmacht, Gerechtigkeit und Liebe.

- **Gottes Allmacht** steht für das Vertrauen, für Schutz und Segen, für all das, was kleine Kinder an ihren Eltern erfahren haben und was sie angesichts der Grenzen ihrer Macht gerne auf Gott übertragen. Gottes Stärke ist unverzichtbarer Bestandteil ihres Gottesbildes.
- **Gottes Gerechtigkeit** bringt Ordnung in das menschliche Verhalten, in den Zusammenhang von Gut und Böse. Kinder brauchen die Vorstellung von Gottes Gerechtigkeit – damit ihr eigenes Verhalten und ihr eigener Wille zum Guten als lohnend erscheinen

kann. Es soll eingebettet sein in einen großen Zusammenhang, in dem das Gute gefördert und belohnt und das Böse unterbunden und bestraft wird.
- **Gottes Liebe** zeichnet in ganz besonderer Weise die Beziehung zu Gott aus. Sie ist es, die das eigene Ich in dieser Beziehung als geachtet und geschätzt erscheinen lässt. Gottes liebevolle Zuwendung unterstreicht die Einmaligkeit der eigenen Person. In der Wärme dieses liebenden Gegenübers kann das eigene Ich aufblühen, wird es bedeutungsvoll. Das Bewusstsein, von Gott geliebt zu sein, gibt der eigenen Selbstachtung Nahrung.

Im Nachdenken über die großen Warum-Fragen geraten alle drei Eigenschaften Gottes auf den Prüfstand.

Gottes Allmacht: Indem Gott mittelbar durch andere Menschen wirkt, bindet er sich zugleich an deren Fehler und Schwächen. Gott hat den Menschen viel Verantwortung übergeben und macht deren Missbrauch nicht rückgängig. Viel Leid in unserer Welt hat seine Ursache in menschlichem Versagen. An menschlichen Entscheidungen hat Gottes Allmacht ihre Grenze. Der Glaube der Kinder an Gott wird reifer, wenn er diese Grenze zu akzeptieren lernt. Darin liegt die Herausforderung für Gespräche mit Kindern. Was bleibt aber dann noch von Gottes Allmacht übrig? Übrig bleiben Erwartungen an Gott, die sich auf die Zukunft richten. Nämlich dass Gott Neues anstoßen und den Menschen Möglichkeiten zuspielen kann, die sie sich jetzt noch gar nicht vorstellen können. Das können Veränderungen im Leben sein, die die Wende von Trauer zu Hoffnung und neuem Lebensmut

Gott straft Adam und Eva im Paradies

vollziehen. Es sind Hoffnungen für die ganze Welt auf Entwicklungen zu mehr Frieden und Gerechtigkeit. Das Bekenntnis zu Gottes Allmacht ist das Vertrauen darauf, dass Gottes schöpferische Kraft trotz gegenläufiger Erfahrungen und menschlichen Versagens nicht lahm gelegt ist und zum Stillstand kommen wird. Es ist die Zuversicht, dass diese Kraft auf immer wieder überraschende Weise wirken wird.

Gottes Gerechtigkeit: Schlimme Ereignisse werden von manchen Leuten als Gottes Strafe für begangenes Unrecht verstanden. Katastrophen erscheinen so als etwas Gerechtes und darin auch Gutes. Sie stellen die Ordnung zwischen Gut und Böse wieder her, die durch böse Taten ins Wanken gebracht worden war.

Das Verständnis schlimmer Ereignisse als Strafe Gottes hat eine lange Tradition. Sie begegnet uns schon auf den ersten Seiten der Bibel. Weil sie eine Frucht vom Baum der Erkenntnis gegessen haben, werden Adam und Eva aus dem Paradies vertrieben. Die Sintflut geschah, weil die Menschen böse waren. Nur Noah war gut – und wurde deshalb gerettet.

Aber geht diese Rechnung auf? In Frage gestellt wird sie in der Geschichte von Hiob. Ihn treffen schwere Schicksalsschläge, und er ist sich keiner besonderen Schuld bewusst. Seine Freunde reden auf ihn ein und fordern ihn zur Fehlersuche in seinem Leben auf – aber Hiob findet kein Vergehen, auf das sein Leid eine angemessene Antwort wäre. Er ruft in seiner Verzweiflung Gott selbst zum Richter an und erfährt von Gott, dass dieses Erklärungsmuster nicht trägt, dass es nicht geeignet ist, das Leid von Menschen zu erklären.

Auch Jesus ist dieser Auffassung. Seine Zuwendung zu Kranken ist auch zu verstehen als Kritik und Aufhebung der Vorstellung, Krankheit sei eine Strafe für früher begangene Sünden. *Unterwegs sah Jesus einen Mann, der seit seiner Geburt blind war. Da fragten ihn seine Jünger: Rabbi, wer hat gesündigt? Er selbst? Oder haben seine Eltern gesündigt, so dass er blind geboren wurde? Jesus antwortete: Weder er noch seine Eltern haben gesündigt, sondern das Wirken Gottes soll an ihm offenbar werden* (Joh 9, 1–3).

In ihrem Gerechtigkeitssinn sind Kinder durchaus empfänglich für das Reden von Gottes Strafe – solange es andere betrifft. Die pädagogische Herausforderung liegt dann darin, Kinder in solchem Erklärungsmuster gewissermaßen zu verunsichern, die scheinbar einfache Gleichung durch das Einbeziehen von unbekannten Faktoren zu erschweren: Lassen sich Schuld und Strafe wirklich so einfach aufrechnen? Lassen sich Erwartungen an Gottes Ge-

Von Gefühlen reden: Was tröstet?

Neben dem Staunen und Danken sollen auch Enttäuschung und Klage zu Wort kommen können. Es gilt ihnen Raum zu geben – und dabei zu erleben, dass es gut tut, so zu reden. Trost ist anders als bloße Vertröstung, sondern Hinhören und Aushalten und nicht gleich eine Antwort parat haben zu müssen. Gemeinsam geteilte Ratlosigkeit kann die Gottesbeziehung stärken: Kinder machen die Erfahrung, dass solche Ratlosigkeit zum Glauben dazugehört.

rechtigkeit so einfach in die Deutung konkreter Ereignisse umsetzen? Sollte nicht für Gottes Gerechtigkeit ein weiterer Horizont eingeräumt werden, der die Grenzen unserer menschlichen Vorstellungen übersteigt? Mit gebührender Behutsamkeit gilt es, bei den Kindern auch solche Fragen ins Spiel zu bringen und über alternative Vorstellungen von Gerechtigkeit zu diskutieren.

Gottes Liebe: Unheil und Leid in der Welt stellen wohl am meisten Gottes Liebe, Zuwendung und Verlässlichkeit in Frage - all das, was die Gottesbeziehung so wertvoll macht. Auch hier gibt es Erklärungsversuche, die an Gottes Liebe festzuhalten versuchen: in der Wendung zu einer erzieherischen Liebe, die das Schwere zur Lernaufgabe macht: *Denn wen der Herr liebt, den züchtigt er; er schlägt mit der Rute jeden Sohn, den er gern hat* (Hebr 12, 6); oder als eine Durchgangsstation zu neuen positiven Erfahrungen: Im Rückblick wird sich zeigen, dass auch diese Erfahrung ihr Gutes hat. Aber in der Notsituation selbst sind solche Erklärungen und Deutungen kaum hilfreich. Was hier zu ertragen ist, ist maßlos von Gott enttäuscht zu sein, der die in ihn gesetzten Erwartungen nicht erfüllt hat. Es ist die Erfahrung, dass die Sicht des nur lieben Gottes zu kurz gegriffen hat, dass zu Gott auch für uns Menschen unbekannte, unzugängliche, dunkle, ja erschreckende Seiten dazugehören. Das ist die Krise der Gottesbeziehung. Die gilt es auszuhalten und durchzustehen. Sie kann letztlich durch keine wohlmeinenden Erklärungen aufgehoben werden.

Ausdruck solcher Verlusterfahrung in der Gottesbeziehung ist die Klage, die an Gott gerichtet wird. In den Psalmen der Bibel findet sie ihren Ausdruck: *Mein Gott, mein Gott, wa-* *rum hast du mich verlassen, bist fern meinem Schreien, den Worten meiner Klage? Mein Gott, ich rufe bei Tage, doch du gibst keine Antwort; ich rufe bei Nacht und finde doch keine Ruhe* (Ps 22, 1–2). *Herr, warum bleibst du so fern, verbirgst dich in Zeiten der Not?* (Ps 10, 1).

Sie rechtfertigt auch, dass Menschen heute ihrer Enttäuschung über Gott Luft machen und das in Gebeten an Gott auch in heftigen Worten tun (→ S. 48).

Aber in solchen Klagen geschieht ein Zweites: die Beziehung zu diesem Gegenüber wird festgehalten. *Mein Gott, mein Gott, warum hast du mich verlassen? ruft Jesus am Kreuz* (Mk 15, 34) und hält gerade darin an seiner Beziehung zu Gott fest. So lebt gerade in der Heftigkeit der Kritik und der Klage noch viel von der Gottesbeziehung, und sie kann zum Anfang neuer Hoffnung werden. Der Blick richtet sich nach vorne und wird zur Bitte, dass Gott doch wieder seine freundliche Seite zeigen möge, dass neue, positive Erfahrungen mit Gott möglich werden: *Mein Herz war verbittert, mir bohrte der Schmerz in den Nieren. ... Ich aber bleibe immer bei dir, du hältst mich an meiner Rechten. Du leitest mich nach deinem Ratschluss und nimmst mich am Ende auf in Herrlichkeit. Was habe ich im Himmel außer dir? Neben dir erfreut mich nichts auf der Erde. Auch wenn mein Leib und mein Herz verschmachten, Gott ist der Fels meines Herzens und mein Anteil auf ewig* (Ps 73, 21 und 23–26).

Gibt es ein Leben nach dem Tod?

Die drängendsten religiösen Fragen der Kinder sind die nach Leben und Tod: Warum sterben Menschen? Warum lässt Gott kleine Kinder sterben? Wo sind die Toten? Religiöse Erziehung und Bildung hat an diesen Fragen ihre Bewährungsprobe.

Verlusterfahrungen erschüttern das Vertrauen in Gottes Liebe. Anklagen gegen Gott werden heftig vorgebracht, weil der Tod nicht rückgängig gemacht werden kann. Es gibt keine zufriedenstellende Erklärung für den Tod – die Trauer braucht Zeit, bis die Wunden heilen. Behutsam gilt es sich zu lösen von den Warum-Fragen, die unbeantwortet bleiben, und dem Verlust des „lieben Gottes". Es gilt, sich der Zukunft zuzuwenden und zu überlegen, wie es nun weitergehen kann und soll. Kann im Blick auf die Zukunft das Vertrauen auf Gott neu gewonnen werden? Was heißt es jetzt, mit Gottes Segen und Begleitung zu rechnen?

Was passiert mit den Verstorbenen nach dem Tod? Sind sie einfach verschwunden, liegen sie tot im Grab – immerhin lernen Kinder, dass das ehemals Lebendige im Grab zerfällt und schließlich nur die Knochen übrig bleiben. Oder gibt es auch für die Toten etwas geheimnisvolles Neues? Nach christlichem Verständnis hat das verstorbene Leben eine Zukunft bei Gott. Vorstellungen davon entziehen sich wie Gott selbst unserem Erkennen und Wissen. Diese Zukunft kann aber genauso wie das Nachdenken über Gottes Aussehen und Wohnen mit eigenen Bildern und Vorstellungen umkreist werden.

Die Bibel (1. Kor 15, 42–44) spricht von einem neuen, geistlichen Leib, mit dem das neu erweckte Leben umkleidet wird. Kinder stellen sich eine neue Körperlichkeit vor, ohne Krankheit und Schmerz, ohne die irdischen Verfallserscheinungen. Aber es ist ein Körper, in dem all das gedanklich wiedererkennbar ist, was das verstorbene Wesen so liebenswert gemacht hatte: die Stimme, die Hände, die freundlichen Augen, die guten Ideen, das ansteckende Lachen. Wie das zusammenpassen kann, das ist wieder eigenem Weiterdenken und dem Ringen um akzeptable Lösungen aufgegeben.

- Wie Gott wird das Verstorbene im Himmel bei Gott lokalisiert. Die Toten und zu neuem Leben Erweckten sehen Gott von Angesicht zu Angesicht – eine für irdische Wesen unerreichbare Nähe zu Gott. Das Nachdenken über das Wohnen Gottes im Himmel schließt also immer auch die Verstorbenen mit ein. Sie sind mitgedacht bei der Frage nach dieser unsichtbaren Sphäre Gottes, die sich in der Bewegung von sky zu heaven (→ S. 31) nach und nach von der konkret-anschaulichen Vorstellung verabschieden sollte.

- Verstorbene finden auch einen Ort im Herzen derer, die sich mit ihnen verbunden fühlen. Auch Verstorbene können in der lebendigen Erinnerung als eine ermutigende Kraft erlebt werden. Sie bleiben Begleitende, deren Nähe in stiller Zwiesprache erfahren wird. So wie Trauernde mit der inneren Verarbeitung des Verlusts ins Leben zurückkehren, kann sich die verlorene reale Nähe zu einer anderen, vergeistigten Nähe wandeln.

- Wie die Beziehung zu Gott an bestimmten Orten und zu bestimmten Zeiten besondere Anregungen und Dichte erfährt (→ S. 103 ff.), so hat auch die Verbundenheit mit den Verstorbenen besondere Plätze: das Grab mit Grabstein und Blumenschmuck, die „Ahnengalerie" in der Wohnung, besondere Orte, mit denen sich eindrückliche Erinnerungen verbinden.

Die Fragen nach Sterben, Tod und neuem Leben gehören zu den religiösen Fragen und Themen, denen sich alle Menschen zu stellen haben. Die enge Verbindung mit der Frage nach Gott als der religiösen Frage schlechthin gibt für die Kinder gute Möglichkeiten, die Klärung von beidem voranzubringen. Sie zeigt auch, wie sehr der Umgang mit den Fragen um Sterben und Tod verbunden ist mit den eigenen religiösen Einstellungen und Überzeugungen.

Kleine Kinder lernen nach und nach, Lebendiges von Totem zu unterscheiden. In der Welt der Gegenstände ist es noch verhältnismäßig einfach, sie von derjenigen der Lebewesen zu unterscheiden. Viel schwieriger ist es, mit der Vergänglichkeit des Lebendigen zurecht zu kommen. Mehrere Herausforderungen haben Kinder dabei zu bewältigen:

- **Wahrnehmen, dass in einem toten Körper die Lebensfunktionen erloschen sind**

  Aufmerksam registrieren die Kinder etwa an einem toten Vogel, dass er sich nicht mehr bewegt, dass der Kopf so anders aussieht. Das Leben ist aus ihm verschwunden: die Bewegung, das Zwitschern, das Picken. Entsprechend ist es bei den Menschen. Es fehlen am toten Körper das Lachen, die Worte, die freundlichen Augen, das ausdrucksvolle Gesicht, die aktiven Hände, der warme Körper. Was da zurückgeblieben ist, das ist ein Körper ohne das Wesentliche: ohne das Leben. Er ist wie ein übrig gebliebener Mantel. Wo aber ist das Leben jetzt? Ist es ins Nichts verschwunden, oder hat es einen neuen Ort gefunden? Hilfreich für Kinder ist es, wenn sie dem Leben außerhalb des Körpers eine

Zukunft geben können. Dazu geben ihnen die biblischen Bilder von einem neuen Ort des Lebens bei Gott im Himmel wichtige Anregungen. So fällt es ihnen leichter, den Toten ihren Platz in der Erde zu geben, ohne sich Gedanken und Sorgen darüber machen zu müssen, wie Tote im Grab „weiterleben" können.

- **Ursachen für das Sterben kennen lernen**

  Kinder suchen nach Erklärungen dafür, warum das Leben den Körper verlassen hat. Sie lernen Altern, Hinfälligkeit und Verlust an Lebenskraft kennen, fragen zuweilen z. B. den Großvater ganz unverblümt: „Stirbst du bald?" Sie nehmen auch wahr, wie Unfälle und überraschende Krankheiten die Lebendigkeit des Körpers beenden können. Auch da fragen sie nach Gründen, mit denen Erwachsene oft schnell an die Grenzen der Erklärbarkeit stoßen. Warum-Fragen richten sich auch auf Gott, der doch als Schöpfer des Lebens die Welt gut geschaffen hat. Das ursprüngliche Vertrauen in die Welt und auf Gott hat da große Belastungsproben zu bestehen. Wo Erwachsene oft keine Antworten finden, kommen die Kinder allerdings vielfach selbst zu Antworten. Sie denken darüber nach, wie es dem verstorbenen Mensch oder Tier jetzt im Himmel ohne irdische Gebrechen gehen mag.

- **Die Unumkehrbarkeit des Sterbens erkennen**

  Mit den Fragen nach den Ursachen des Sterbens wächst auch die Einsicht, dass dieser Prozess nicht rückgängig gemacht werden kann. Kleine Kinder äußern zuweilen den Wunsch zu sterben, um zu wissen, wie es im Himmel aussieht, oder um Verstorbene zu besuchen. Das ist ein Zeichen dafür, dass diese Einsicht noch fehlt. Die Unumkehrbarkeit macht den Verlust erst in seiner Trag-

Ein Kinderbuch lesen

Zum Thema Sterben und Tod gibt es inzwischen viele gute Kinderbücher – auch zur religiösen Thematik mit der Frage nach dem Umgang mit der Trauer und der Zukunft der Verstorbenen. Die Geschichten in Susan Varleys Buch „Leb wohl, lieber Dachs" erzählen vom Lebensende eines Tiers und spiegeln die Trauer des Abschiednehmens in Reden und Verhalten befreundeter Tiere. Kinderbücher helfen mit, den Verlust eines alten Menschen nachzuempfinden, z. B. „Abschied von Tante Sofia" von Hiltraud Olbrich. Den Tod von Gleichaltrigen thematisiert das Buch „Pele und das neue Leben" von Regine Schindler (Literaturnachweis →S. 173).

Zum Friedhof gehen

Das Besuchen, Pflegen und Schmücken der Gräber lieber Menschen gibt immer wieder Anregungen und Anlässe, sich über die verschiedenen Aufenthaltsorte der Verstorbenen Gedanken zu machen: Im Grab liegt der tote Körper, während das Leben des gestorbenen Menschen in der Erinnerung und in den Gedanken der Lebenden ist. Mit Kindergruppen können die Gräber bekannter Personen aufgesucht und Inschriften vorgelesen bzw. entziffert werden.

weite bewusst. Sie zwingt zum endgültigen Abschiednehmen. Um die Endgültigkeit des Todes erfassen zu lernen, sollten Kinder auch an Beerdigungen teilnehmen können und Friedhöfe besuchen.

Abschied ist schmerzvoll. Es bringt nichts, Kindern den Abschiedsschmerz ausreden zu wollen („Du brauchst doch nicht traurig zu sein!"). Kinder brauchen vielmehr die Bestätigung, dass auch ein solcher „innerer" Schmerz weh tut, solange, bis diese „Wunde" verheilt ist. Sie brauchen Menschen, die ihnen in ihrem Schmerz nahe sind, sie Nähe, Wärme und Zuwendung spüren lassen. Solche Wegbegleitung bieten auch die erfahrene Nähe Gottes und das Gebet um seine Hilfe an. Kinder trauern auf ganz unterschiedliche Weise – so wie sie den Schmerz ertragen und ihn bewältigen können.

- **Die Einsicht gewinnen, dass alle Lebewesen sterben müssen**

Erst nach und nach können Kinder Erfahrungen mit dem Sterben von Lebewesen verallgemeinern. Die Einsicht in die eigene Sterblichkeit bleibt ihnen vorläufig noch erspart. Das ist ja die große Lernaufgabe für das ganze Leben: das eigene Leben als ein begrenztes in den Blick nehmen zu können. So hat es auch im Alten Testament der Psalmbeter formuliert: *Unsere Tage zu zählen lehre uns! Dann gewinnen wir ein weises Herz* (Ps 90,12).

Gott und Engel, Himmel und Hölle

Engel, die Boten Gottes

Engel stehen hoch im Kurs. Je schwerer sich Zeitgenossen mit Vorstellungen von Gott tun, desto leichter scheinen sie zu den Wesen Zugang zu finden, die zwischen der himmlischen Gotteswelt und der irdischen Menschenwelt vermitteln. Mächtige Schwingen weisen sie klar der himmlischen Sphäre zu. Sie symbolisieren das Geheimnis der menschlichem Zugriff entzogenen transzendenten Welt. Begegnungen mit Engeln in der Bibel erzählen zuerst vom Erschrecken, das Menschen überfiel. So lesen wir es bei der Verkündigung an Maria und an die Hirten im Lukasevangelium (Lk 1,28 ff.; 2,9 ff.). Aber gerade dieses himmelsbezogene Merkmal hat Maler immer wieder zu prächtigen Darstellungen angeregt. Zugleich sind die Engel ganz und gar Ausdruck von Gottes Beziehung zu den Menschen. Sie haben menschliche Gesichter, stiften Vertrauen zu ihrer Botschaft (*Fürchtet euch nicht!*), sind eindringliche Gesprächspartner. Sie bringen den Menschen wichtige Botschaften von Gott und formulieren sie in der Sprache der Empfänger und deren Vorstellungsvermögen. In der Kunst wurde am häufigsten Mariä Verkündigung dargestellt, bei der ein Engel der jungen, noch unbedeutenden Maria die Geburt Jesu ankündigt. Aufmerksam lauscht sie der Botschaft von Gott, nach der sie zu etwas Besonderem auserwählt ist – eine Botschaft, die ihr Leben verändert. Engel beschützen Menschen auf gefährlichen Wegen. Sie bleiben oft unerkannt. Die Vorstellungen von unsichtbaren, ganz persönlichen Schutzengeln geben dem, was mit Gottes Segen gemeint ist, anschauliche Gestalt.

Engel bringen den Menschen Botschaften von Gott

Engel tragen in sich die Spannung zwischen dem Oben und Unten, dem Jenseits und dem Diesseits. Das macht sie so geheimnisvoll. Aber gerade dadurch geben sie Raum für ganz verschiedene Vorstellungen: Engel als himmlische Wesen – Engel in Menschengestalt – unsichtbare Engel. Als Boten Gottes verkörpern sie einen Teil von ihm und verweisen so auch auf die Vielfalt und zugleich Unzulänglichkeit unserer Bilder von Gott. Als geflügelte Wesen geben sie den Vorstellungen vom Himmel als Ort Gottes Raum und nehmen das Bedürfnis nach anschaulicher Konkretion auf. Bilder von Engeln können Kindern wichtige Anstöße geben für ihre Vorstellungen von Gott, gerade weil Engel nicht auf ein bestimmtes Vorstellungsmuster festgelegt sind. Kritisch zu sehen sind freilich Erstarrungen der Engelsvorstellung, etwa wenn sie nur noch als pausbäckige Kinder-Engel auf den Wolken liegen. Dahinter steht wohl die volkstümliche Vorstellung, dass totgeborene Kinder unmittelbar zu Engeln werden.

In ihrer Botenfunktion verkörpern die Engel Gottes Willen, uns nahe zu sein. Sie bieten eine Lösung der schwierigen Frage an, wie denn der unsichtbare, große, allmächtige Gott ganz nahe bei den Menschen sein kann, bei jedem einzelnen. Dem gegenüber ist es zweitrangig, ob sie in anschaulicher menschlich-himmlischer Zwischengestalt begegnen oder in eher vergeistigten Vorstellungen; ob sie mit oder ohne Flügel vorgestellt werden. Im weiteren Sinne können auch Menschen zu Boten Gottes werden: Es gibt auch ganz und gar irdische Engel, in denen Gott sein Werk tut und durch die er mittelbar das Geschehen beeinflusst (→ S. 33).

Engel als Boten mit menschlichem Gesicht stärken die vertrauensvolle Gottesbeziehung, die im Gesicht der ersten Bezugspersonen ihre frühesten Wurzeln hat und sich im Leben unter dem Angesicht Gottes weiterentwickeln kann. Sie regen an zum eigenen Weiterdenken über Gott und die Welt, Sichtbares und Unsichtbares, Himmel und Erde, Ferne und Nähe Gottes.

Es müssen nicht Engel mit Flügeln sein, die Engel.
Sie gehen leise, sie müssen nicht schrein,
Oft sind sie alt und hässlich und klein, die Engel.
Sie haben kein Schwert, kein weißes Gewand, die Engel:
Vielleicht ist einer, der gibt dir die Hand
Oder er wohnt neben dir, Wand an Wand, der Engel.
Dem Kranken hat er das Bett gemacht;
Er hört, wenn du ihn rufst in der Nacht, der Engel.
Dem Hungernden hat er das Brot gebracht, der Engel.
Er steht im Weg und sagt: Nein, der Engel,
Groß wie ein Pfahl und hart wie ein Stein –
Es müssen nicht Männer mit Flügeln sein, die Engel.

Rudolf Otto Wiemer

Soll man mit Kindern auch über die Hölle reden?

Der Glaube an Gottes Gerechtigkeit fordert Bestrafung der Schuldigen, gerät aber angesichts des Leidens Unschuldiger in harte Bedrängnis. Wenn schon das Leid der Gerechten nicht rückgängig zu machen ist, so besteht aber immerhin noch Grund zur Annahme, dass Gott zu gegebener Zeit die Schuldigen der gerechten Strafe zuführen werde. Die – auf uns heute eher abstoßend wirkenden – Rachepsalmen der Bibel sind Ausdruck solchen Festhaltens an Gottes richtendem Eingreifen. Mit den Vorstellungen vom Leben nach dem Tod verband sich deshalb die Erwartung von Gottes Gericht für alle Menschen, der Trennung zwischen Guten und Bösen (Mt. 25, 31 ff.). Himmel und Hölle wurden zu den Orten, an denen Gottes ausgleichende Gerechtigkeit wirksam wird. Aus dem Mittelalter kennen wir angstmachende, drastische Bilder der Hölle, die auf ihre Weise warnen und zu einem guten Leben anleiten wollten.

Die Erklärung des Leidens als Strafe Gottes (→ S. 74) konnte nur mehr die verurteilende Seite an Gottes Gerechtigkeit sehen, nicht mehr den Aspekt der Hoffnung auf Befreiung und Rettung und drängte deshalb zu weiteren Antworten. Dem entsprechend können auch die Höllen-Vorstellungen nicht die letzte Antwort auf die Frage nach Gottes ausgleichender Gerechtigkeit sein. Auf der einen Seite gilt, dass Gott die verfehlte Freiheit des Menschen nicht ungeschehen macht. Die Folgen davon, Hass und Leid und auch Erfahrung der Gottesferne, sind oft genug schon die Hölle auf Erden. Und sofern wir an ein Fortbestehen als ‚Ich‘ über die Grenze des Todes hinaus festhalten, muss auch das Ernstnehmen menschlicher Verantwortung samt deren Folgen seine Gültigkeit behalten – so wie es in den Vorstellungen von Gottes Gericht geschieht. In den Bildern des Richters sehen wir den fordernden Gott. Die Bewegung aber, zu der uns die biblischen Zeugnisse vor allem einladen, führt uns hin zu dem Bild des vergebenden, versöhnenden Gottes. So bewahrt also die Gerichtsvorstellung die Spannung und gibt doch auch der Ausrichtung auf Gottes Liebe hin viel Raum. In solche Bewegung gilt es auch die Kinder mit ihren Fragen nach der Hölle hineinzunehmen. Das Bedürfnis nach ausgleichender Gerechtigkeit soll nicht übergangen werden, aber das Ziel ist die Perspektive der versöhnenden Liebe, in der angstmachende Bilder der Hölle keinen Platz mehr haben.

KIND: Mama, es gibt doch ganz, ganz böse Menschen!
MUTTER: Wie kommst du darauf?
KIND: Im Fernsehen, da schießen welche die anderen einfach tot!
MUTTER: Ja, es gibt solche Menschen, die böse Gedanken in sich haben und Böses tun.
KIND: Aber Gott bestraft die Bösen! Wenn sie tot sind, kommen sie in die Hölle und braten in der Hitze, bis sie glühend rot sind! Glaubst du das auch?
MUTTER: Ich weiß es nicht. Vielleicht hat Gott noch eine ganz andere Idee, um sie zu bestrafen. Vielleicht kann er sie für ihre bösen Taten bestrafen und ihnen auch zeigen, dass sie seine Kinder sind wie alle anderen auch? Wahrscheinlich hat Gott da viel bessere Ideen als wir!

In diesem Gespräch versucht die Mutter, die Gerechtigkeitsvorstellung ihres Kindes behutsam zu weiten, es von einer auf die Dauer zu eindimensionalen Vorstellung von der Bestrafung der Bösen nach und nach zu befreien. Sie tut dies, indem sie die Sorge um die letzte Gerechtigkeit Gott anvertraut und sie so in einen weiteren Zusammenhang rückt.

Gibt es den Teufel?

Die Not und Leid verursachenden Kräfte bleiben bedrohlich und geheimnisvoll und produzieren unentwirrbare Verflechtungen von Schuld und Schicksal. So ist es nur verständlich, dass diese Kräfte in den Religionen seit je her personifiziert werden. Das Böse nimmt fratzenhafte Züge an – so gewinnt die Gestalt des Teufels ihr Aussehen. Tiefgreifende Angst und diffuses Grauen der Menschen kommen so zum Ausdruck. Auch die biblischen Bücher kennen die Gestalt des Satans, des Verleumders, der als Durcheinanderbringer, als Fürst der Dunkelheit einen Keil in das Vertrauen zwischen Gott und Mensch treibt. Nach der mythischen Überlieferung leistete Satan Gott Widerstand. Deshalb verbannte Gott ihn aus dem Himmel, räumte ihm aber dann doch das Recht ein, sein Unwesen zu treiben und als Gegenspieler Gottes und dessen heilvollen Willens tätig zu sein. (Offb 12,7–9).

Es ist das Kennzeichen der monotheistischen Religionen Judentum, Christentum und Islam, dass Gut und Böse nicht auf zwei verschiedene göttliche Gestalten verteilt werden, sondern beide in die Vorstellung vom einen Gott integriert sind. Gott ist nicht nur gut und gerecht, sondern trägt in seinem Tun auch das, was wir als ungerecht empfinden müssen. Das begrenzt die Vorstellungen vom Teufel. Sie haben ihren Sinn, sofern sie das Böse greifbar machen, ihm Gestalt geben, gegen die in mythischen Bildern gekämpft werden kann – so wie der Hl. Georg gegen den Drachen kämpfte. Entscheidend aber ist, dass in solchen Geschichten auch dessen Entmachtung mitvollzogen werden kann. Keine Berechtigung haben Vorstellungen vom Teufel, die den Kindern Angst einjagen und sie zu einem von Erwachsenen gewünschten Verhalten nötigen.

Mit Kindern beten

Ursprünglicher als das Nachdenken über Gott und die Beziehung zwischen Gott und Mensch ist das Praktizieren dieser Beziehung, wie es im Gebet geschieht. Menschen beten auf unterschiedliche Weise:

- Mitten in den Alltag gehört das spontane Stoßgebet: „Mein Gott, hilf mir, dass ich das gut hinter mich bringe!" Reste finden sich noch in den Ausrufen „Mein Gott!" oder „O Gott!".
- Für viele Menschen ist das Gebet innere Zwiesprache mit dem göttlichen Gegenüber, das oft gar keine Worte braucht, dafür umso mehr einen Ort der Ruhe, etwa in der Natur, vor einer angezündeten Kerze oder im Kirchenraum.
- In vielen Erinnerungen an die Kinderzeit hat das Gute-Nacht-Gebet seinen festen Ort. Als Ritual begleitete es den Übergang in die Nacht. Dazu kommt oft das Tischgebet bei den gemeinsamen Mahlzeiten.

- Gebete gehören auch zu den Gottesdiensten (→ S. 106 f.) und Andachten. Sie bringen Gott gegenüber Lob und Dank für seine Begleitung zum Ausdruck als auch Bitten für die Betenden selbst sowie Fürbitten für Menschen in der Not und alle diejenigen, die Gottes Hilfe brauchen.

Gebete brauchen eine gute Atmosphäre

Das Gute-Nacht-Ritual in der Familie schafft eine solche Atmosphäre: Das Kind kommt zur Ruhe und vergewissert sich, dass es auch in der Dunkelheit der Nacht geborgen ist. Gemeinsam mit den Eltern wirft es einen Blick zurück auf das Geschehen und die Aktivitäten des Tages und bringt sie zum Abschluss. Ruhe soll nun einkehren können. Im Gebet wird neben den Bezugspersonen noch ein weiteres, größeres, umfassenderes, aber unsichtbares Du angesprochen und um seine Fürsorge gebeten – als die große Bezugsperson hinter allen vertrauten Menschen.

Das Vaterunser – zentrales Gebet der Christenheit

Sollen schon kleine Kinder das Vaterunser lernen? Einerseits ist sein Text schwer zugänglich. Andererseits ist es das zentrale Gebet aller Christen, das in allen Gottesdiensten gebetet wird. Im Mitsprechen können sich kleine Kinder auch am Gottesdienst der Erwachsenen aktiv beteiligen. Es ist ein Gebet zum „Einhören und Einsprechen", deshalb sollte es auch bei Gottesdiensten oder Andachten in der Kindertagesstätte seinen Platz haben. Gesten, die den Inhalt des Vaterunsers ausdrücken, können solches Mitsprechen und „Hineinwachsen" in den Sinn des Vaterunsers begleiten.

Das Vaterunser

Vater unser im Himmel.
Geheiligt werde dein Name.
Dein Reich komme.
Dein Wille geschehe, wie im Himmel, so auf Erden.
Unser tägliches Brot gib uns heute.
Und vergib uns unsere Schuld, wie auch wir vergeben unsern Schuldigern.
Und führe uns nicht in Versuchung.
Sondern erlöse uns von dem Bösen.
Denn dein ist das Reich und die Kraft und die Herrlichkeit in Ewigkeit.
Amen.

Mit Gott sprechen

Was soll in den Gebeten zur Sprache kommen? Und wie?

Zum Ritual passen einfache Reimgebete, deren Sprachklang Kindern gefällt.

Für diesen Tag, Gott, dank ich dir
sei auch diese Nacht bei mir. Amen.

Gott, ich danke dir für diesen Tag
für alles Schöne, was ich mag,
für meine Freunde, fürs Spielen, fürs Essen.
Gott, du hast mich nicht vergessen! Amen.

Ein anderer Zugang zum Beten ist das Erzählen vom Tag, in das auch Gott als Zuhörer einbezogen wird.

Lieber Gott, wir haben heute viel erlebt: ... Wir danken dir,
dass du bei uns warst. Wir bitten dich, behüte uns in der
Nacht, damit wir alle gut schlafen können. Amen.

In späteren Jahren können Kinder dann für sich selbst ihr Reimgebet sprechen oder ihr stilles Zwiegespräch mit Gott führen.

In der Kindertagesstätte bieten sich die gemeinsamen Mahlzeiten für ein Gebetsritual an. Währenddessen kann den Kindern bewusst werden, dass wir alles Lebensnotwendige nicht nur uns selbst verdanken, sondern Gott. Reimgebete sollten verständlich sein und ohne Verniedlichung und Verharmlosung („jedes Tierlein hat sein Essen ...") den Dank an Gott formulieren.

Alle guten Gaben, alles, was wir haben
kommt, o Gott, von dir, wir danken dir dafür. Amen

Ein anderer Zugang eröffnet sich in Gesprächssituationen, in die auch Gott einbezogen wird. Das Gespräch öffnet sich zum „Gesprächsgebet".
- Was uns so gefreut hat, sagen wir auch Gott: *Danke, dass ...*
- Was uns so viel Kopfzerbrechen bereitet hat, sagen wir auch Gott: *Hoffentlich ...*
- Was uns so bedrückt hat, sagen wir auch Gott: *Wir bitten darum, dass ...*

Wie Gott anreden?

Wie soll das unsichtbare Gegenüber „Gott" angesprochen werden? Die familiäre Anrede „lieber Gott" nimmt Jesu Worte auf, der Gott mir der vertrauten Anrede *Abba* (Vater, Väterchen) ansprach. Mit eher beschreibenden Nebensätzen wird die Fixierung auf männliche Gottesvorstellungen vermieden.

Gott, du sorgst für uns
- *du liebst jeden von uns, jeden Menschen*
- *du bist immer bei uns*
- *du begleitest uns*
- *dir können wir alles sagen*
- *vor dir brauchen wir keine Angst zu haben*
- *du bist bei uns, obwohl wir dich nicht sehen*
- *du tröstest uns*
- *du bist zu uns wie eine gute Mutter*

Abgeschlossen wird das Gebet mit dem Wort „Amen". Es stammt aus dem Hebräischen und heißt etwa: „Ja, gewiss – ja, so ist es – ja, so wird es sein."

Welche Symbole und Gesten können das Beten begleiten?

Wiedererkennbare äußere Formen und besondere Gesten bringen zum Ausdruck, dass die jetzt gesprochenen Worte an Gott gerichtet sind.
- Christliche Tradition kennt die aneinander gelegten (katholisch) oder die gefalteten (evangelisch) Hände. Es ist eine Geste, die sich auch bei Konzentrationsübungen als hilfreich erwiesen hat.
- Ausgebreitete und hoch erhobene Hände zeigen das Weggeben der Gebete und die Empfänglichkeit für Gottes antwortendes Wirken an.
- Das An-den-Händen-Fassen ist Ausdruck der Gemeinschaft, die beim Beten wichtig geworden ist.

Zum Gebet kann eine Gebetskerze angezündet werden, oder die Kinder bekommen einen Gegenstand in die Hand, z. B. eine Feder, eine Kugel, der beim sich Konzentrieren hilft. Das können auch Gebetsketten sein, deren Kugeln für je unterschiedliche Gebetsanliegen stehen.

Gebete können auch gesungen werden. In den Liedersammlungen finden sich viele Gebetslieder für Kinder, getreu dem Motto des Kirchenvaters Augustinus: „Wer singt, betet doppelt".
In den Psalmen des Alten Testaments kommen auch viele Klagen zu Wort.

> *Warum bist du so weit weg, Herr? Wir wissen uns keine Hilfe mehr! Warum bleibst du verborgen?* (**Ps 10,1**)
> *Ich aber schreie zu dir, Herr, jeden Morgen bestürme ich dich mit Bitten. Warum hast du mich verstoßen, Herr?* (**Ps 88,14–15**)

Auch Kinder dürfen sich bei Gott beschweren, etwa so:
- *Gott, du hast uns nicht geholfen.*
- *Heute bin ich sauer auf dich.*
- *Hast du mich vergessen?*
- *Heute will ich eigentlich nicht mit dir reden.*
- *Bist du wirklich ein guter Gott?*
- *Ich habe das Gefühl, du bist nicht bei uns!*

Im Reden mit Gott bleibt die Beziehung zu ihm lebendig, und es kann neu Hoffnung auf Gottes Begleitung wachsen.
- *Gott, höre unseren Ärger und lass uns nicht allein!*
- *Gott, bleibe bei uns, auch wenn wir wütend auf dich sind!*

Bei manchen Gebetswünschen zeichnet sich schon ab, dass sie unerfüllbar sind. Trotzdem sollte man solche Gebete nicht abwehren. Besser ist ein Gespräch darüber, dass Gott selbst darüber entscheidet, wie er mit den Wünschen der Menschen umgeht: Gottes Handeln entzieht sich menschlicher Berechenbarkeit. Das kann auch in den Gebeten selbst mitformuliert werden.
- *Gott, nimm unsere Bitten an und lass geschehen, was du für gut und richtig hältst!*
- *Schenke uns Geduld, wenn wir auf deine Hilfe warten müssen!*

In der Gebetserziehung sollte auch darauf geachtet werden, dass menschliche Verantwortung nicht einfach an Gott abgeschoben wird („tröste alle Traurigen und Einsamen, heile alle Kranken, mache Luft und Wasser sauber …"). Mit den Kindern könnte gemeinsam und genau überlegt werden, worum wir bitten, etwa so:
- *Gib uns einen aufmerksamen Blick, damit wir sehen, wo andere unsere Hilfe brauchen.*
- *Gib uns gute Ideen, damit wir …*
- *Schenke uns die nötige Geduld, damit wir …*

Die große Herausforderung: Unerfüllt gebliebene Gebetswünsche

Bittgebete, die unerfüllt bleiben, können Zweifel am Sinn des Betens wecken. Wie lässt sich in der religiösen Erziehung damit umgehen? „Gott hat Nein gesagt", lautete einmal kurz und bündig der Kommentar eines Dreijährigen, als sich der in seinem Gebet ausgedrückte Wunsch nicht erfüllte. In anderen Situationen verdichtet sich die Enttäuschung auch zu Missfallensäußerungen und zum Ärger. Wenn es im Gebet um die Beziehung zu Gott geht, dann haben natürlich auch Ärger und Enttäuschung darin ihren Platz: „Gott, ich bin enttäuscht von dir …!" (→ S.34)

Gebete praktizieren
Beziehung zwischen
Mensch und Gott: z
Gebet gefaltete Hä

46

Gottesvorstellungen und religiöse Bildungsziele

Gottesvorstellungen in Bewegung – da geht es nicht um das bloße Übernehmen von Glaubenssätzen, sondern um das je eigene Suchen und Finden einer angemessenen Balance zwischen anschaulichen und abstrakten Vorstellungen von Gott, zwischen dem lieben, verlässlichen und dem unverständlichen und unnahbaren Gott. Was Kinder in ihrer Welt erleben, das hat Konsequenzen für ihre Gottesbeziehung und drängt dazu, Bisheriges zu überdenken, Widersprüche zu klären, neue, tragfähigere Vorstellungen zu entwickeln. Überprüfen wir den Umgang mit Vorstellungen und Bildern von Gott an den aus dem biblisch-christlichen Menschenbild sich ergebenen Merkmalen religiöser Bildung:

Vertrauen und Anerkennung

Indem Kinder um angemessene Bilder und Vorstellungen von Gott ringen, bringen sie zum Ausdruck, dass ihnen die Beziehung zu Gott wichtig ist. Einerseits nimmt ihnen das Entdecken der sie umgebenden Wirklichkeit anschauliche Gottesvorstellungen nach und nach aus der Hand. Andererseits zeigen Kinder große Bereitschaft, im Verändern und Weiterdenken dieser Vorstellungen an der Gottesbeziehung festzuhalten. Dazu aber brauchen sie Gesprächspartner und inhaltliche Anregungen. Das gilt besonders, wenn Vorstellungen vom nur „lieben" Gott zerbrechen: Das Erarbeiten neuer Gottesvorstellungen ist ihre eigene subjektive Leistung. So betreiben sie ihre eigene „Theologie in Kinderköpfen", lösen Probleme und Widersprüche auf ihre eigene Weise – und sind dabei auch auf Bestätigung von ihren Bezugspersonen angewiesen.

Miteinander leben

Kinder brauchen auch den Austausch und die Auseinandersetzung mit den Meinungen und Überzeugungen anderer. So erleben sie Bestätigung und Bekräftigung ihrer Ideen – und auch andere Positionen, zu denen es sich in Beziehung zu setzen gilt. Sie müssen oft lernen, unterschiedliche Ansichten und Vorstellungen bei ihren Bezugspersonen auszuhalten. Da bleibt es nicht aus, selbst innerlich hin und her gerissen zu werden. Aber der Weg führt weiter und hin zu eigenen religiösen Überzeugungen. Kinder brauchen Erwachsene, an denen sie auch lernen können, wie das Vertreten einer eigenen Überzeugung mit Akzeptanz und Wertschätzung anderer religiöser Ansichten verbunden werden kann.

Welt erkunden

Das Nachdenken über Gott begleitet das Erkunden der Welt. Naturwissenschaftliche Erkenntnisse im Bereich der sichtbaren Welt haben ihre Konsequenzen für das Nachdenken über das Unsichtbare. Wo sich Widersprüche zeigen, verlangen sie nach Klärung und ideenreichen Lösungen. So bleiben die Kinder die Konstrukteure auch ihrer religiösen Welt. Sie beziehen in solchem Sinne die Angebote der religiösen Überlieferungen in ihr Konstruieren ein. Sie wählen aus, interpretieren, messen Bedeutungen zu oder weisen auch welche zurück. In diesem Sinne sind die Kinder selbstständige Interpreten der Welt der religiösen Traditionen. Indem sie im Umgang mit dem Sichtbaren den Sinn für das Unsichtbare, Transzendente, Hintergründige bewahren, erhalten sie sich auch einen tieferen Blick für das Geheimnisvolle in unserer Welt, das sich dem erklärenden Zugriff entzieht. Im Staunen bleibt der Sinn für das Ganze lebendig, und im Aufstellen und Verwerfen von Hypothesen über Gott das Wissen um die Vorläufigkeit aller menschlichen Erklärungsversuche. So bleiben die Kinder dran an den Fragen, auf die es keine abschließenden Antworten gibt: an den Fragen nach dem Woher und Wohin des menschlichen Lebens; an den Fragen nach dem, was dieses Leben hält und ihm seinen Sinn gibt.

Fantasie und Hoffnung

In ihrem Nachdenken über Gott kommen Kinder mit ihrer Fantasie zu beeindruckenden Lösungsvorschlägen. Immer wieder bringen sie ihre religiöse Vorstellungswelt auf einen neuen Stand und schreiben so deren Geltung für ihr Leben in die Zukunft hinein fort. Ihre Gottesvorstellungen sind so immer auch Ausdruck der Zuversicht und Hoffnung, dass das Leben gelingen wird. Sensibles Wahrnehmen der Zusammenhänge der umgebenden Welt wird im Nachdenken über Gott verbunden mit der Frage nach Sinn und dem, was Optionen für die eigene Zukunft eröffnet.

Biblische Geschichten damals und heute

▸ Worum es in diesem Kapitel geht

▸ Glaube – das unerschütterliche Vertrauen auf Gottes Begleitung

▸ Anerkennung erfahren: Der Glaube setzt andere Maßstäbe

▸ Eigene Grenzen und neue Anfänge

▸ Die Welt mit neuen Augen sehen: Geschichten von Heilung und Hoffnung

▸ Vom Bibeltext zur eigenen Nacherzählung

▸ Botschaften zwischen den Zeilen entschlüsseln

▸ Biblische Geschichten und religiöse Bildungsziele

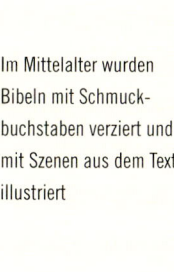

Im Mittelalter wurden Bibeln mit Schmuck-buchstaben verziert und mit Szenen aus dem Text illustriert

Worum es in diesem Kapitel geht

Die Bibel ist das Grundlagenbuch des christlichen Glaubens. „Heilige Schrift", „Wort Gottes" – diese Bezeichnungen signalisieren Abstand zum alltäglichen Leben, Unantastbarkeit, Unveränderbarkeit. Kann ein solches Dokument auch ein zeitgemäßes religiöses „Bildungsbuch" für Kinder sein? Allerhand Vorbehalte stehen einem unbefangenen Umgang mit diesem Buch im Weg:

- Ein „Buch mit sieben Siegeln" nennen es viele, gespickt mit kaum verständlichen Worten und Begriffen. Viele meinen, die Bibel sei ein Buch für theologische Experten, die gelernt haben, mit ihm umzugehen. Welche Bedeutung hat die Bibel im Alltag?
- Wenn die Worte der Bibel als unantastbare Wahrheiten gelten, dann wird den Christen viel abverlangt: So gesehen klaffen biblische Aussagen und modernes Denken weit auseinander. Die Erschaffung der Welt in sechs Tagen ist nicht zu vereinbaren mit naturwissenschaftlichen Erkenntnissen. Wunderheilungen sind für heutige Menschen kaum nachvollziehbar. Muss man seinen kritischen Verstand ablegen, wenn man in der Bibel liest?
- Viele haben aus früherem Bibelunterricht noch die stets wiederkehrende Frage im Ohr: „Was können wir daraus für unser Leben lernen?" Bibelgeschichten wurden auf ihre Moral hin befragt. Beständig an Gott glauben, fleißig beten, gut sein zu den Mitmenschen und Notleidenden – das wurde so oft aus den Geschichten herausdestilliert, bis man dessen gründlich überdrüssig war. Gibt es denn in der Bibel immer nur diese eine Botschaft?

Aber es gibt auch motivierende Zugänge:

- Die Bibel erzählt spannende Geschichten aus einer für heutige Erwachsene und Kinder fremden, unbekannten Welt, die zu Entdeckungsreisen einladen: Wie lebten Menschen damals, wie kamen sie mit dem Leben zurecht? Mit welchen Schwierigkeiten mussten sie fertig werden? Wie andere Texte der Weltliteratur enthält auch die Bibel zeitlos gültige Motive wie Neid und Eifersucht, Liebe und Verrat, Scheitern und Gelingen, Untergang und Hoffnung, in denen sich heutige Erfahrungen spiegeln.
- Intensive wissenschaftliche Arbeit an der Bibel hat sie als Zeugnisse von Menschen erschlossen, die im Denk- und Sprachgewand der damaligen Zeit ihren Glauben zum Ausdruck brachten. „Gotteswort im Menschenwort" lautet deshalb der Schlüssel zum Verständnis der biblischen Texte und eröffnet Zugänge zum geschichtlichen Verstehen. Was alles lässt sich an den Texten über deren Entstehungsgeschichte rekonstruieren? Was ist an den Zusammenhang der damaligen Zeit gebunden? Was weist darüber hinaus?

Auf solche Entdeckungsreisen gilt es, die Kinder mitzunehmen. Dabei werden sie zentrale Motive des christlichen Glaubens kennen lernen.

Die Botschaften des Glaubens

Viel hängt für das Selbstverständnis des christlichen Glaubens daran, dass der Text der Bibel „Urkunde des Glaubens" bleibt und nicht beliebig verändert wird. Dieser Anspruch geht verloren, wenn sich jeder aus der Bibel das herausholt, nach eigenem Belieben weglässt und hinzufügt, was ihm gerade passt. Für viele soll

Tora und Altes Testament

Die Heiligen Schriften des Judentums sind die Bücher des Alten Testaments, der Hebräischen Bibel, die über einen Zeitraum von etwa 2000 Jahren hinweg entstand. Von ursprünglich mündlicher zu späterer schriftlicher Tradition wurden Glaubenserfahrungen Israels gesammelt:

- aus der frühen Nomadenzeit und aus der Zeit der Befreiung aus der ägyptischen Sklaverei und der Landnahme in Palästina (**5 Bücher Mose, Josua, Richter**)
- aus der Zeit der Staatenbildung, vor allem unter König David (**2 Bücher Samuel, 2 Bücher Könige, 2 Bücher Chronik**)
- aus der Zeit vor und in der Katastrophe, die ins babylonische Exil führte (**Prophetenbücher: Jesaja, Jeremia** usw.)
- aus der Zeit des Neubeginns, die aber bald unter der Herrschaft der Römer und der endgültigen Zerstörung Jerusalems und des Tempels im Jahre 70 n. Chr. endete (**Esra, Nehemia**)

Die Tora, das sind die Fünf Bücher Mose. Sie enthält auch all die Regeln, Ordnungen und Gesetze, die die Identität des Volkes Israel als Gottesvolk bis in unsere Zeit verbürgen.

Die Königszeit wird von der Sozialkritik der Propheten begleitet. Sie deuten die politische Katastrophe als Folge der Abkehr von den Geboten Gottes, vor allem vom Gebot der sozialen Gerechtigkeit als Folge des Verrats des Bundes, den Gott mit seinem Volk geschlossen hat. Die Hebräische Bibel enthält auch ein Gesangbuch (die Psalmen) mit Liedern und Gebeten sowie weitere poetische Texte.

Dass die Hebräische Bibel, vor allem die Tora, die jüdische Identität verbürgt, zeigt sich auch im sorgsamen Umgang mit diesen Texten. Mit größter Sorgfalt wurden und werden sie für den gottesdienstlichen Gebrauch auf Pergamentrollen in hebräischer Schrift übertragen. Feierlich entrollt man im Synagogengottesdienst diese Schriften und verliest sie in Ausschnitten. Durch die Jahrhunderte hindurch hat sich eine reichhaltige Auslegungspraxis der biblischen Texte entwickelt, die in weiteren Textsammlungen (*Haggada* und *Halacha*) ihren Niederschlag fand. Gelehrtengruppen und Toraschulen brachten diese Auslegungen immer weiter voran und bewahrten so die Aktualität der biblischen Texte.

Das Christentum zählt die Hebräische Bibel als das „Alte Testament" zu seiner eigenen „Heiligen Schrift". Ergänzt wurde sie durch Überlieferungen von Jesus und den frühen Christengemeinden, das sogenannte „Neue Testament". Die Geschichte Gottes mit seinem Volk Israel ist auch seine eigene Glaubensgeschichte – auch wenn sich die Wege der jüdischen und christlichen Glaubensüberlieferung voneinander trennten.

Der Zeigestab verhindert, dass der Vorleser die Tora berührt oder beim Lesen die Zeile verliert

Neues Testament

Auch die Worte und Taten Jesu wurden zuerst mündlich tradiert, dann schriftlich und schließlich in den Jahrzehnten nach 70 n.Chr. in den sogenannten **Evangelien**. Jeder der vier im Neuen Testament vertretenen Evangelisten (Matthäus, Markus, Lukas und Johannes) hat diese Überlieferungen nach den Aspekten geordnet, die in den Christengemeinden in seinem Umfeld von Bedeutung waren.

Teils zeitlich vor, teils nach der Abfassung der Evangelien liegen die Briefe, die im Neuen Testament zu finden sind. Im Zuge der frühen Missionsbewegung und Gemeindegründungen in Kleinasien, Griechenland und Rom entstand eine Briefliteratur, in der die Gemeindegründer, vor allem der Apostel Paulus, auf theologische Fragen antworteten, die aus den Gemeinden an sie herangetragen wurden (**Briefe** an die Gemeinden in **Rom**, **Korinth**, **Galatien**, **Ephesus**, **Philippi**, **Kolossae**, **Thessaloniki**, dazu auch Briefe, die durch Autoren- und Empfängernamen benannt sind wie **Timotheus**, **Titus**, **Philemon**, **Petrus**, **Jakobus**, **Judas**). Als wichtige Zeugnisse des Glaubens wurden diese Briefe gesammelt und immer wieder in den Gottesdiensten vorgelesen und ausgelegt.

Ein eher geheimnisvolles Buch, die **Offenbarung des Johannes**, schließt das Neue Testament ab. Die Offenbarung des Johannes ist das eigentliche „Buch mit sieben Siegeln", voll mit symbolischen Andeutungen. Es gab den Gemeinden in der bedrängenden Situation der Christenverfolgungen im Römischen Reich Mut zum Durchhalten.

Islam

Im 7. Jahrhundert n.Chr. entstand der Islam. Dessen Heilige Schrift, der Koran, weist enge Beziehung zum Alten und Neuen Testament auf und liest sich über weite Strecken als deren Kommentar. Mohammed verstand sich als endgültiger Reformer von Judentum und Christentum, als der letzte der Propheten, zu denen er übrigens alle zentralen Gestalten des Alten Testaments und auch Jesus zählte. Sein Verhalten zu Juden und Christen war einerseits von Sympathie gegenüber den „Mitbenutzern" der Bibel geprägt, andererseits auch von Ablehnung und Enttäuschung, weil sie den Koran nicht als die endgültige Fassung der Bibel akzeptieren wollten.

Das offizielle islamische Verständnis des Koran ist von einer strengen „Verbalinspiration" bestimmt. Im Koran selbst berichtet Mohammed, wie es zum Auftrag kam, die Bibel gewissermaßen neu zu formulieren: Ein Engel befahl ihm, ein Schriftblatt aus dem Himmel zu lesen. Weil Mohammed nicht selbst lesen konnte und sich deshalb weigerte, würgte der Engel ihn zunächst fast zu Tode und zwang ihn, zum Werkzeug der göttlichen Eingebung zu werden. Über Jahre hinweg schrieb der Engel als himmlischer Bote so gewissermaßen selbst die Worte des Koran, die für Moslems weithin unantastbare Verbindlichkeit haben.

Ein Ausschnitt aus dem Koran und ein Gebetskette

deswegen der Charakter der Bibel als „Wort Gottes" unverfälscht erhalten bleiben. *Aber der Buchstabe tötet, der Geist macht lebendig* (2. Kor 3, 6), heißt es im Neuen Testament. Deshalb, so urteilen andere, wird erst in der verantwortlichen Auslegung des Wortlauts die Bibel zum Wort Gottes und erreicht erst dann heutige Menschen.

Wie kann man beiden Ansprüchen gerecht werden, dem auf Texttreue und dem auf Wiedergabe in einer modernen und zeitgemäßen Sprache? Die Antwort lautet: Es gilt, in der Bibel grundlegende, wiederkehrende Themen aufzuspüren und sozusagen „rote Fäden" zu suchen, die sich durch die Texte ziehen. Solche wiederkehrenden theologischen Leitgedanken und Leitmotive sichern die Texttreue; deren erzählerische Ausgestaltung repräsentiert die Aktualität der Geschichte. Es geht bei den „roten Fäden" um Botschaften des Glaubens, mit denen sich die Autoren der biblischen Texte auf ihre Weise und unter ihren unterschiedlichen geschichtlichen Bedingungen immer wieder neu auseinandergesetzt haben. Die Entstehungsgeschichte der Bibel belegt, wie die biblischen Autoren im Spannungsfeld zwischen der Treue gegenüber dem Überlieferten und einer aktualisierende Auslegung zu jeweils zeitgemäßen Aussagen kamen. In den biblischen Leitthemen findet somit beides zusammen: zum einen der Anspruch der überlieferten Texte und Inhalte, der nicht einfach auf die Seite gestellt werden darf, zum anderen die Frage, wie diese Leitgedanken in unserer gegenwärtigen Situation weiterzudenken und weiterzusagen sind.

Um solche elementaren „roten Fäden" geht es auch bei der Frage, welchen Zugang Kinder zur Bibel finden können. Wie können sich Kinder mit ihren eigenen Erfahrungen in den biblischen Aussagen wiederfinden? Zugänglich werden für sie nur solche Inhalte und Formulierungen, die sich am kindlichen Verstehenshorizont orientieren. Das ist bei der Auswahl und Akzentsetzung beim Erzählen und Lesen biblischer Texte mit Kindern zu beachten. Es wird interessant sein zu beobachten, wie die Kinder mit den Angeboten der biblischen Inhalte umgehen. Was ist ihnen wichtig, was nehmen sie auf, wie integrieren sie es in ihre eigene Erfahrungswelt, wie urteilen sie, welche Schwerpunkte setzen sie für sich selbst?

Einblicke in die Welt der Bibel gewinnen heißt aber auch, im Religionsunterricht die Entstehungsgeschichte biblischer Texte kennen und verstehen zu lernen. Es gilt, die Arbeit der biblischen Autoren in ihren geschichtlichen Situationen zu betrachten und zu verstehen. Kinder sollen also nach und nach lernen, sich gleichsam auf drei Ebenen zu bewegen:

- zunächst auf der Ebene des unmittelbaren Inhalts der Texte, der handelnden Personen und ihrer Erlebnisse und ihrer Botschaften
- dann auf der Ebene des historischen Hintergrunds, der das Leben dieser Personen bestimmte
- später auf der Ebene der biblischen Autoren und Redakteure, ihrer Lebensumstände und ihrer aktualisierenden Intentionen, die in der Geschichte „zwischen den Zeilen" erkennbar wird.

Rechtzeitig sollten Kinder an die Unterscheidung dieser Ebenen herangeführt werden, zumindest bevor sie die Aussagen der Bibel mit dem pauschalen Argument zurückweisen, man könne doch nicht glauben, was da alles steht, das habe man ja selbst noch nie erlebt und könne sich das heute nicht mehr vorstellen. Denn wo biblische Texte nur als historische Fakten gelesen werden, klaffen Realitätssinn und Glaube auseinander.

Glaube – das unerschütterliche Vertrauen auf Gottes Begleitung

Abraham und Sara
(→ S. 156)

Geschichtlicher Hintergrund: Nomadenzeit

Einer der ältesten biblischen Texte führt die Leser in die Welt der Nomaden vor 4000 Jahren. Er steht nur deshalb nicht am Anfang der Bibel, weil ihm bei der Redaktion der Tora die später entstandene biblische Urgeschichte (1. Mose 1–11) vorangestellt wurde. Die Nomaden waren immer wieder genötigt, aufzubrechen und neue Weidegründe und Quellen für ihre Schafe zu suchen. Von dem Aufbruch zu einer weiten Reise spricht der kurze Textabschnitt (1. Mose 12, 1–9): Abraham als Chef einer Sippe trägt die Verantwortung und muss die nötigen Entscheidungen treffen. Woher nimmt er die Zuversicht, dass seine Entscheidung richtig ist und nicht ins Verderben führt? Es ist das Vertrauen auf seinen Gott, von dem er sich getragen weiß. Gott selbst zeigt ihm den richtigen Weg – so wie er es auch früher getan hat. Wie ein Hirte führt Gott Abraham, seine Frau Sara und seine Angehörigen und Herden. Er sorgt für das Auskommen und gibt Schutz in gefährlichen Situationen.

Biblisches Leitthema: Vertrauen damals und heute

Vertrauen ist das zentrale Grundthema des biblischen Glaubens, das sich durch alle biblischen Überlieferungen zieht. Besonders markant ist das im 23. Psalm formuliert, dem wohl bekanntesten der Psalmen. Er greift dieses Hirtenmotiv auf: *Und ob ich schon wanderte im finstern Tal, fürchte ich kein Unglück. Denn du bist bei mir, dein Stecken und Stab trösten mich* (Ps 23, 4). Dieses Vertrauen auf Gott kehrt in vielen biblischen Geschichten wieder. In einer dramatischen Variante erscheint es in den Rettungsgeschichten: Dort wird erzählt, wie Mose die Israeliten aus der ägyptischen Sklaverei führt

(→ S. 85). Aber der Weg in die Freiheit ist bald zu Ende. Hinter sich entdecken die Israeliten die sie verfolgenden Ägypter – vor ihnen versperrt ein Meeresarm den Weg. Gerade noch rechtzeitig weicht das Meer zurück, die Gruppe um Mose ist gerettet. Sie deutet dies als Eingreifen Gottes und versteht es als den Ursprung neuen Vertrauens: „Ich bin bei euch!" Bis hinein ins Neue Testament zieht sich dieses Rettungsmotiv. In der Sturmstillungsgeschichte (Mk. 4, 35 ff.) werden Jesus und seine Begleiter auf dem See Genezareth vom Sturm überrascht. Die Jünger Jesu geraten in Panik. Jesus aber fragt sie: „Warum habt ihr so viel Angst? Warum habt ihr kein Vertrauen?" Und das Wasser beruhigt sich. Im Vertrauen auf Gott lassen sich die Jünger auf ihren Weg mit Jesus ein, auf dem sie so viel Neues über den Glauben erfahren.

Der biblische Text ist meist kurz und knapp. Wie wird er zu einer für Kinder anschaulichen Erzählung? Wo lässt sich mit diesem Vertrauensmotiv an die Erfahrungswelt der Kinder anknüpfen? Wo brauchen sie Vertrauen, um neue Herausforderungen bewältigen zu können? Schlüsselsituationen sind da der erste Tag im Kindergarten, der Schulbeginn oder der Schulwechsel nach der Grundschule. In den Blick geraten auch Belastungen in der Familie, wenn Eltern sich trennen oder Ängste, wenn Druck auf den Kindern lastet und sie sich vor dem Versagen fürchten.

Mit diesem Erfahrungshintergrund wird das Erzählen von der Hauptperson der jeweiligen biblischen Geschichte angereichert. Auch sie hat Gefühle der Angst und Hoffnung: Abraham macht sich Sorgen, er weiß noch nicht, wie er die Herausforderung bewältigen soll. So finden sich die Kinder in Abraham wieder. Und genau in diese Situation trifft die Botschaft des Glaubens, den die biblische Geschichte vermittelt: „Fürchte dich nicht, ich bin bei dir!" Für sich allein gesehen bleibt dieser Satz eine wohlmeinende, aber eher abstrakte Zusage. Lebendig wird sie, indem davon erzählt wird, wie sie bei Abraham ankommt, was sie in ihm bewirkt. Abraham wird so zu einem Vorbild des Glaubens, das die Kinder an sich selbst überprüfen, zu dem sie selbst Stellung nehmen können: Ist das Verhalten des Abraham überzeugend? Kann es auch zu einem Muster für den eigenen Glauben werden?

Abrahams Geschichte stammt aus der Frühzeit der biblischen Überlieferungen vor etwa 4000 Jahren. Seitdem ist die Welt eine ganz andere geworden: Nomaden kommen im Erfahrungsbereich heutiger europäischer Kinder nicht vor. Aber obwohl Abraham in ganz anderen Lebensverhältnissen zu Hause ist, sind seine Gefühle und Empfindungen auch heute noch erlebbar. Zugleich sollen Kinder erfahren, dass die Ursprünge des biblisch-christlichen Glaubens in einer früheren geschichtlichen Situation wurzeln. Dort und dann immer wieder in anderen Situationen hat sich Gott gezeigt. Dieses „Fürchte dich nicht!" ist nicht nur ein guter Spruch, sondern er hat eine lange Geschichte, in der Menschen immer wieder etwas von diesem Gott erfahren haben. In dieser Zeit ist Gott ihnen zu einem echten Gegenüber geworden.

Zuweilen wurde versucht, die alte Abrahamsgeschichte durch analoge Vertrauensgeschichten aus unserer Zeit zu ersetzen, um Kindern gewissermaßen den Umweg über diese ferne historische Situation zu ersparen. Solche gegenwartsnahen Geschichten

sind durchaus sinnvoll, aber sie machen die biblische Geschichte selbst nicht überflüssig. Denn Kinder gewinnen nur mit ihr einen Blick für die geschichtliche Dimension des biblischen Glaubens, für den Reichtum an überlieferten Glaubenserfahrungen. Sich in den alten Geschichten wiederzufinden, bereitet ihnen keine Probleme – sofern sie in der Erzählung Anknüpfungspunkte für ihre eigenen Erfahrungen finden. Und schließlich gibt ihnen die fremde historische Welt auch Raum, sich bewusst zu diesen Geschichten und Glaubenserfahrungen in Beziehung zu setzen, ihnen selbst Bedeutung für heute und für das eigene Leben zuzuschreiben.

Sturmstillungsgeschichte: Jesus vertraut auf Gottes Schutz

55

Anerkennung erfahren: Der Glaube setzt andere Maßstäbe

Geschichtlicher Hintergrund: Israel wird ein Staat

Nahezu eintausend Jahre später war die Situation in Israel eine völlig andere. Die Nomadensippen waren inzwischen sesshaft geworden. Ein Königreich mit der Hauptstadt Jerusalem entstand, das sich ausdehnen und kurzzeitig zur entscheidenden Großmacht in dem Raum zwischen dem Zweistromland (dem heutigen Irak) und Ägypten werden konnte. Dieser erstaunliche Aufschwung mit der Veränderung vom Sippenverband zum Königreich ist mit einem Namen verbunden: König David. Von seinem Vorgänger Saul, dem ersten König, erzählt die Bibel eine Geschichte des Scheiterns. Von David aber stellt sie uns die eines grandiosen Aufstiegs vor Augen. Er ist der von Gott Auserwählte, zu besonderen Aufgaben Berufene, mit den nötigen Fähigkeiten Ausgestattete. Im Krönungsakt wurde er zum Messias gesalbt (Messias = Gesalbter), ihm wurde der Ehrentitel „Sohn Gottes" verliehen (Ps 2, 7f.). Auch wenn diese politische Blütezeit Israels nur von relativ kurzer Dauer war, so wurde später in den Zeiten des Niedergangs das Bild Davids zu einem Hoffnungsbild für die Zukunft: Gott wird wieder solch eine Rettergestalt, einen neuen David schicken, der sein Volk aus der Not befreien wird. Das biblische Vertrauensmotiv erhält so eine neue Facette: Der Rückblick auf Gottes Taten, die das Vertrauen auf Gott bekräftigen, wendet sich zum hoffnungsvollen Blick in die Zukunft. Auf Gottes Hilfe darf man auch künftig vertrauen. Dieses Glaubensmotiv der großen Taten Gottes, die zu einer Quelle der Hoffnung werden, wird mit der Gestalt Jesu wieder relevant. Von den frühen Christen wurde Jesus als der erwartete neue David verstanden und mit dem Titel des „Neuen David", des „Davidssohns", des „Sohnes Gottes", des „Messias" geehrt.

Biblisches Leitthema: Die Kleinen sind die Großen

Ein weiteres Motiv des Glaubens gerät ins Blickfeld: Die biblischen Geschichten erzählen von der Erwählung des David als des kleinsten und unscheinbarsten unter seinen zahlreichen Brüdern (1. Sam 16). Gott legt einen anderen Maßstab an als die bekannten menschlichen Leistungsmaßstäbe. Die in menschlichen Augen Unbedeutenden, Abgeschriebenen, Übersehenen erfahren die liebevolle Anerkennung Gottes. Das stärkt Menschen in ihrem Selbstgefühl und wertet sie auf. Auch dieses Motiv zieht sich durch die ganze Bibel: Nicht ein mächtiges Volk hat sich Gott als Bundespartner erwählt, sondern einen kleinen, unbedeutenden Nomadenverband. Mose wird von Gott zum Führer aus der Not berufen, obwohl der abwehrend sagt, dass er doch gar nicht überzeugend reden könne. Der kleine David wird zum großen König; Maria, eine unbekannte und unbedeutende junge Frau, wird von Gott ausersehen, Jesus zur Welt zu bringen. Jesus wendet sich den Kranken, Abgeschriebenen, Ausgestoßenen, gesellschaftlich Geächteten zu und schenkt ihrem Leben neue Würde und Bedeutung. Er gibt den Kindern, den kleinen Unbedeutenden in der Gesellschaft, große Bedeutung (Mk 10, 13ff.).

Die Aufwertung der Person ist ein wichtiges Thema des Glaubens. Es trifft auf große Resonanz bei den Kindern. Sie sind in ihrem Selbstbewusstsein noch nicht so gefestigt, dass sie ohne den anerkennenden und aufbauenden Zuspruch der Erwachsenen auskommen können. Sie brauchen immer wieder die Botschaft, dass sie gewollt, geliebt, anerkannt, erwünscht sind. Biblische Erzählungen bieten solche Anerkennung an.

Samuel salbt den Hirtenjungen David

Moderne Kinderbücher und biblische Geschichten

Die Kinder sind zwar nicht David oder Mose, doch indem sie in die Geschichten eintauchen, identifizieren sich mit diesen Gestalten und beziehen sie auf sich selbst. Sie lassen sich von ihnen aufbauen und stärken. Überall in den Geschichten, die Kinder gerne lesen, finden wir diese Angebote zur Identifikation: von Pippi Langstrumpf bis Harry Potter, von Michael Endes „unendlicher Geschichte" bis zu den zahlreichen Abenteuergeschichten und Märchen. Die Kleinen und Unbedeutenden sind die eigentlichen Helden. Sie meistern unglaubliche Herausforderungen und ernten entsprechenden Ruhm.

In dieser Sicht haben moderne Kinderbücher, Märchen und biblische Geschichten viele Gemeinsamkeiten. „Kinder brauchen Märchen" hat der Kinderpsychiater Bruno Bettelheim formuliert, weil sie die Botschaft der Anerkennung und des Gelingens benötigen. Das gilt in gleicher Weise für biblische Geschichten. Der Unterschied besteht darin, dass es in der Bibel die Beziehung zu Gott ist, aus der solche Anerkennung und aufbauender Zuspruch hervorgehen. So ist es nicht überraschend, dass in der Bibel dieses Thema zuweilen unter Zuhilfenahme von Märchenmotiven erzählerisch ausgestaltet wird, zum Beispiel in den Davidsgeschichten: David, der kleinste unter seinen zahlreichen Brüdern, wird der Größte, wird zum König. Er, der Kleine, bringt den riesenhaften Goliath zu Fall. Gerade in solchen märchenhaften Überzeichnungen können sich Kinder besonders gut wiederfinden. David,

dem jede Rüstung viel zu groß ist, tötet den bedrohlichen Riesen mit einem einfachen Stein aus seiner Hirtenschleuder. Indem biblische Erzählungen dieses Motiv der Anerkennung und des aufbauenden Zuspruchs in so kräftigen Linien zeichnen, regen sie dazu an, im eigenen Nacherzählen diesen Konturen zu folgen.

Kinder brauchen solche ermutigenden Zusagen durch Menschen und in Geschichten umso mehr, je öfter sie in ihrer Umwelt auf die andere Botschaft stoßen: Nur wer etwas kann, gilt etwas. Leistungsmaßstäbe heben die Defizite hervor und viele Fähigkeiten bleiben unbeachtet. Zuwendung und Zuneigung werden gekoppelt an vorausgegangenes Wohlverhalten. Gegen solche Erfahrungen brauchen Kinder die andersartigen und aufbauenden Botschaften in ihren Lieblingsgeschichten, deren Helden kräftige Gegenbilder zur erfahrenen und auf auch erlittenen Realität anbieten. Das kennzeichnet auch die Erzählung von der Salbung Davids (1. Sam 16, 1 ff.).

David
(→ S. 158)

Eigene Grenzen und neue Anfänge

Geschichtlicher Hintergrund: die Nomadenzeit

In der Zeit des Königtums in Israel erlebte auch die Literatur einen besonderen Aufschwung. Historische Zusammenhänge wurden dokumentiert und als Zeugnisse des Handelns Gottes theologisch interpretiert. Die Geschichte von Davids Aufstieg gewann so den Charakter einer Königsbiographie. Aber es wurden auch Überlieferungen vergangener Jahrhunderte aufgegriffen und im Sinne einer solchen Biografie neu gefasst. So geschah es in der Josefserzählung, die wieder in die Nomadenzeit zurückführt: Josef, der Urenkel Abrahams, wird als Lieblingssohn von seinem Vater Jakob verwöhnt und bevorzugt. Das erregt den Neid seiner Brüder. Es kommt zu einer tätlichen Auseinandersetzung, in deren Folge Josef von seinen Brüdern als Sklave an eine Karawane verkauft wird, die nach Ägypten zieht. Dort macht Josef eine steile Karriere, die ihn vom Sklaven zum Stellvertreter des Pharao werden lässt, also zum zweitmächtigsten Mann im ägyptischen Weltreich. Dieser Weg ist aber auch einer der Läuterung des Josef. Er lernt, seine Begabungen und Fähigkeiten zu gebrauchen, muss aber auch immer wieder harte Zurückweisungen einstecken. In Träumen verschlüsselt wird dem Pharao eine bevorstehende Hungersnot angezeigt – Josef kann diese Träume richtig deuten und trifft im Auftrag des Pharao die entsprechenden Vorkehrungen. Die angekündigte Dürre tritt ein. Josefs Brüder bitten beim Vize-Pharao um Getreide – ohne zu ahnen, dass sie mit ihrem Bruder sprechen. Josef gibt sich ihnen zu erkennen und versöhnt sich mit ihnen. Man könnte diese Erzählung aus der Königszeit auch als eine Bildungsnovelle bezeichnen: Josef muss sich gewissermaßen „die Hörner abstoßen", um dann zu großen Zielen zu gelangen.

Biblisches Leitthema:
Mit Schuld und Versagen umgehen

Ein bekanntes biblisches Glaubensmotiv ist auch in der Josefsgeschichte enthalten: das Vertrauen auf Gottes Führung und Rettung in der Not – eingewoben in den Aufstieg des Josef; die Entwicklung vom Kleinen zum Großen durch Gottes Hilfe. Ein weiteres Grundmotiv kommt hinzu: Versagen und Schuld führen zwar zu mancherlei Katastrophen, aber letztlich dennoch zu einem guten Ende oder zu einem neuen Anfang. Biblische Gestalten werden auch mit ihren Schwächen gezeigt, zu denen Täuschung und List, Neid und Hass, Selbstüberschätzung und Ungerechtigkeit gehören. Auch dieses Motiv begegnet uns schon auf den ersten Seiten

Bauern bei der Getreideernte: Die Ägypter legen einen Vorrat für Notzeiten an

der Bibel: Adam und Eva überschreiten die ihnen gesetzten Grenzen und verlieren den Paradiesgarten – und dürfen doch unter neuen Bedingungen weiterleben. Kain erschlägt im Zorn seinen Bruder Abel – er muss fliehen und wird doch von Gott geschützt (1. Mose 4). Jakob betrügt seinen Bruder Esau, aber nach vielen Jahren in der Fremde kehrt Jakob zurück und kann sich mit seinem Bruder versöhnen (1. Mose 27ff.). Der mächtige König David erliegt den Verlockungen der Macht. In einer Affäre mit Batseba wird er zum Mörder an deren Ehemann – und darf doch wieder neu anfangen (2. Sam 11).

Im Neuen Testament geht es weiter: Petrus ist die herausragende Gestalt unter den Jüngern. Aus Angst verleugnet er nach Jesu Gefangennahme im Hof des Hohenpriesters seine Freundschaft mit Jesus – und wird in einer Begegnung mit dem Auferstandenen neu zum Boten des Evangeliums berufen (Joh 18 und 21). In einer Gleichnisgeschichte erzählt Jesus vom „verlorenen Sohn", der von seinem Vater das Erbe einfordert, um damit seine Ziele zu verwirklichen. Er verspielt alles, kehrt ohne einen Pfennig zurück – und wird von seinem Vater mit großer Freude wieder aufgenommen und angenommen (Lk 15).

Die Gestalten der Bibel sind keine edlen, glanzvollen, vollkommenen Helden, sondern Menschen mit Fehlern und Schwächen. Aber gerade deshalb fühlen sich Kinder von ihnen und ihrer Geschichte angezogen. Identifikation mit diesen Gestalten hilft auch ihnen selbst, eigene Schwächen zu akzeptieren – weil in der Geschichte die Perspektive von Vergebung und Neuanfang vorgezeichnet ist. Das geschieht aber nicht in einer oberflächlichen Weise gleichsam automatisch, sondern der Hauptfigur der Geschichte wird auch einiges zugemutet: Blicke in die Abgründe des menschlichen Her-

WISSENSWERT

Bibelstellen auffinden

Wie kann man die Zitate aus der Bibel nachlesen und Bibelstellen auffinden, die in diesem Buch zitiert sind? Einen Bibelstellennachweis wie den folgenden entschlüsselt man so:

1. Sam 16, 1

1. Buch Samuel Kapitel 16 Vers 1

In einer Online-Bibel wie z.B. **www.bibel-online.de** lässt sich die entsprechende Textstelle schnell auffinden.

zens und lange Wege, auf denen manch bittere Erfahrung durchgestanden werden muss, bevor die Geschichte an ihr Ziel kommt. Das hat auch viel mit langsam wachsender Einsicht und innerer Reife zu tun.

Im Schulalter gewinnen Kinder in ihren Geschichten einen längeren Atem. Über Wochen, vielleicht sogar Monate hinweg verfolgen sie im Religionsunterricht ihren „Helden". Sie erleben Höhen und Tiefen und finden nach und nach eine Fülle an Lebenserfahrungen in diesen Gestalten wieder. Das Besondere ist, dass diese Geschichten nicht im Chaos solcher Erfahrungen enden. Vielmehr sind diese Erfahrungen in einen nachvollziehbaren Lebensweg eingezeichnet und finden so ihre Ordnung und Struktur. Dazu gehört auch ein positives Ziel. Die Systematik, in der Kinder ihre Erfahrungen ordnen, ist noch keine abstrakte, an Begriffen ausgerichtete, sondern eine anschauliche, an Handlungsabläufe gebundene Struktur. Besser als trockene Erklärungen sind Erzählverläufe, in die die Probleme des alltäglichen Lebens und ihre Lösungen eingebettet sind.

Josef gehört zu den biblischen Lieblingsgestalten der Kinder. Sie lernen sich so auch mit den Schattenseiten der eigenen Erfahrungswelt auseinander zu setzen und tauchen zugleich ein in die Historie – in die Welt der ägyptischen Kultur, der Pharaonen und Pyramiden.

Josef und seine Brüder
(→ S. 160)

Die Welt mit neuen Augen sehen: Geschichten von Heilung und Hoffnung

Geschichtlicher Hintergrund: Jesus und seine Zeit

Zu Beginn unserer Zeitrechnung war das Land Palästina von den Römern besetzt. Vor allem die einfache Landbevölkerung lebte in bitterer Armut. Sehnsüchtig wurde die Ankunft des Messias erwartet, der das Land von den Besatzern befreien und wieder Frieden und Gerechtigkeit herstellen sollte. Es gab eine Vielzahl von unterschiedlichen religiösen Gruppierungen, die mit vielerlei Aktivitäten das Kommen des Erwarteten vorbereiteten: Da sind die Mitglieder der politischen Widerstandsbewegung, die Zeloten, die als Partisanen in den Bergen lebten und Überfälle auf römische Soldaten inszenierten. Palästina galt deswegen als eine der unruhigsten Provinzen im römischen Weltreich. Manche der Zeloten sympathisierten mit der Jesus-Bewegung und erwarteten von ihr die Einleitung der politischen Wende. Die Römer reagierten mit größter Härte auf die Überfälle: Zu Hunderten wurden die Gefassten am Kreuz grausam hingerichtet. Auch Jesus wurde auf diese Weise getötet.

Andere Gruppen wie die Essener suchten durch den Rückzug in den religiös-kultischen Bereich ihr Heil. Die Essener lebten in klösterlicher Gemeinschaft; sie legten großen Wert auf Reinigungsriten. Auf symbolische Weise erneuerten sie den Menschen und bereiteten so das Kommen des Messias vor. Johannes der Täufer vollzog an vielen Menschen die Taufe zum Zeichen der Umkehr und des Neuanfangs. Viele Johannes-Anhänger standen der Jesus-Bewegung nahe. Als Johannes der Täufer später aus dem Gefängnis heraus Jesus fragen ließ: Bist du der, der kommen soll, oder müssen wir auf einen anderen warten?, antwortete Jesus: *Blin-de sehen wieder, und Lahme gehen; Aussätzige werden rein, und Taube hören; Tote stehen auf, und den Armen wird das Evangelium verkündet* (Mt 11, 1 ff.). Mit eindrucksvollen Zeichen bekräftigte er den Anspruch, der erwartete Heiland, der Heilsbringer zu sein. Davon erzählen die neutestamentlichen Wundergeschichten.

Jesus war auch Schriftgelehrter, also ein Rabbi. Er stand dem Kreis derer nahe, die das Kommen des Messias beschleunigen wollten, indem sie alle Weisungen der Hebräischen Bibel penibel befolgten. Das galt vor allem für die Beachtung der Speisevorschriften, der Reinheitsgebote und des Sabbatgebots. Wenn alle Juden nur an einem Tag alle Gebote einhalten, dann kommt der Messias – das war der Leitsatz ihrer Theologie. Indem sie selbst diese Regeln mit großem Ernst verfolgten, waren sie Vorbild für viele. Oft suchten sie das Gespräch mit Jesus. Aber sie fühlten sich brüskiert von seiner Botschaft, dass mit ihm selbst das erwartete Heil schon gekommen und die Heilszeit schon angebrochen sei. Immer wieder fragten sie nach seiner Autorität. Sie konnten nicht zustimmen, wie Jesus das ernste Warten auf das Heil durch seine heilende Zuwendung zu Menschen und deren Befreiung aus Krankheit und Not ersetzte. „Das Reich Gottes ist mitten unter euch" – das ist die Botschaft seiner Wundertaten. Er verkündete, dass Gott nahe ist inmitten der politischen Unruhe und wirtschaftlichen Not, die die Menschen erlebten. Er bekräftigte dies an den Ärmsten der Armen, an den Kranken, die am meisten unter der Not zu leiden hatten. Ihre Befreiung aus der Not war das Symbol für alle, dass inmitten der alten Verhältnisse das Neue schon angebrochen war.

Die Kluft zwischen damals und heute überbrücken

Im Unterschied zur damaligen Zeit fällt es uns heute schwer, Jesu Wundertaten als eindrucksvolle Bekräftigung seiner Botschaft zu verstehen. Sie wecken oft eher Zweifel und Unverständnis, denn die überlieferten Heilungen passen überhaupt nicht zu unserem heutigen naturwissenschaftlichen Erkenntnisstand. Bedeutet christlicher Glaube, die modernen wissenschaftlichen Erkenntnisse abzulegen? Dann wäre Glaube durch Abgrenzung von der Wissenschaft gekennzeichnet, der Graben zwischen Damals und Heute würde unüberbrückbar werden. Denn wo kann man heute solche eindrucksvollen Heilungen erleben? Jesu Wundertaten wären so in die Vergangenheit verbannt.

Biblisches Leitthema: Hoffnung, Mut und Zuversicht

Wer die alten biblischen Texte heute neu zum Sprechen bringen will, stößt bei den neutestamentlichen Wundergeschichten auf eine besondere Herausforderung. Eine rein naturwissenschaftliche Lesart verdeckt ein weiteres Grundmotiv christlichen Glaubens: Inmitten des Alten bricht sich Neues Bahn und neue Perspektiven tun sich auf, die Mut machen und Zuversicht geben. Bestimmte Ereignisse kündigen das Neue an. Sie geben Anregung, sich in dieses Neue hinein zu denken, hinein zu wünschen und zu träumen, Zukunftsbilder der Hoffnung entstehen so, und dabei gewinnt auch die Fantasie Raum. Kennzeichnend für diese Zeichen des Neuen ist, dass sie aufhorchen lassen, althergebrachten Erfahrungen widersprechen und bisher Ungeahntes, Unvorstellbares ins Spiel bringen.

Auf dieses Grundmotiv sind Kinder ansprechbar. Mit viel Fantasie und Kreativität entwerfen sie ihre Zukunftsperspektiven: „Wenn ich groß bin, dann …" Das Leben in der ganzen Fülle seiner Möglichkeiten tut sich vor ihnen auf – das beflügelt, spornt an, gibt Impulse, stärkt den eigenen Willen. Für den Glauben heißt das, dass sich mit Gott auch die Fülle dieser Möglichkeiten verbindet. Gott steht dafür, dass das Leben nicht nur in festen Spuren und Bahnen verläuft, sondern sich neue Ausblicke und Weichenstellungen auftun. Kinder lieben Geschichten, in denen Unwahrscheinliches wahr wird, in denen Wunderbares geschieht. Auch sie erleben häufig Begrenzungen, aus denen sie sich mithilfe der Geschichten hinausträumen können.

Wundergeschichten im Kontext

Die Wundergeschichten erzählen nicht nur von einem medizinischen Problem, sondern von

Krank sein bedeutet, von der Kommunikation mit anderen abgeschnitten zu sein

Jesus heilt einen Blinden

tesbeziehung. Beim Erzählen geht es darum, weniger vom medizinischen Krankheitsbild zu erzählen als von dessen Folgen für das Lebensgefühl des Kranken. Es gilt in Worte zu fassen, was die Krankheit für das Verhältnis zu sich selbst, zu den anderen, zu Gott bedeutet. Entsprechendes gilt für die Heilung. Kein medizinischer Vorgang steht im Vordergrund, sondern die Art und Weise, wie Jesus mit dieser Person Beziehung aufnimmt. Er spricht ihr im Auftrag Gottes neues Leben zu, weckt Lebensmut – und bewirkt so Heilung. Die Heilung eröffnet vielmehr eine neue Lebensperspektive, die die Kinder mit ihrer eigenen Fantasie entwerfen und ausgestalten können.

Neutestamentliche Wundergeschichten sind Zeichen der Hoffnung, die Jesus gesetzt hat, und die biblischen Autoren haben dies unterstrichen, indem sie das Wunderbare des erzählten Geschehens noch gesteigert haben. Das fantastisch Anmutende rückt allerdings für uns heute meist den Widerspruch zur naturwissenschaftlichen Realität in den Vordergrund. Einen besseren Zugang findet man, wenn man es als ein Unterstreichen dieses Grundmotivs des Glaubens versteht: Wo nach menschlichem Ermessen nichts mehr weitergehen kann, da ist dennoch Neues, Weiterführendes, Aufbauendes möglich. Da gibt es Erfahrungen des unerwarteten Aufbruchs, den Glaubende als Gottes Wirken deuten können. Als solche Zeichen sind die überlieferten Wundertaten Jesu zu lesen.

Wundergläubigkeit eine innere Haltung, die von Gott Neues und Heilendes erwartet. In einer der bekanntesten Heilungsgeschichten bringen mehrere Männer ihren gelähmten Freund durch ein Loch im flachen Dach des Hauses zu Jesus. Sie hoffen an seiner Stelle darauf, dass Jesus ihrem Freund eine neue Zukunft eröffnen kann.

den Lebensumständen des Kranken. Menschen treten ins Blickfeld, die von ihrem Leben nicht mehr viel zu erwarten haben. Die Krankheit hat soziale Folgen – Armut und Not – und sie steht für Erfahrungen, die das Leben einengen: Lähmung steht für das Ende eigener Aktivität und Motivation, Blindheit, Taubheit und Stummheit für den Ausschluss aus der Kommunikation mit anderen. Und sofern Krankheit theologisch damals als Zeichen der Trennung von Gott verstanden wurde, steht sie auch für den Ausschluss aus der Leben gewährenden Gottesbeziehung.

Die Heilung
des Gelähmten

(→ S. 163)

Vom Bibeltext zur eigenen Nacherzählung

Wie werden die auf den ersten Blick oft spröde wirkenden Bibeltexte zu Geschichten, in denen sich Kinder mit ihren eigenen Erfahrungen wiederfinden, mit denen sie sich identifizieren und sich so die Botschaft der Geschichte zu eigen machen können? Wie lassen sich die biblischen Leitthemen so entfalten, dass sie an den Hauptpersonen der Geschichte miterlebt werden können?

Hauptpersonen lebendig werden lassen

Die wichtigste Aufgabe bei der Erzählvorbereitung besteht darin, der Hauptperson oder den Hauptpersonen der Geschichte genauer nachzuspüren. Denn die Geschichte wird lebendig in den Erfahrungen, die diese Personen machen. In der biblischen Vorlage finden sich allerdings oft nur kurze Andeutungen. Deshalb sollte man versuchen, die Hintergründe der Person kennen zu lernen. In welcher Not begegnet sie uns? Vor welche Herausforderung ist sie gestellt? Wie wirkt sich das in ihrem Alltagsleben aus? Welche Wünsche und Sehnsüchte nehmen wir bei ihr wahr? In welchen dieser Erfahrungen können sich die Kinder wiederfinden? Es macht nichts, wenn wir mit unseren Vermutungen zunächst weiter ausholen, als es nötig ist. Manches wird für die Erzählung selbst nicht gebraucht, aber was zum „roten Faden" passt, das kann sich zu wichtigen Erzählelementen entwickeln. Deren Wert werden wir vielleicht erst richtig erkennen, wenn wir mitten drin im Formulieren unserer Erzählung sind.

Erzähler und Zuhörer versuchen im Lauf der Geschichte, sich in die Personen hineinzuversetzen: Wir lassen uns berühren von dem Unglück und Kummer, den sie erleben. Je näher wir an diese Gefühle herankommen, desto echter, glaubhafter und nachvollziehbarer wird die Nacherzählung. Daran schließt sich für die Zuhörer auch die Frage an: Wie hätten sie sich selbst in einer solchen Situation verhalten?

Wie erleben nun unsere Hauptpersonen den Fortgang der Ereignisse? Beim Erzählen ist auch darauf zu achten, dass wir nicht unversehens in die Gestalt anderer Personen schlüpfen und aus deren Sicht weitererzählen. Oft müssen wir von den äußeren Geschehnissen auf das zurückschließen, was sie in unserer Hauptperson bewirken. Es ist gar nicht so einfach, Gefühle zu erzählen. Wir sollten genau bedenken, wie sie sich zeigen, welches Verhalten sie hervorrufen. Beim Übersetzen der Gefühle in verdeutlichende Handlungen, Gesten, Aktivitäten, Monologe und Gespräche unserer Hauptperson mit anderen ist viel Einfühlungsvermögen gefragt. Wichtig ist auch die Frage: Wie kann ich die oft so knappen Worte der biblischen Vorlage zum Beispiel als einen Dialog gestalten, den die Kinder gut verstehen können?

Wichtig ist das Erzählen davon, was die befreiende Botschaft von Gott bzw. die Begegnung mit Jesus in den Personen auslöst: Wir versuchen genau nachzuspüren, wie sich Angst löst, wie Vertrauen aufkeimt, wie die Spannung nachlässt. Wir erzählen, wie sich die Gewissheit Raum schafft, dass etwas neu geworden ist, und wie sich die Person reich beschenkt fühlt. Nicht nur die oft negative Vorgeschichte soll einfühlsam nahegebracht werden, sondern vor allem das Rettende, Befreiende, das neu geschenkte Leben.

Vom Erlebnis des Befreienden ist es oft nicht mehr weit bis zum Schluss. Freude kommt auf, zieht ihre Kreise, nimmt die Umstehenden mit hinein. Wir lösen uns so von der Hauptperson, verabschieden uns und unsere Zuhörenden aus der Geschichte.

Bildhaft erzählen: Kino im Kopf

Zum Erzählen gehört das Sehen mit dem inneren Auge. Unsere Geschichte wird belebt durch Bilder und Szenen, durch konkrete Vorstellungen von den wechselnden Orten der Erzählhandlung. Diese entstehenden Bilder strukturieren den Erzählverlauf – mit jedem neuen Bild tritt auch die Erzählung in ein neues Stadium ein. Ging es vorher darum, dem roten Faden der Geschichte im Mitgehen mit der Hauptperson eine deutlich fassbare Gestalt zu geben, so verwandeln wir ihn mit den Bildern und Szenen gewissermaßen in eine Perlenkette. Jede Perle ist eine wichtige Station, bei der man ein bisschen verweilen kann. Wichtige Erfahrungen der Geschichte verbinden sich so mit bestimmten Bildern und bleiben so besser im Gedächtnis haften – das gilt für die Erzählenden genauso wie für die Zuhörenden. Die Kunst des freien Nacherzählens ist also die Kunst, sich Bild um Bild durch die Geschichte hindurchzuerzählen und dabei jeweils zu entfalten, was man sich vorher für jedes Bild zurechtgelegt hat.

In der biblischen Vorlage finden wir auch hier wieder oft nur knappe Hinweise, um die herum wir unsere Kreise ziehen, eigene Vorstellungen in uns wecken und dann auch gegebenenfalls ganz gezielt Informationen einholen.

Im Blick auf die wesentliche Botschaft der Geschichte ist es wichtig, dass wir den Bildern am Höhepunkt des Geschehens besondere Aufmerksamkeit widmen. Die eigenen inneren Bilder erzählen wir als Andeutungen, mit denen die Zuhörenden ihr eigenes inneres Sehen in Gang bringen. Das gilt besonders für das Geheimnisvolle in biblischen Geschichten, etwa bei Wundererzählungen, bei den Oster- oder Pfingstgeschichten, in Engelsgeschichten und anderen. Denn schließlich sollen die erzählten Bilder und Szenen ja nicht durch ein zu ausführliches Verweilen bei äußeren Details die Identifikation mit der Hauptperson und ihren Empfindungen verstellen.

Roter Faden und Spannungsbogen

Eine dritte Anregung zum eigenen Erzählen richtet sich auf die Gestaltung des Spannungsbogens. Unser „roter Faden" wird nun gleichsam angespannt. Das ist wichtig im Blick auf die Kinder, die sich schnell ablenken lassen. Vorausdeutungen auf kommende Ereignisse erzeugen Neugier. Die Zuhörenden stellen Vermutungen an, bilden eine Erwartungshaltung heraus und arbeiten so am Fortgang der Geschichte selbst mit. Sie sind mit einbezogen in den Gang des Geschehens. Wir sollten also beim Erzählen den Höhepunkt der Geschichte vorbereiten.

Die Spannung löst sich genau dort, wo das Befreiende eintritt, wo das Geschenk von Gott zu leuchten beginnt. Wurden die Zuhörenden in die Erzählbewegung hinein genommen, dann werden sie auch gerne den Höhepunkt auskosten. Dann bekommen die Worte, die das rettende und befreiende Ereignis beschreiben, großes Gewicht: Am Höhepunkt der Geschichte soll das Leitthema des Glaubens deutlich zur Sprache kommen. Danach geht die Erzählung rasch dem Ziel entgegen. Günstig ist oft ein offener Schluss, der die Zuhörenden zum eigenen Nachdenken anregt, wie es nun mit der Hauptperson der Geschichte weitergehen mag.

Einblicke in die Schreibstuben der neutestamentlichen Evangelisten

Die Evangelisten bearbeiteten die ihnen bekannten Überlieferungen von Jesus und setzten Akzente, mit denen sie zugleich theologische Herausforderungen in ihren eigenen Gemeinden beantworteten.

Der Evangelist **Markus** wirkte nach 70 n. Chr. Er ist der erste, der viele einzelne Überlieferungen von Jesus zu einem Gesamtbild zusammengefügt hat. Er musste sich mit dem Vorwurf auseinandersetzen, dass ein zum Tode Verurteilter doch wohl kaum der von Gott gesandte Retter sein könne. Ausführlich entfaltet er Jesu Leidensgeschichte und stellt ihr den Weg Jesu von der Taufe im Jordan bis zu seinem Einzug in Jerusalem voran. Er zeigt auf, wie auf diesem Weg in den Taten Jesu immer wieder dessen Autorität und Vollmacht zu erkennen waren. Große Bedeutung haben bei ihm die Heilungstaten Jesu, deren Darstellung immer im Hinweis auf die staunenden, auch erschrockenen und verwunderten Zuschauer endet. So macht Markus deutlich, dass Jesus der von Gott gesandte neue Messias war. Was „Gottes Sohn" meint, erklärt Markus seinen Zeitgenossen, die oft mehr mit griechisch-hellenistischen als mit jüdischen Traditionen vertraut waren, mit Jesu Lebensgeschichte. Sie beginnt mit dessen „Ernennung" zum Sohn Gottes in der Taufe. Dann entfaltet er, wie sich die Beauftragung dieses Menschen Jesus zum „Sohn Gottes" in seinen machtvollen Taten äußert. Auch dessen Leiden und Sterben gehören zu diesem Auftrag dazu.

Das Symbol des Evangelisten Markus ist ein Löwe

Der Evangelist **Matthäus** lebte um 80 n. Chr. in einer Gemeinde, die noch stark von den jüdischen Traditionen bestimmt war. War Jesus der erwartete Messias oder war er es nicht, wie Matthäus' jüdische Mitbürger sagen? Matthäus überarbeitet das Markusevangelium im Blick auf diese Fragestellung. Dabei stellt er immer wieder Bezüge zum Alten Testament her, mit denen er verdeutlicht, dass die alttestamentlichen Erwartungen in Jesu Wirken und Leben ihre Erfüllung gefunden haben. Jesu Geburt in Bethlehem löst die Weissagung des Propheten Micha ein: *Aber du, Betlehem-Efrata, so klein unter den Gauen Judas, aus dir wird mir einer hervorgehen, der über Israel herrschen soll* (Mi 5, 1). Matthäus stellt viele biographische Parallelen zwischen Jesus und Mose, der großen Leitperson des Volkes Israel, her. Sei es der Kindermord von Bethlehem (Mt 2, 16), der an die Tötung aller männlichen Neugeborenen in der ägyptischen Sklaverei erinnert, oder die Flucht nach Ägypten und Rückkehr nach Nazareth (*Aus Ägypten habe ich meinen Sohn gerufen*, Mt 2, 15). Mose als dem großen Gesetzeslehrer steht Jesus so als der Lehrer des „neuen Bundes" gegenüber – mit dieser Intention arbeitet Matthäus eine Sammlung von überlieferten Worten und Reden Jesu ein, so auch die „Bergpredigt", die Markus offensichtlich noch nicht zugänglich war.

Das Symbol des Evangelisten Matthäus ist ein Engel

Der Evangelist **Lukas** lebte um 80 n. Chr. in einer Gemeinde, der die jüdischen Traditionen fern sind und für die viel eher die Auseinandersetzung mit dem römischen Kaiserkult im Vordergrund steht. Ist der Erfolg der römischen Politik nicht viel bedeutender als das Geschehen um Jesus, das doch aus weltgeschichtlicher Sicht als völlig bedeutungslos erscheinen muss? Dagegen argumentierend arbeitet Lukas u.a. in die Vorlagen von Markus und Matthäus eine historische Perspektive ein, die dies widerlegen soll. Von Adam her führt der Stammbaum zu Jesus (Lk 1), Jesu Erscheinen ist die Mitte der Zeit und ihr folgt eine Missionsbewegung, die von Kleinasien bis nach Europa führt und so wahrlich weltgeschichtliche Bedeutung gewinnt. Gegen die Macht römischer Militärherrschaft steht Jesu Wirken mit seiner Zuwendung zu den Armen, den Randgruppen, den Frauen. Das ist eine Umkehrung der Verhältnisse, von der schon Maria singt: *Er stürzt die Mächtigen vom Thron und erhöht die Niedrigen* (Lk 1, 52). In der Weihnachtsgeschichte erfahren Hirten, Vertreter der niedersten Bevölkerungsschicht, die neue Botschaft als erste. In Jesu Verkündigung geht es immer wieder um die Armen, Abgeschriebenen, sei es im Gleichnis vom verlorenen Sohn (Lk 15, 11 ff.), in der Geschichte vom Oberzöllner Zachäus (Lk 19), in der Heilung der verkrümmten Frau (Lk 13, 11 ff.). Hier setzt Lukas seine besonderen Akzente.

Das Symbol des Evangelisten Lukas ist ein Stier

Der Evangelist **Johannes** vollzieht in seiner Bearbeitung der Jesusüberlieferung die Auseinandersetzung mit einer eher philosophischen Erlösungsreligion. Nach dieser Lehre ist die ursprüngliche Einheit des göttlichen Lichts bei ihrem Eingehen in die Welt und Menschen zerbrochen und existiert nur noch in Lichtfunken, versteckt in den menschlichen Seelen. Aber Gott hat eine himmlische Erlösergestalt geschickt, mit dem Auftrag, die Menschen wieder zum vollen Licht zu führen. In mystisch-kultischen Gemeinschaften wurde dies Geschehen der Erlösung gefeiert. Johannes zeigt Jesus Christus als Erlösergestalt, die als „Licht der Welt", als „Brot des Lebens" zu den Menschen gekommen ist. Gottes Weisheit ist in ihm als Mensch geboren und hat in seinem Wirken konkreten Ausdruck gefunden. Wer ist der wirkliche, vom Himmel auf die Erde gesandte Erlöser? Johannes legt Jesus lange Reden in den Mund, in denen diese Antwort entfaltet wird – bis hin zum Verhör vor dem römischen Statthalter Pontius Pilatus. In ihm wirft Jesus noch kurz vor seiner Verurteilung die Frage nach der Wahrheit auf: *Ich bin ein König. Ich bin dazu geboren und dazu in die Welt gekommen, dass ich für die Wahrheit Zeugnis ablege. Jeder, der aus der Wahrheit ist, hört auf meine Stimme* (Joh 18, 37). Im Kindergarten- und Grundschulalter bleibt das Evangelium des Johannes eher im Hintergrund.

Das Symbol des Evangelisten Johan ist ein Adler

Botschaften zwischen den Zeilen entschlüsseln

Zweierlei Lesarten

Die Wundergeschichten der Bibel machen deutlich: Biblische Geschichten sind in zweierlei Hinsicht zu lesen und zu verstehen. Die eine ist der historische Hintergrund, nämlich die Geschichte Israels und das Wirken Jesu in Worten und Taten. Andererseits sind biblische Texte keine Tatsachenberichte: Sie zeichnen die in dem historischen Geschehen fassbaren Grunderfahrungen des Glaubens nach, auch mit literarischen Mitteln. In einer Geschichte zweifelt Abraham, ob er Gottes Zusage, die Sippe zu erhalten, wirklich glauben kann. Schließlich hat er in hohem Alter noch keine Kinder. „Sieh den Sternenhimmel über dir!" fordert Gott ihn auf, „so zahlreich werden deine Nachkommen sein!" Da geht es nicht um einen historischen Vorgang, sondern um ein Gleichnis, das die Vertrauensbotschaft unterstreicht. Mit Märchenmotiven unterstreichen die biblischen Autoren die Botschaft, dass Gott die Menschen bedingungslos anerkennt, sie ermutigt und mit Fähigkeiten ausstattet. Novellenartig ausgestaltete Lebensläufe erzählen, wie Menschen trotz ihrer Schwächen und Fehler von Gott zum Gelingen geführt werden, wie die Wendung zu Neuanfang und Vergebung erfolgt. Das Wunderhafte betont die Botschaft der Hoffnungsgeschichten. Sowohl die historische wie auch die symbolische Lesart ist wichtig für ein angemessenes Verständnis biblischer Geschichten. Auf Inhaltsebene knüpfen sie an historisches Geschehen an. Die Sprach- und Ausdrucksmittel der biblischen Autoren deuten das Geschehen im Sinne der Botschaften des Glaubens. Beides gilt es im Blick zu behalten: historische Zusammenhänge und literarische Gestalt.

Kinder verfolgen Erzählhandlungen

Für Kinder ist es aber noch sehr schwer, biblische Erzählungen auf beiden Ebenen zu verfolgen. Sie schwimmen gewissermaßen im Fluss der Geschichte selbst mit und können noch nicht vom Ufer aus auf den (Erzähl-)fluss schauen. Kinder konzentrieren sich ganz auf die Abfolge der Ereignisse. Sie können noch nicht gleichzeitig die Hintergrundsebene der theologischen Erzählinteressen des Autors und seiner sprachlichen Ausdrucksmittel verfolgen, die es zwischen den Zeilen zu entdecken gilt. Psychologen sprechen deshalb vom „eindimensional-wörtlichen Verstehen" der Erzählkomplexe. Wenn es aber unhinterfragt bei solchem Verständnis bleibt, dann droht auf die Dauer das Missverständnis der biblischen Texte als bloße Fakten, die als solche zu glauben seien – auch wenn sie mit den Erfahrungen der modernen Zeitgenossen nicht in einen sinnvollen Zusammenhang zu bringen sind. Möglichst früh sollten Kinder deshalb auch an ein mehrdimensionales Verständnis biblischer Texte herangeführt werden.

Eine gute Chance dazu bieten Geschichten, die das Erkennen einer zweiten Ebene selbst zum Inhalt haben. In ihnen berichtet die Hauptperson, wie sie Überliefertes aufnehmen und im Blick auf ihre Situation Neues formulieren konnte. Eine Geschichte in der Geschichte erleichtert es zu verstehen, wie eine Botschaft durch neue theologische Akzentuierungen und sprachliche Mittel verdeutlicht wird. Sie ermöglicht gleichsam den Blick in die Schreibstube des biblischen Autors und zeigt uns, mit welcher Absicht er vorliegenden Texten noch eine besondere Ausrichtung gab.

Geschichten erzählen

Gleichnisse erzählen

Jesus hat sich häufig dieser Erzähltechnik bedient: Seine Botschaft hat er weniger in Begriffen erklärt als in Gleichnisgeschichten erzählt. In den Überlieferungsprozessen sind die Rahmengeschichten weithin verschwunden, sie lassen sich aber gut mit erzählerischen Ideen nachgestalten. Da regen sich die Bürger von Jericho auf, weil Jesus sich bei Zachäus einlädt. Der steckt doch als Zollpächter mit den verhassten Römern unter einer Decke! Als Antwort Jesu passt da gut das Gleichnis vom verlorenen Schaf, das durch Unachtsamkeit die Herde verloren hat, vom Hirten gesucht und liebevoll auf den Schultern zur Herde zurückgebracht wird. So eindrücklich ist dieses Gleichnis für Jesu Reden und Wirken geworden, dass ihn die frühesten bildlichen Darstellungen als den guten Hirten mit dem verloren gegangenen Schaf auf seinen Schultern zeigen.

Gut vorstellbar ist, wie sich die Jünger über die ausbleibende Wirkung von Jesu Tun Gedanken machen. Erscheint Jesu Vorhaben nicht ziemlich aussichtslos? Wird er seine Botschaft wirklich so unter die Menschen bringen können, dass sich greifbar etwas im Volk verändert? Als Antwort darauf passen gut die zahlreichen Wachstumsgleichnisse wie das vom Sämann. Ein Sämann sät geduldig sein Saatgut auf das Feld. Aber viel davon geht verloren: Vögel picken es weg, die zarten Pflänzchen verdorren in der Hitze oder werden vom Unkraut überwuchert. Alles deutet auf eine Missernte hin. Und trotzdem wächst eine gute Ernte heran. Die verlorenen Getreidekörner stehen für die Enttäuschungen der Jünger, die sie zu entmutigen drohen und ihre Hoffnung auf eine gute Wirkung Jesu Botschaft behindert. Doch das Gleichnis macht Mut: Es wird einen guten Ausgang und eine reiche Ernte geben.

Ursprungsgeschichten erzählen

Wenn Kinder verstanden haben, dass Aussagen und Botschaften im Sprachgewand von Bildern und Gleichnissen besonders gut zum Ausdruck gebracht werden können, dann öffnet sich ihnen auch die Tür, um sie nach und nach in die Arbeitsweisen der biblischen Autoren einzuführen. Die sind ähnlich vorgegangen, indem sie die Botschaft der Bibel mit deren Grundmotiven nicht nur im historischen Geschehen berichtet, sondern auch durch aufgegriffene neue Inhalte verdeutlicht, unterstrichen, verstärkt, präzisiert haben. Ein Beispiel hierfür sind die Erzählungen von der Erschaffung der Welt in der Bibel. Dieser Spur zu folgen heißt, viele Missverständnisse im Verständnis biblischer Texte frühzeitig auszuräumen.

Jesus, der gute Hirte: Frühchristlicher Grabstein

68

Erzählungen von der Erschaffung der Welt

Die ersten Seiten der Bibel bieten uns zwei Schöpfungserzählungen. Die zweite (1.Mose 2) ist die ältere und stammt aus der frühen Königszeit. Sie erzählt anschaulich von Wüsten und Oasen und wie durch einen Wasserstrahl, der Bäche speist, ein prächtiger Oasengarten inmitten der lebensfeindlichen und wasserlosen Dürre entsteht. So sind die frühen Gotteserfahrungen aus der Nomadenzeit in ein neues Nachdenken über die Herkunft unserer Welt eingegangen: Die ganze Welt kommt von Gott. Der rettende und begleitende Gott wird auch als der Schöpfer der Welt identifiziert. Dabei werden Schöpfungsvorstellungen aus anderen religiösen Traditionen der umliegenden Völker und Kulturen als Gleichnisse für die biblische Botschaft aufgenommen: auch nach dem Versagen der Menschen, die Grenzen der ihnen gegebenen Freiheit zu respektieren, und dem Verlust der Paradies-Oase bleibt von Gott geschaffener Raum zum Leben. Für die inzwischen sesshaft gewordenen Israeliten ist dies der mit Mühe und Arbeit zu bestellende Acker.

Einige hundert Jahre später ist das Volk in einer ganz anderen Situation: in der Verbannung in Babylon, dem von jährlichen Überschwemmungen gezeichneten Zweistromland. Babylonische Mythen erzählen von der Entstehung der Welt durch die Götter. Sie stellen unsere Welt als einen Hohlraum inmitten gewaltiger Chaosfluten vor. Nach allen Seiten gut abgedichtet kann sich so Leben entfalten.

In einem eigenen Schöpfungslied (1. Mose 1) nehmen die jüdischen theologischen Autoren manches von der babylonischen Tradition auf. Aber sie setzen der Macht der babylonischen Götter den eigenen Glauben entgegen. Im Kontrast zu den babylonischen Vorstellungen wird das Bekenntnis zu Gott als dem Schöpfer formuliert. Gott hat das Licht geschaffen und den Lebensraum der Welt, Tiere, Pflanzen und Menschen. Die Feier des siebten Tages, des Sabbats, wird dabei zum wesentlichen Identitätsmerkmal.

Gott sprach: Es werde Licht. Und es wurde Licht. Gott sah, dass das Licht gut war. Gott schied das Licht von der Finsternis, und Gott nannte das Licht Tag, und die Finsternis nannte er Nacht. Es wurde Abend und es wurde Morgen: erster Tag. Dann sprach Gott: Ein Gewölbe entstehe mitten im Wasser und scheide Wasser von Wasser. Gott machte also das Gewölbe und schied das Wasser unterhalb des Gewölbes vom Wasser oberhalb des Gewölbes. So geschah es, und Gott nannte das Gewölbe Himmel. Es wurde Abend und es wurde Morgen: zweiter Tag.

Dann sprach Gott: Das Wasser unterhalb des Himmels sammle sich an einem Ort, damit das Trockene sichtbar werde. So geschah es. Das Trockene nannte Gott Land, und das angesammelte Wasser nannte er Meer. Gott sah, dass es gut war …

Am siebten Tag vollendete Gott das Werk, das er geschaffen hatte, und er ruhte am siebten Tag, nachdem er sein ganzes Werk vollbracht hatte. Und Gott segnete den siebten Tag und erklärte ihn für heilig; denn an ihm ruhte Gott, nachdem er das ganze Werk der Schöpfung vollendet hatte (1. Mose, 1 ff.; 2, 1 f.).

Gott verspricht seinem Volk Begleitung und eröffnet ihm eine Zukunft, die Bestand hat. Seine Schöpfung ist nicht von dem Wohlwollen von Göttern abhängig. Diese theologische Glaubensbotschaft, das Bekenntnismotiv, und das „Gleichnismaterial", also zeitgebundene Inhalte, müssen auseinandergehalten werden. Das vermeidet unfruchtbare und verzerrende Konkurrenz zwischen biblischem Glauben und bleibenden Bekenntnisaussagen und dem zeitbedingten naturwissenschaftlichen Erkenntnisstand.

Biblische Geschichten und religiöse Bildungsziele

Die Bibel als „Urkunde des christlichen Glaubens" zugänglich machen heißt ihre Botschaften kennen und verstehen lernen. Dazu gehört auch, wie diese Botschaften Gestalt gewonnen haben, wie konkret Erfahrenes gedeutet wurde, wie solche Deutungen ihre Kreise zogen und Ausgangspunkt für neue Erfahrungen des Glaubens wurden. Mit biblischer Überlieferung zu arbeiten heißt auch, Anlässe für religiöse Bildung zu schaffen.

Vertrauen und Anerkennung

Vertrauen in die umgebende Welt zu gewinnen und sich der eigenen Gaben und Fähigkeiten bewusst zu werden – dazu gibt biblische Überlieferung reichlich Anregungen. Die ersten beiden beschriebenen Glaubensmotive (→ S. 54 ff.) ziehen sich als roter Faden durch die Geschichten der Bibel. Sie laden Erwachsene und Kinder dazu ein, dieser Spur folgen. Das bedeutet, sich mit den Personen der Geschichten zu identifizieren, sich hineinnehmen zu lassen in deren Erfahrungen, Nähe und auch Distanz zu ihnen zu erleben und sich so diese Erfahrungen selbsttätig anzueignen. Kinder ziehen ihre eigenen Schlüsse aus dem Erzählten. Das geschieht nicht, indem sie zu bestimmten (moralischen) Folgerungen gedrängt werden, sondern indem sie zu erkennen geben, wo und wie sie sich erzählte Erfahrungen aus biblischer Zeit selbst zu eigen gemacht haben. Sie entscheiden eigenständig, welchen Spuren sie folgen, welchen Überzeugungen sie Raum geben - und auch, wo sie Distanz spüren und wo sich bei ihnen Widerstand regt. Aneignung biblischer Geschichten kann im Sinne des Bildungsgeschehens nichts anderes sein als ein eigenes Tun, das jeder nur für sich selbst leisten kann und das deshalb auch nicht in vorgefertigten pädagogischen Ergebnissen münden darf. Nicht nach Lehrsätzen ist da zu fragen, sondern nach eigener Auslegung, nach eigenem Zumessen von Bedeutung. Kinder brauchen Bestätigung, dass sie mit solcher Aneignung auf dem richtigen Weg sind. Voraussetzung dafür ist, dass die Erwachsenen auch sich selbst solche selbstständige Auslegung biblischer Traditionen zu Eigen gemacht haben.

Miteinander leben

Biblische Geschichten stellen Gestalten mit ihren Licht- und Schattenseiten vor Augen, die ihre Erfahrungen mit Gott machen. Da geht es auch viel um Konflikte im Zusammenleben und Wege zu ihrer Bewältigung. Genau das ist ja auch Teil des Bildungsgeschehens: umzugehen mit den Schwierigkeiten des Miteinanders, die Gegebenheiten anzunehmen und nach tragfähigen Lösungen zu suchen. Biblische Geschichten zeigen solche Suchbewegungen und rücken sie in die Perspektive des Gelingens. So machen sie Mut, selbst zu eigenen Fehlern und Schwächen zu stehen und Entsprechendes auch anderen einzuräumen (→ S. 58 f.) An die Stelle einer moralisierenden Auslegung, die überall nur die Aufforderung sieht, auch selbst Gutes zu tun, tritt die realistische Sicht des Menschen mit seinen Licht- und Schattenseiten und wie dennoch mit Gottes Hilfe das Zusammenleben gelingt.

Welt erkunden

Die „Urkunde des christlichen Glaubens" lädt ein zu Entdeckungsreisen in vergangene Zeiten, zu früheren Erfahrungen mit Gott und in die Geschichte des Werdens der biblischen Texte. Dabei geht es immer um die je eigenen Beziehungen, die Kinder wie Erwachsene zu dieser Welt des überlieferten Glaubens herstellen. Bildung als Selbstbildung, als selbstständige Tätigkeit der sich selbst bildenden Subjekte – das geschieht im Umgang mit biblischen Texten, indem sie mit eigenen Augen gelesen und auf ihre Zusammenhänge und Hintergründe befragt werden.

Die Welt der Bibel ist Bestandteil der abendländischen Kultur. Deshalb gehört sie auch zu den Kulturgütern, mit denen Menschen ihre Bildung gestalten. Als Teil der Weltliteratur ist sie auch eine unerschöpfliche Quelle von Lebenserfahrungen und Lebensweisheiten, die über Jahrtausende gesammelt wurden. Schon deswegen ist es bereits im Kindesalter wichtig, Zugänge zur biblischen Überlieferungsgeschichte anzubahnen – damit dieses Buch nicht ein „Buch mit sieben Siegeln" bleiben muss.

Dennoch sind auch die biblischen Texte in ihrem Reden von Gott immer nur Annäherungen an das Geheimnis, das Gott für die Menschen bleibt. Statt in klaren Begriffen kann das Entscheidende oft nur in Gleichnissen und im Rückgriff auf überlieferte Bilder und Mythen angemessen ausgesagt werden. Die Wahrheit der Gottesbeziehung ist nicht historisch und beweisbar zu fassen, sondern wird nur in den deutenden Auslegungen der biblischen Autoren zugänglich. Fragen der Kinder nach abschließenden Antworten müssen wie die Fragen nach Gott offen bleiben. Sie regen aber zu der Einsicht an, dass Wahrheit nur in der Vermittlung durch andere Menschen und in der damit verbundenen Vielstimmigkeit zugänglich wird. Auch der so angeregte Umgang mit dem Geheimnisvollen ist für das Bildungsgeschehen unverzichtbar. Er hält den eigenen Horizont offen und stärkt die Bereitschaft, sich immer wieder auf die Fragen nach dem Sinn unseres Lebens und unserer Welt einzulassen.

Fantasie und Hoffnung

Biblische Geschichten sind „Mutmachgeschichten". Sie erzählen davon, wie Herausforderungen des Lebens im Glauben an Gott bewältigt wurden. Beziehungen zum eigenen Leben werden nicht durch bloße Lehrsätze und abstrakte Aussagen hergestellt, sondern durch die bildhafte Kraft der Sprache und anderer Ausdrucksformen. Identifikation mit den Menschen und ihren Enttäuschungen, Erwartungen und Hoffnungen lädt ein, sich mit der eigenen Fantasie in ihr Leben hineinzudenken und die Erzählfäden selbst weiter zu spinnen. Biblische Geschichten regen auch dazu an, das Erzählte mit eigenen kreativen Ideen nachzuzeichnen und auszugestalten. In ihnen spiegelt sich die eigene Auseinandersetzung mit und Aneignung der biblischen Botschaft. Indem eigene Verarbeitung der Begegnung mit biblischen Aussagen mit allen Sinnen geschieht, von der Körpersprache in Gestik und Mimik zum Rollenspiel, vom bildhaften Gestalten in vielerlei Techniken bis zum musikalischen Ausdruck, erschließt sich die Leibhaftigkeit dieser Botschaften. Insofern liefert der Umgang mit biblischen Texten auch viele Anregungen zur ästhetischen Bildung.

Werteerziehung durch Religion

▸ Worum es in diesem Kapitel geht

▸ Sich an unveräußerlichen Werten orientieren

▸ Herausforderungen annehmen

▸ Um Entscheidungen und Lösungen ringen

▸ Ethik und religiöse Bildungsziele

Ein Beispiel für eine ethische Fragestellung – Plakatwand der 1000-Fragen-Initiative

Worum es in diesem Kapitel geht

Christliche Überlieferungen und religiöse Praxis haben seit jeher ihren Beitrag zur Wertorientierung geleistet. Religiöse Erziehung schloss immer auch das Beachten der von Gott gegebenen Ordnungen ein. Die Gebote haben im christlichen Glauben einen hohen Stellenwert. Genau das wird auch weithin von religiöser Erziehung erwartet, nämlich eine kompetente Wertevermittlung. Kirchen melden sich in der öffentlichen Diskussion zu Wort, wenn es um ethische Fragen geht, beispielsweise um den Schutz des ungeborenen Lebens, die Gentechnologie, den Schutz des Sonntags. Gleichzeitig regt sich bei vielen auch Unbehagen, wenn Kirchen als Wächter der öffentlichen Moral wirksam werden, genauer gesagt, wenn mit religiöser Autorität bis hinein in einzelne Handlungen hinein ganz bestimmtes Verhalten gefordert wird. Was ist der angemessene Beitrag des christlichen Glaubens zur Wertevermittlung? Wie kann und soll religiöse Erziehung auch ethische Erziehung sein? Vor welchen Herausforderungen steht solche Erziehung?

Erinnerungen

Manche Erinnerungen an frühere religiöse Erziehung lassen noch das tief sitzende Misstrauen gegen die Überzeugung erkennen, Menschen könnten von sich aus gut handeln. Ist denn nicht der Mensch von Anfang an in seine Fehler und Sünden verwickelt und kann nur durch Gottes Gnade immer wieder neu auf den rechten Weg gebracht werden? So lag es auch nahe, den Zuspruch der Gnade Gottes mit intensiver Kontrolle des moralischen Verhaltens zu verbinden: mit regelmäßiger Beichte und dem Versprechen, mit Gottes Kraft Gutes zu tun. Lange Zeit wurden elterliche Autorität und Willensäußerungen mit Gottes Willen verbunden. „Gott sieht alles" – das war für viele der Inbegriff religiöser Überwachung. Hinter jedem Handgriff konnte die Sünde drohen und das wachsame Auge Gottes. Da blieb kein Raum für eigenes ethisches Urteilen.

Wünsche

In der öffentlichen Diskussion gibt es Stimmen, die ein Bündnis mit den Kirchen suchen, um dem konstatierten Werteverfall entgegenzuwirken. Rücksichtslosigkeit greife immer mehr um sich, und deswegen seien elementare Formen des freundlichen Umgangs miteinander wieder einzuüben. Gegen die Dominanz der materiellen Werte wie Besitz, Luxus, Lebensgenuss seien die geistigen Werte der Nächstenliebe zu fördern; gegen den Egoismus die Treue zum Partner, gegen die Unverbindlichkeit die Verbindlichkeit eingegangener Verpflichtungen und Aufgaben; gegen Bequemlichkeit der Fleiß. Wie aber soll das geschehen?

Ansätze

Ethische Bildung kann nur sinnvoll geschehen, wenn zwischen grundlegenden, wegweisenden Werten und konkreten Handlungsanleitungen unterschieden wird. Das eine ist die zeitlos gültige Achtung allen Lebens und seiner Würde, das andere sind konkrete Normen und Regeln, die diese grundlegende Aufgabe in den je verschiedenen Situationen verdeutlichen. Dabei sind unterschiedliche und deshalb auch veränderbare gesellschaftliche und kulturelle Gegebenheiten zu berücksichtigen. Werte liegen den je aktuellen ethischen Entscheidungen zugrunde, Normen und Regeln legen fest, welche Entscheidungen in einer konkreten Situation gut und richtig sind. Mit dieser Unterscheidung wird zweierlei vermieden:

- Das Ableiten ethischer Entscheidungen in bloße Beliebigkeit. Wenn alles in jeder neuen Situation zur Disposition stünde und es keine letztlich verbindlichen Kriterien mehr gäbe, dann stünde eine die je einzelne Person oder Gruppe übergreifende ethische Verbindlichkeit auf dem Spiel. Allgemein verpflichtende ethische Grundorientierungen bilden eine Basis, auf die sich einzelne ethische Entscheidungen beziehen lassen müssen. Nur so können sie beurteilt und auch kritisiert werden.
- Die Entmündigung des Einzelnen von seiner persönlichen ethischen Verantwortung. Jeder und jede soll sich in den ethischen Herausforderungen des alltäglichen Lebens selbst ein Urteil bilden und begründet eigene Entscheidungen treffen können. Unser gesellschaftliches Leben ist so differenziert und unübersichtlich geworden, dass es mit fertigen Verhaltenskatalogen nicht zu meistern ist. Immer wieder gibt es ein Für und Wider, mit guten und weniger guten Gründen auf beiden Seiten. Entscheidungssituationen sind so verschieden, dass die konkreten Umstände jeweils neue Urteile verlangen.

Diese Unterscheidung zwischen wegweisenden Grundwerten und konkreten Handlungsanleitungen wird uns im Folgenden weiter begleiten.

Wertesysteme in den Religionen

Religiöse Überlieferungen enthalten immer auch Regeln und Gebote für das Verhalten der Menschen, für ihr Zusammenleben wie auch für ihren Umgang mit dem Göttlichen. Kei-

Pace-Fahne und Taube sind Symbole für einen zentralen Wert: Frieden

ne Religion verzichtet auf ethische Aussagen. Ein Vergleich der ethischen Überlieferungen zeigt, dass es in den verschiedenen Religionen viel Gemeinsames gibt: Schutz des Lebens und des Zusammenlebens in der Gemeinschaft, Mitmenschlichkeit, Barmherzigkeit und Fürsorge sind überall die Basiswerte, die es zu beachten und zu erhalten gilt. In diesem Sinne spricht der Theologe Hans Küng von einem „Weltethos" und der sich daraus ergebenden gemeinsamen Verantwortung aller Religionen, für diese Werte einzutreten. Nicht menschenverachtender Fanatismus darf das Merkmal der Religionen sein, sondern das Engagement für das Leben, für Frieden und Gerechtigkeit. Alle Religionen könnten von ihren ethischen Überlieferungen her einen gewichtigen Beitrag zum Weltfrieden leisten, indem sie zum Handeln nach ihren ethischen Werten aufrufen. Zum religiösen Grundwissen aller Menschen gehören deshalb Kenntnisse solcher Überlieferungen im Blick auf die eigene wie auch auf andere Religionen. Das hilft mit, Vorurteile gegenüber anderen Religionen abzubauen und auch genauer wahrzunehmen, wo sowohl in der eigenen als auch in anderen Religionen Menschen und Gruppierungen hinter ihren eigenen Überlieferungen und deren ethischen Ansprüchen zurückbleiben.

Liebe und Nächstenliebe in verschiedenen Religionen

Judentum

Das Wichtigste an Gott ist seine Liebe. Es wird nicht viel darüber geredet, denn es ist etwas zwischen dem Gläubigen und seinem himmlischen Vater. Wichtig ist, dass diese Liebe etwas bewirkt, zur Richtschnur im Umgang mit anderen Menschen wird. Auch dies ist Teil des Gottesdienstes, in der jüdischen Tradition „Liebesdienste" genannt: die Liebe zum Partner, die Treue und Verlässlichkeit ausstrahlt, die Liebe zu den Kindern und zu den Eltern – und dann natürlich eines der Hauptgebote: die Liebe zum Nächsten, die Achtung, Toleranz und Gerechtigkeit verlangt.

Islam

Gottes Barmherzigkeit wird als Beweggrund der Schöpfung angesehen und zeigt sich u. a. in der Liebe zwischen Familienangehörigen und Freunden, der Freigebigkeit gegenüber Armen und Fremden, der Vergebungsbereitschaft gegenüber Feinden und der Rücksicht auf Tiere und Pflanzen.

Buddhismus

In unserem Verhalten anderen gegenüber sollte Freundlichkeit oder Güte die wichtigste Einstellung sein. In allen Schulen des Buddhismus wird großer Wert darauf gelegt. In diesem Zusammenhang spricht man auch von den vier göttlichen Verhaltensweisen: Güte, Mitgefühl, Mitfreude und Unparteilichkeit oder Gleichmut. Vollkommenes Mitgefühl ist natürlicher Ausdruck der Erleuchtung und immer von Weisheit begleitet; stärker noch: Weisheit und Mitgefühl im Einklang – nicht gefühlsduselig, nicht bürokratisch – ist Erleuchtung.

Hinduismus

Gute Taten sind vor dem Hintergrund von Ursache und Wirkung (Karma) nicht nur notwendig, sondern natürlich: Besonders Freigebigkeit als Form der Nächstenliebe und Barmherzigkeit wird bereits in den Veden gepriesen. Für die Vishnu- oder Shiva-Gläubigen gilt dieser höchste Gott als Urgrund und Ziel der Seele. Seine Offenbarungen sind Zeichen seiner Liebe; liebevolle Hingabe an diesen Gott ist dann auch die höchstmögliche sittliche Handlung. Liebe zu Gott spiegelt sich wiederum im Handeln nach dem ewigen Gesetz wider, d. h. Leidbringendes zu vermeiden und Gutes zu tun.

Ein Pilger übergibt ein Blumenopfer: Freigebigkeit gilt im Hinduismus als eine zentrale sittliche Handlung

Der Beitrag der Religionen zum ethischen Urteilen und Handeln

- Die unveränderbaren, „unveräußerlichen" Werte und mit ihnen gegebenen Rechte und Pflichten haben religiöse Wurzeln und werden durch die Beiträge der Religionsgemeinschaften gestützt. Auch wenn es in der Geschichte der Religionen immer wieder Zeiten der Gewaltanwendung gab und fundamentalistisch-fanatische Kreise sie bis in die Gegenwart verlängern, gilt es doch auf die ursprünglichen Zeugnisse der religiösen Schriften zu achten, die Anderes lehren.

- Ethische Kompetenz beginnt mit dem Wahrnehmen ethischer Herausforderungen: mit dem Gewissen, das sich rührt, wenn etwas nicht „in Ordnung" ist; mit dem Streit, dessen Lösung ein genaues Achten auf die Bedürfnisse aller Beteiligten voraussetzt. Sensibilität für Menschen in Not findet sich auch in den Biografien der Religionsstifter. Biblisch-christliche Überlieferungen bieten dazu reichhaltig anregende Beispiele.

- Die Bereitschaft, sich an allgemein verbindlichen höchsten Werten zu orientieren, setzt positive Erfahrungen mit solchen Werten voraus. Empfangene Liebe ist die Voraussetzung dafür, selbst Nächstenliebe zu praktizieren. Verantwortung für das Leben anderer wahrzunehmen, setzt voraus, Verantwortung anderer für sich selbst erfahren zu haben. Religiöse Überlieferungen nehmen Maß an Gottes Güte und entwickeln daraus Konsequenzen für menschliches Verhalten. Christliche Überlieferungen formulieren und bekräftigen immer wieder die Botschaft, von Gott angenommen und geliebt zu sein. Das regt dazu an, diese Wertschätzung auf sich selbst zu beziehen. Die dabei erfahrene Achtung der eigenen Person regt auch zum Weitergeben solcher Wertschätzung an andere an.

- Herausfordernd und oft mühsam ist das Ringen um die beste Lösung in der konkreten Situation. Da gilt es jedes Mal aufs Neue, Vorschläge für angemessenes Handeln zu entwickeln, Entscheidungsalternativen abzuwägen, diese auf die vorausgesetzten grundlegenden Werte zu beziehen und an ihnen auf ihre Tragfähigkeit zu überprüfen. Christliche Traditionen geben auch Beispiele dafür, dass es Streit um die angemessene Handlungsanleitung gab, dass erstellte Urteile zu revidieren waren – weil dies zur Unvollkommenheit und Fehlbarkeit der Menschen dazugehört. Und sie stellen das Erarbeiten solcher Lösungen, das viel Geduld, Mut und Durchhaltevermögen fordert, in die Perspektive des Gelingens. Das geschieht in den Hoffnungsbildern des Glaubens, die von einer Welt erzählen, in der Frieden und Gerechtigkeit das Zusammenleben der Menschen bestimmen.

- Gemeinsam erarbeitete Regeln für das Handeln, die das Urteilen bestimmen und ethische Überzeugungen leiten, brauchen auch deren Verdeutlichung und Darstellung. Kreative Ausdrucksmöglichkeiten liegen nicht nur in der Verschriftlichung, sondern auch in der Darstellung in Geschichten und Spielszenen. Biblische Überlieferungen und das Verhalten der sogenannten Vorbilder des Glaubens geben dazu Anregungen. Von legendenumwobenen Heiligengestalten reicht der Bogen bis zur jüngsten Gegenwart. Christen und Menschen anderer Religionen treten ins Blickfeld, die ihre ethischen Einstellungen von ihrem Glauben her verdeutlicht haben. Solche Bilder der Hoffnung finden wir in vielen Religionen.

Sich an den „unveräußerlichen" Werten orientieren

Neuzeitliche Staatsverfassungen nehmen ihren Ausgangspunkt bei der unantastbaren Würde des Menschen und den sich daraus ergebenden unveränderlichen Menschenrechten. Es war ein langer geschichtlicher Weg, bis die Gleichheit aller Menschen vor dem Gesetz und das Recht auf Schutz des Lebens und der freien Entfaltung der Persönlichkeit im Rahmen der gesellschaftlichen Pflichten in solchen Sätzen ihren Niederschlag gefunden haben. Unantastbarkeit der Person äußert sich in grundlegenden Freiheitsrechten, beispielsweise dem Schutz der Wohnung und des Eigentums. Als Grundrechte, die nicht abgeschafft werden können, drücken sie den Respekt vor der Einzigartigkeit des menschlichen Lebens aus. Die geht all dem voraus, was Menschen machen, herstellen, planen und produzieren können. Sie gründet im Geheimnis des Lebens, das sich menschlicher Verfügbarkeit entzieht. Sehr viel am Menschen ist verstehbar und vieles an seiner Entstehung kann unterstützend begleitet, gefördert oder gehindert werden. Aber jeder neugeborene Mensch ist ein Wunder. Das Erlebnis der Einzigartigkeit des Menschen und das sich Bewusstmachen seiner unantastbaren Würde führt damit in die Dimension des Religiösen, zu den Fragen nach Ursprüngen, die jenseits des menschlichen Verstehens liegen (→ S. 20 f.).

Leider wird die Menschenwürde tagtäglich in unzähligen Fällen angetastet und mit Füßen getreten. Geschützte Grundrechte gelten eingeschränkt, die Gleichheit aller ist weithin noch eine Utopie. Dennoch muss dieser religiöse Ursprung der Ausgangspunkt allen Nachdenkens über angemessenes Handeln bleiben. Von ihm

Ein Hinweis auf die allem menschlichen Entscheiden vorausgehende Anerkennung der Menschenwürde ist auch der Gottesbezug in der Präambel des Grundgesetzes:

„Im Bewusstsein seiner Verantwortung vor Gott und den Menschen (...) hat sich das deutsche Volk (...) dieses Grundgesetz gegeben."

Gott steht hier nicht für bestimmte religiöse Überlieferungen, sondern für dieses Vorausgesetzte, wie immer das dann auch in den konkreten Überlieferungen und religiösen Einstellungen Gestalt annehmen mag.

aus nahm solches Nachdenken immer wieder seinen Weg, von ihm her sind Maßstäbe für menschliches Verhalten zu kritisieren, zu beurteilen und zu verbessern.

Aus biblischer Überlieferung stammt der Begriff der Gottebenbildlichkeit des Menschen. War in den orientalischen Reichen nur der König das Ebenbild des Gottes, so gilt das in der Bibel für alle Menschen. Dieser Begriff bezeichnet die Wurzel, aus der sich im abendländischen Denken dann auch die allgemeinen Menschenrechte entwickelt haben. Damit ist nun keineswegs eine religiöse oder gar christliche Vereinnahmung der Menschenwürde gemeint. Religiöse ethische Erziehung kann aber dieser Wurzel ethischen Denkens besondere Aufmerksamkeit widmen. Dies geschieht, indem Kindern solche Überlieferungen zugänglich werden, die den Gedanken der Gottebenbildlichkeit des Menschen entfalten.

Sich den Wert des Lebens bewusst machen

Sich des eigenen Körpers bewusst werden

Das Wahrnehmen der Einzigartigkeit und Unverwechselbarkeit der eigenen Person und ihre Würdigung als Gegenüber und als Gesprächspartner Gottes ist der Ausgangspunkt ethischer Erziehung auf dem Hintergrund christlicher Überlieferungen. Dazu gehört, dass Kinder sich ihres eigenen Körpers bewusst werden und all der Fähigkeiten, die in ihm stecken. Das schließt das Nachdenken über ihre Sinne, ihr Denken, ihre Kreativität ein. Sie werden sich der Einzigartigkeit ihres Lebens, ihrer Fähigkeiten und Grenzen bewusst und machen sich darin ihre von Gott gegebene Würde anschaulich. In der Reggio-Pädagogik spielen Spiegel eine große Rolle. Kinder können sich in den verschiedenen Körperhaltungen beobachten, sich so ihrer Körperlichkeit bewusst werden.

Als Erwachsene eigenes Handeln auf leitende Werte hin durchsichtig machen

Wie lernen Kinder, dass konkrete Regeln und Handlungsanweisungen in grundlegenden Werten verankert sind? Wohl am unmittelbarsten, indem Erwachsene ihr eigenes Verhalten, ihre eigenen Entscheidungen den Kindern erklären und begründen: „Ich habe so gehandelt, weil mir das … wichtig ist. Ich habe mich von folgender Grundregel … leiten lassen. Ich habe mir fest vorgenommen …, darum …" . Solche leitenden Werte können dann auch mit Gottes Willen benannt werden.

Andere Lebewesen als Gottes Geschöpfe wahrnehmen

Die Freude am eigenen Ich und das positive Selbstgefühl weiten sich mit dem Blick auf andere. Für sie gilt das Entsprechende. Zusammenleben soll geschehen als das Miteinander der Ebenbilder Gottes. Diese besondere Würde gilt es zu sichern und zu erhalten. Wieder gibt uns dazu biblische Überlieferung anregende Hilfestellung – in den bekannten 10 Geboten.

Mit einem Psalm über das Menschsein staunen

In poetischer Sprache finden wir das Staunen über diese besondere Würde des Menschen in Psalm 8. Die Verehrung Gottes gibt hier zugleich der besonderen Wertschätzung des Menschen Ausdruck: *Was ist der Mensch, dass du an ihn denkst, des Menschen Kind, dass du dich seiner annimmst? Du hast ihn nur wenig geringer gemacht als Gott, hast ihn mit Herrlichkeit und Ehre gekrönt* (Ps 8, 5f.).

Die Wertschätzung des Menschen durch Gott wahrnehmen

In erzählerischer Form begegnet uns diese Sicht des Menschen in der älteren biblischen Schöpfungsgeschichte: *Gott, der Herr, nahm also den Menschen und setzte ihn in den Garten von Eden, damit er ihn bebaue und hüte* (1. Mose 2, 15). Gott bringt sein Schöpfungswerk durch die Menschen zum Ziel, denen er seine Schöpfung zu treuen Händen übergibt. Mit ihrer von Gott gegebenen schöpferischen Kraft sollen sie weiterführen, was Gott begonnen hat. Später berichten die biblischen Erzählungen allerdings davon, wie sich Menschen dazu verleiten ließen, die verbleibende Unterscheidung zwischen Gott und Mensch zu überwinden (*Ihr werdet wie Gott*, 1. Mose 3, 5). Sie wollten so den Ursprung ihrer Würde selbst in die Hand nehmen und das unverfügbare Geheimnis des Lebens selbst in den Griff bekommen. Dennoch ist in den weiteren Erfahrungen mit Gott und im theologischen Nachdenken über sie die Auszeichnung der Gottebenbildlichkeit nie zurückgenommen worden.

Die zehn Gebote

Ich bin Jahwe, dein Gott, der dich aus Ägypten geführt hat; aus dem Sklavenhaus.

1 Du sollst neben mir keine anderen Götter haben.
   Du sollst dir kein Gottesbild machen und keine Darstellung von irgendetwas
   am Himmel droben, auf der Erde unten oder im Wasser unter der Erde.
   Du sollst dich nicht vor anderen Göttern niederwerfen und dich nicht verpflichten,
   ihnen zu dienen.

2 Du sollst den Namen des Herrn, deines Gottes, nicht missbrauchen;
   denn der Herr lässt den nicht ungestraft, der seinen Namen missbraucht.

3 Gedenke des Sabbats: Halte ihn heilig! Sechs Tage darfst du schaffen und jede Arbeit tun.
   Der siebte Tag ist ein Ruhetag, dem Herrn, deinem Gott, geweiht.

4 Ehre deinen Vater und deine Mutter, damit du lange lebst in dem Land,
   das der Herr, dein Gott, dir gibt.

5 Du sollst nicht morden.

6 Du sollst nicht die Ehe brechen.

7 Du sollst nicht stehlen.

8 Du sollst nicht falsch gegen deinen Nächsten aussagen.

9 Du sollst nicht nach dem Haus deines Nächsten verlangen.

10 Du sollst nicht nach der Frau deines Nächsten verlangen,
   nach seinem Sklaven oder seiner Sklavin, seinem Rind oder seinem Esel
   oder nach irgend etwas, das deinem Nächsten gehört.

2. Mose 20, 2 ff.

Auf den ersten Blick erscheinen diese Gebote wie Einschränkungen der Freiheit mit den vielen „Du sollst … du sollst nicht …". Und was wurde nicht alles an Einzelverpflichtungen abgeleitet, von der Gottesdienstpflicht am Sonntag bis zur Höflichkeit und Dankbarkeit gegenüber den Eltern. Ursprüngliche Intention aber ist die Verpflichtung auf die grundlegende Aufgabe, die Würde des menschlichen Lebens zu achten, und diese Aufgabe differenzierter in den Blick zu nehmen.

- Zuerst geht es um den **Schutz der Gottebenbildlichkeit**. Wer an die Stelle dieses Gottes, der den Menschen so ausgezeichnet hat, andere Götter und Götterbilder setzt, der gefährdet auch die von Gott geschenkte menschliche Würde. Gemeint waren damals Kultbilder bzw. Götterstatuen, die deren Besitzern und Priestern besondere Macht über andere gaben. Analog wären das heute wohl religiöse Gesinnungen aller Art, die Menschen für ihre Absichten willfährig und zu Opfern bestimmter Interessen zu machen versuchen und ihnen dabei ihre Würde nehmen (→ S. 28). Schutz des Gottesnamens vor Missbrauch hat damit immer auch mit dem Schutz der Würde jedes menschlichen Lebens zu tun.

- Der **Schutz der Zeit**, des geordneten Wechsels von Arbeitszeit und Freizeit sichert den Rhythmus von Herausforderung und Entspannung, von Beanspruchung und Entlastung.

- Der **Schutz des Zusammenlebens** in den Familien meint vor allem den gefährdeter Personen, deren eigene wirtschaftliche Basis nicht gesichert ist. Damals waren es die alt gewordenen Eltern, auch die von ihren Männern abhängigen und außerhalb der Ehe mittellosen Frauen. Die Leistungsfähigkeit einer Gemeinschaft zeigt sich in ihrer Fähigkeit,

den Schwachen und in ihrer Existenz Gefährdeten ihre Würde zu erhalten.

- **Schutz des Lebens** bedeutet Raum zum Leben, zur Entfaltung der eigenen Person.

- **Schutz des Eigentums** bezieht sich auf all das, was die elementaren Lebensbedürfnisse sichert, vom Recht auf Trinkwasser bis zum Wohnraum, von Gerätschaften zur Ausübung des Berufs bis zu den Erinnerungsstücken, die für das eigene Selbstverständnis wichtig sind.

- Der **Schutz der Rede** gilt der Verlässlichkeit, dem Vermeiden von Täuschung und Betrug. Damals war es der Schutz vor falschen Zeugenaussagen im Gericht. Heute ist es der vor Verunglimpfung anderer durch Unterstellungen, die ihre Kreise ziehen, durch ausgestreute Falschaussagen, die nicht mehr einzufangen und zurückzunehmen sind.

Die Gebote in solchem Sinne zu lesen heißt, die Bewegung vom Ausgangspunkt der menschlichen Würde in verschiedene Lebensbereiche hinein zu verfolgen, mit dem Ursprung verbunden zu bleiben und ihn als Bewertungsgrundlage für ethische Entscheidungen zu nehmen.

Motivation für verantwortliches Handeln

Wer selbst Gutes erfahren hat, dem fällt es leichter, anderen Gutes zu tun. Ethische Erziehung und Bildung braucht deshalb auch die Erinnerung an selbst erlebte Wohltaten. Religiöse Erziehung hat auch hierzu einiges beizusteuern. Denn in der biblisch-christlichen Überlieferung stoßen wir immer wieder auf dieses Grundmotiv: Nicht der Mensch muss viele gute Leistungen erbringen, um dann auch von Gott Gutes zu erfahren. Sondern es verhält sich umgekehrt: Gott erweist Menschen seine Freundlichkeit und Liebe voraussetzungslos. Aus der Dankbarkeit dafür wächst die Kraft und Bereit-

Konziliarer Prozess der Kirchen

In den zurückliegenden Jahren hat in den christlichen Kirchen die Bewegung von der grundlegenden Würdigung alles Lebendigen zu entsprechenden konkreten Vereinbarungen hin im sogenannen konziliaren Prozess Gestalt gewonnen. Seine Ziele sind das Schaffen von Frieden, das Eintreten für Gerechtigkeit und die Bewahrung der Schöpfung.

- Frieden im Sinne des biblischen „Schalom" ist viel mehr als bloße Abwesenheit von Krieg oder das Vermeiden von Streit und Konflikten um des „lieben Friedens" willen. Frieden meint vielmehr das Recht und die Möglichkeit, sinnvoll zu leben in all dem, was das Leben ausmacht: von den materiellen Bedingungen bis zum eigenen Tätigsein, in dem Menschen sich ihrer eigenen Fähigkeiten bewusst werden. Gemeint sind Beziehungen zu anderen Menschen, die das Leben bereichern; die Möglichkeit, in Sicherheit leben zu können, ohne ständig um die eigene Existenz bangen zu müssen; die Möglichkeit, Streitigkeiten in fairer Weise auszutragen.

- Die Forderung nach Gerechtigkeit finden wir in der biblischen Überlieferung vor allem bei den alttestamentlichen Propheten. Mit dem Königtum in Israel wurden neue Machtverhältnisse politischer und wirtschaftlicher Art geschaffen. Die Kluft zwischen Reichen und Armen wurde immer tiefer. In solcher Situation verkündeten die Propheten den Gotteswillen und erinnerten an die Gebote, die das Lebensrecht aller schützen und sich bei den Schwächsten in der Gesellschaft bewähren sollten. *Wascht euch, reinigt euch! Lasst ab von eurem üblen Treiben! Hört auf, vor meinen Augen Böses zu tun! Lernt, Gutes zu tun! Sorgt für das Recht! Helft den Unterdrückten! Verschafft den Waisen Recht, tretet ein für die Witwen!* (**Jes 1, 16 f.**) *Ich hasse eure Feste, ich verabscheue sie und kann eure Feiern nicht riechen. Wenn ihr mir Brandopfer darbringt, habe ich kein Gefallen an euren Gaben, und eure fetten Heilsopfer will ich nicht sehen. Weg mit dem Lärm deiner Lieder! Dein Harfenspiel will ich nicht hören, sondern das Recht ströme wie Wasser, die* *Gerechtigkeit wie ein nie versiegender Bach* (**Amos 5, 21–24**).

Die Aktualität der prophetischen Kritik zeigt sich in der ökonomischer Ausbeutung, die elementare Menschenrechte missachtet und durch die die Reichen immer reicher und die Armen immer ärmer werden. Kirchen unterstützen „Eine-Welt-Aktionen": Durch fairen Handel geben sie Menschen in den Erzeugerländern die Möglichkeit, sich eine eigene verlässliche wirtschaftliche Existenz zur Sicherung des Lebensunterhalts aufzubauen. An konkreten Beispielen können auch Kinder solche Zusammenhänge erkennen.

- Bewahrung der Schöpfung: Die Orientierung an der Gottebenbildlichkeit, an der besonderen Würde des Menschen hat viel zu lange den Blick dafür verstellt, dass das Recht auf Leben allem Lebendigen zukommt. Die Würde des Menschen ist nicht nur in seiner besonderen Beziehung zu Gott zu sehen, sondern auch in seiner „Mitgeschöpflichkeit" mit all dem, was lebt. „Macht euch die Erde untertan" – das wurde lange Zeit als das von Gott gegebene Recht verstanden, die Schöpfung für die eigenen Zwecke auszubeuten, die Zerstörung wichtiger Lebensräume für Tiere und Pflanzen hinzunehmen und mit ihr die Vernichtung vieler Arten. Ebenbildlichkeit aber ist im Sinne des guten Herrschers und Verwalters zu sehen, der das Wohl der ihm Untergebenen im Auge hat. Der biblische Auftrag zum „Bauen und Bewahren" (**1. Mose 2, 15**, →S. 29 und S. 81) gewann neue Bedeutung. Die Würde des Menschen als Ausgangspunkt aller Ethik wird so in ein umfassendes artgemäßes Lebensrecht aller Geschöpfe eingezeichnet.

schaft, diese Freundlichkeit auch anderen zu erweisen.

Diese Grundstruktur wurde im christlichen Bereich oft durch andere Handlungsmuster überlagert: Im Mittelalter war es nach kirchlicher Lehre und Praxis angezeigt, sich Gottes Zuneigung durch fromme Leistungen zu erwerben. Das ewige Heil musste mühsam erarbeitet werden, Rückfälle auf dem Weg zum Guten musste man abbüßen. Drohungen mit dem strafenden Gott, mit dem Verlust des ewigen Heils führten zu Bußleistungen, ersatzweise auch durch Geldzuwendungen. Vorstellungen vom strafenden Gott, von der Hölle, vom Verlust des ewigen Heils trieben zum Tun des Guten an. Der sensible Mönch Martin Luther ging unter diesem Druck fast zu Grunde, bis er dann in seinem Bibelstudium das umgekehrte Grundmuster entdeckte: Der Mensch ist ohne irgendwelche Vorbedingungen von Gott geliebt – nur daraus kann die Kraft erwachsen, eigenständig und aus eigenem Antrieb heraus Gutes zu tun. Zuweilen war und ist in christlichen Kreisen eine Nächstenliebe das Vorbild, die sich bis zur Selbstaufopferung verausgabt. Ethisch wertvoll erscheint es da, anderen alles zu geben, ohne auf die eigenen Wünsche und Bedürfnisse zu achten. Da gilt es dann auch das von Jesus bestärkte Gebot genau zu lesen: *Du sollst deinen Nächsten lieben wie dich selbst* (Mt 22, 39). Die Selbstliebe, das Achten auf die eigene Person und auf das, was sie an Gutem für sich selbst braucht – das ist die Voraussetzung für das Weitergeben der Liebe.

Ethische Erziehung in christlicher Perspektive legt besonderes Augenmerk darauf, dass moralischen Forderungen die erfahrene Anerkennung und Wertschätzung der eigenen Person vorausgeht. Sie legt die Entscheidung, das Gute auch wirklich zu tun, in die Hand der

Sankt Martin ist ein Vorbild für ethisches Handeln

Akteure. Die sollen sich selbstständig und auch kritisch mit den an sie herangetragenen Erwartungen auseinandersetzen. Im gesellschaftlichen Leben ist freilich zweierlei nötig: zum einen Verhaltensweisen, die auch durch drohende Sanktionen und Strafen eingefordert werden – etwa im Straßenverkehr, um Menschenleben zu schützen. In einem leistungsorientierten Gesellschaftssystem ist nicht zu vermeiden, dass Anerkennung und Wertschätzung durch Anstrengungen und erbrachte Leistungen verdient werden müssen. Ethische Kompetenz wird dadurch aber nicht gefördert. Kinder und auch Erwachsene brauchen Erfahrungen, die sich an dem anderen Grundmuster orientieren: wie vorausgehende Anerkennung zum eigenen und selbst verantworteten Tun des Guten motiviert. Immer wieder ist zu fragen, ob beide Muster in einem angemessenen Verhältnis zueinander stehen. Das gilt besonders für die Schule: dominiert hier das Muster der vorausgehenden Erwartungen, verbunden mit vielen Appellen an den guten Willen? Oder setzt ethische Erziehung und Bildung in ausreichendem Maß bei der Erfahrung von Anerkennung und Wertschätzung an? Erwachsene sind herausgefordert, dies in ihren Beziehungen zu Kindern zu praktizieren. Religiöse Erziehung kann darüber hinaus mit entsprechenden biblischen Geschichten wichtige Beiträge dazu leisten.

Ethische Herausforderungen annehmen

Wie sieht der Weg aus, der vom noch ziemlich allgemein formulierten Recht auf Leben zu Entscheidungen in aktuellen ethischen Herausforderungen führt? Ein erster Schritt ist das bewusste Wahrnehmen der Situation, die zu einer Entscheidung für das eigene Handeln herausfordert. Zum sensiblen Wahrnehmen sind schon kleine Kinder fähig. Sie reagieren, wenn ihre Bezugsperson traurig ist und versuchen zu trösten. Sie versuchen, andere mit ihrem aufmunternden Lachen anzustecken. Später reagieren sie im gemeinsamen Spielen mit anderen auf die Bedürfnisse der Spielpartner, um das Zusammenspielen aufrechtzuerhalten, an dem ihnen auch selbst gelegen ist. Da werden Zugeständnisse gemacht und Regeln verändert, um Unlustgefühle des Mitspielers zu überwinden. Das Spiel soll weitergehen.

Im Schulalter können Kinder dann auch über ethische Herausforderungen nachdenken. Lawrence Kohlberg hat untersucht, wie sich die moralische Urteilsfähigkeit entwickelt. Anhand von Dilemmageschichten (z. B. Darf man ein Medikament stehlen, um einem anderen dadurch das Leben zu retten?) hat er bei zunehmendem Alter der Kinder veränderte Entscheidungsstrukturen wahrgenommen. Am Anfang steht die Orientierung an den Wünschen der Autoritätspersonen: Ihre Missbilligung oder gar Strafe ist zu vermeiden. Mit der Fähigkeit, die Bedürfnisse anderer in die eigenen Überlegungen einzubeziehen, ergibt sich dann eine neue Perspektive: Wie lässt es sich arrangieren, dass alle Beteiligten in der herausfordernden Situation möglichst viel davon haben? Geben und Nehmen ist die Devise. Die moralische Hilfeleistung soll Wirkungen haben, die auf den Geber zurückfallen. Nicht mehr die zu vermeidende Sanktion der Erziehungsperson ist der Antrieb, sondern der Gewinn, der von der guten Tat auf den Geber zurückfällt. Ein weiterer Entwicklungsschritt ist, dass die Bindung der eigenen Entscheidung an die erwartete Gegenleistung zurückgeht. Es lohnt sich, das Gute um seiner selbst willen zu tun. Der Lohn ist jetzt die Befriedigung, etwas Gutes vollbracht zu haben und so in den Augen der wichtigen Bezugsperson gut dazustehen. Im Jugendalter verliert dann auch die Akzeptanz durch andere an Bedeutung. Die Entscheidung für das Gute und Richtige orientiert sich an den Normen und Werten, die für einen selbst bedeutungsvoll geworden sind.

In der ethischen Erziehung geht es nun darum, in der Fähigkeit zu einer eigenen Entscheidung voranzukommen. Wer dagegen nur auf die Einhaltung der von der Autoritätsperson vorgegebenen Regeln pocht, verhindert eher, dass ethisches Urteilen und Verhalten in die eigene Verantwortung übergehen. Wichtig ist, sich von konkreten Situationen zum eigenen Urteilen und auch entsprechenden Handeln herausfordern zu lassen und nicht nur die Erwartungen der Autoritätspersonen zu erfüllen. Religiöse Erziehung erschwert diesen Prozess, wenn die elterlichen Erwartungen gleichsam automatisch mit dem in eins gleichgesetzt werden, was Gott will und von den Menschen erwartet.

Hinsehen und Urteilen üben

Wie kann Wachheit für ethische Herausforderungen geweckt und gepflegt, wie kann Sensibilität für die Stimme des Gewissens gefördert

Ethisches Handeln an Beispielen deutlich machen

Die eigene Motivation verdeutlichen

Erwachsene verdeutlichen, dass ihr eigenes Tun eine Antwort auf selbst erfahrenes und Gott verdanktes Gutes ist. Das knüpft zum einen an das den Kindern vertraute Muster von Geben und Nehmen an und führt zugleich über es hinaus, indem Geben und Nehmen jetzt weiter gefasst sind, sich nicht mehr nur auf eine Person und ein Ereignis beziehen. „Wenn ich daran denke, wie gut es uns geht, dann fällt es mir gar nicht so schwer – ich habe als Kind nicht hungern müssen, darum möchte ich mithelfen, dass auch andere Kinder etwas zum Essen haben", usw.

Sich von einem Psalm anregen lassen

Lobe den Herrn, meine Seele, und vergiss nicht, was er dir Gutes getan hat! (Ps 103, 2) – dieser Psalmvers regt dazu an, sich in der Rückschau erfahrenes Gutes zu vergegenwärtigen. In Erinnerungen wird zusammengetragen, für was wir dankbar sind. Das kann im Tages- oder Wochenrückblick geschehen, indem Kinder darüber nachdenken, was ihnen in dieser Zeit besonders gut getan, worüber sie sich gefreut haben. Zu diesen Fragen können sich Kinder auch wechselseitig interviewen, im Unterricht Tagebucheinträge schreiben oder in der Kindertagesstätte der Erzieherin diktieren und anderes mehr.

Die Zachäus-Geschichte erzählen

📖
Zachäus
(→ S. 166)

In der Geschichte von Zachäus (Lk 19) endet dessen Begegnung mit Jesus mit dem Versprechen, das unrecht erworbene Geld reichlich zurückzuerstatten. Aber das ist gerade nicht das Ergebnis einer eindringlichen Mahnung. Vielmehr konnte Zachäus zunächst die Zuwendung durch Jesus genießen, sich an der ihm geschenkten Freundschaft freuen. Die Folge davon ist der Entschluss, von sich aus die Verhältnisse wieder in Ordnung zu bringen. Beim Erzählen kann darauf besonderer Nachdruck gelegt werden.

Die Zehn Gebote gestalten

Auch die bekannten Zehn Gebote stehen in solch einem Zusammenhang: Die Bibel erzählt davon, wie Gott sein Volk aus der Sklaverei in Ägypten befreit hat (→ S. 54). Das große Geschenk der Freiheit wird zur Aufgabe, das gemeinsame Leben nun verantwortlich zu gestalten. Der Vorspruch zu den Geboten: *Ich bin Jahwe, dein Gott, der dich aus Ägypten geführt hat, aus dem Sklavenhaus* (2. Mose 20, 2) leitet so eigentlich jedes einzelne Gebot ein, indem er dessen Voraussetzung benennt. Das könnte mit Kindern im Sprechen oder Schreiben, Kleben von Schriftbändern, Malen und Gestalten von Plakaten durchgeführt werden, etwa so: Ich bin Jahwe ..., darum gilt: Du sollst nicht töten.

Über ein Gleichnis sprechen

Auch in einem Gleichnis (Mt 18, 21 ff.) geht Jesus auf dieses Thema ein. Einmal wird er von Petrus gefragt, wie weit denn die Bereitschaft gehen soll, anderen zu vergeben. Er antwortet nicht mit einer Regel, sondern erzählt: Ein hoher Beamter kann seinem König einen riesigen Kreditbetrag nicht zurückzahlen. Dankbar und mit Erleichterung erlebt er die großzügige Geste des Königs, der ihn von allen Schulden befreit. Draußen wartet ein Mensch, der seinerseits dem Beamten einen Betrag schuldet. Von dem aber treibt er unnachsichtig und unbarmherzig die in der Relation kleine Schuld ein, er lässt den Schuldner in den Schuldturm sperren. Das Gleichnis provoziert Widerspruch und regt an, sich über ein anderes, angemesseneres Verhalten des königlichen Beamten Gedanken zu machen.

werden? Das beginnt beim gemeinsamen Überlegen, wie man bestimmten Menschen Gutes zukommen lassen kann. Dabei geht es weniger darum, in Gedanken das Füllhorn aller guten Gaben auszuschütten, sondern ganz realistisch zu bleiben: Was ist wohl – von der anderen Person her gedacht – das Beste? Was hilft ihr wirklich weiter? Auf welche Konsequenzen für mich selbst bin ich bereit, mich einzulassen? Wie weit reichen meine Möglichkeiten? Was bedeutet es, die Folgen konsequent weiterzudenken? Wo gilt es, auch eigene Hilflosigkeit auszuhalten? Wie ist es mit Dilemmasituationen, in denen es keine glatten Lösungen gibt (z. B. wer zum Geburtstag eingeladen und wer zurückgewiesen wird)? Alle diese Fragen regen dazu an, den konkreten Fall nach allen Seiten hin abzuklopfen, ihn sorgfältig zu durchdenken.

Ein Beitrag der religiösen Erziehung ist das Gebet: die Bitte um gute Ideen, um richtige Entscheidungen, um Mut und Kraft zum Handeln. Das Lernen am konkreten Einzelfall geschieht auch in Geschichten, in denen die Kinder selbst in die Rolle der Person schlüpfen, die sich vor eine ethische Entscheidung gestellt sieht, die Geschichte mitverfolgen, um dann zwischendurch selbst zu überlegen, wie es sinnvoll weitergehen könnte. Da haben auch manche biblischen Geschichten ihren guten Platz.

In Streitsituationen Empathie zeigen und einfordern

Kinder lernen viel im Zusammensein mit Gleichaltrigen. Vermutlich hat das auch mit den unmittelbaren, direkten Reaktionen auf eigenes Verhalten zu tun. So lernen sie immer besser ihre Wirkungen auf andere abzuschätzen. Die Rolle der Erwachsenen ist es zunächst, sich nicht zu früh einzuschalten und nicht Streit vermeiden oder schlichten zu wollen. Denn so unterbinden sie die selbständigen Verständigungsversuche der Kinder, die ein notwendiger Teil des Lernprozesses sind. Kinder können einen Streit schnell hinter sich lassen, Versöhnungsrituale nutzen und Frieden schließen – aber sie müssen es selbst tun können, wenn sie soweit sind. Umgang mit Schuld und Vergebung ist auch ein zentrales Thema des christlichen Glaubens – nicht als Nötigung, Auseinandersetzungen abzubrechen, sondern als Perspektive, dass Neuanfang samt den eigenen Schritten dazu möglich sein wird, dass er als etwas Befreiendes erlebt werden kann.

BEGRIFFSKLÄRUNG: Ethik und Moral

Beide Begriffe sind nicht klar voneinander abgegrenzt. Während mit Moral eher das unmittelbare Handeln gemeint ist, das sich nach mehr oder weniger unkritisch hingenommenen Normen und Regeln richtet, bezeichnet Ethik vor allem das Nachdenken über die Normen, das Überprüfen ihres Sinns und ihrer Übereinstimmung mit übergeordneten Werten samt den daraus abgeleiteten Konsequenzen für das eigene Tun.

Jesus forderte Menschen zum Umdenken auf

Neutestamentliche Geschichten von Jesu Zuwendung zu den Kranken und Schwachen wurden und werden gerne moralisierend ausgelegt: Menschen sollen den anderen helfen. Kinder lassen sich auch meist darauf ein, im Gespräch Gelegenheiten des Helfens zu sammeln – aber das bleibt oft oberflächlich. Im Sinne der biblischen Glaubensmotive (→ S. 54 ff.) geht es eher um Identifikation mit den vom Leid Betroffenen.

Andererseits erzählen Jesus-Geschichten auch von Jesu Auseinandersetzung mit Andersdenkenden über das rechte Tun. Diese Menschen orientierten sich an den tradierten Regeln, aus deren Sicht Jesu Verhalten anstößig erschien. Jesus lud sie ein, ihre Sichtweise zu ändern, sich in die Notsituation der Kranken und Ausgegrenzten hineinzudenken, zu fühlen, wahrzunehmen und zu erkennen, dass hier die Zuwendung zu ihnen allererste Priorität haben muss. Genaueres Hinsehen – begleitet von entsprechenden Anregungen – hilft mit, sich von bisherigen Vorstellungen, Urteilen und Vorurteilen zu lösen, die Situation jetzt differenzierter zu sehen und zu beurteilen.

- Im Gleichnis vom verlorenen Sohn (Lk 15,11 ff. → S. 59) taucht zum Schluss der ältere Bruder auf. Er ärgert sich über das Verhalten seines Vaters und fühlt sich in seinem Gerechtigkeitssinn verletzt: Der heimgekehrte Taugenichts bekommt alle Aufmerksamkeit. Er, der zu Hause gebliebene fleißige Sohn wird übersehen. Eindringlich wirbt der Vater bei seinem Ältesten darum, die Situation von der Lage des Heimgekehrten her zu sehen: Freu dich doch mit mir, dass er wieder da ist! Ich hatte ihn verloren geglaubt, und jetzt ist er mir wieder geschenkt!

- Am Sabbat, dem jüdischen Feiertag mit strenger Arbeitsruhe (→ S. 60) heilt Jesus in der Synagoge eine kranke Frau (Lk 13,10 ff. → S. 61). Der Synagogenvorsteher ist verärgert, weil Jesus damit die Regelungen verletzt, die für Sabbat und Gottesdienst gelten: *Sechs Tage sind zum Arbeiten da. Kommt also an diesen Tagen und lasst euch heilen, nicht am Sabbat!* Auch hier wirbt Jesus eindringlich für die Situation der Frau, die jetzt die Chance hat, ein neues Leben zu beginnen. Für sie ist dieser Sabbat zum großen Festtag geworden.

Wegsehen oder helfen? – Das Gleichnis vom barmherzigen Samariter

Das Gleichnis vom barmherzigen Samariter

Was muss ich tun, um das ewige Leben zu gewinnen? (Lk 10, 25) fragt ein Schriftgelehrter Jesus. Ein erster Hinweis führt zum grundlegenden Gebot: *Du sollst den Herrn, deinen Gott, lieben mit ganzem Herzen und ganzer Seele, mit all deiner Kraft und all deinen Gedanken und: Deinen Nächsten sollst du lieben wie dich selbst.* (Lk 10,27). Die Schwierigkeit aber liegt in der konkreten Entscheidungssituation: *Wer ist mein Nächster?* fragt der Schriftgelehrte zurück. Da erzählt Jesus seine Gleichnisgeschichte:

Ein Reisender wurde von Räubern überfallen und liegt hilflos und verletzt am Weg. Ein Priester und ein Tempeldiener kommen zum Tatort – und gehen vorbei. Sie folgen der vorgegebenen Regel, dass Mitwirkende im Jerusalemer Tempelgottesdienst vor und nach dem Zeremoniell nicht mit Blut in Berührung kommen dürfen. Dann kommt ein Samariter vorbei, ein Ausländer aus dem verfeindeten Samaria, der als Ungläubiger gilt.

Hier lohnt es sich, mit den Kindern ins Gespräch zu kommen: Wie verhält er sich wohl? Welche Palette an Handlungsalternativen tut sich vor ihm auf?

- Wenn schon die eigenen Leute dem nicht helfen, warum soll ich es tun?
- Ich bin aus einem verfeindeten Land. Wer erwartet denn von mir, dass ich helfe?
- Wie hoch ist das Risiko, selbst überfallen zu werden?
- Da kommen bestimmt noch andere Leute vorbei. Die sollen helfen.
- Aber man kann den da doch nicht einfach liegen lassen!
- Ich würde auch wollen, dass mir in dieser Situation jemand hilft.

Im Widerstreit der Argumente ringt sich der Reisende aus Samaria zu einer Entscheidung durch, die ganz und gar seine eigene ist. Und die führt er konsequent durch, geht dabei auch noch über das zu Erwartende hinaus bis zur Versorgung im Gasthaus und der Übernahme der Kosten.

Interessant ist es an dieser Stelle, mit den Kindern dem nachzuspüren, was zu dieser Entscheidung geführt haben mag. Sie ist eben nicht nur die Erfüllung einer Anweisung, sondern eigenständige Antwort auf eine Herausforderung. Damit ist sie auch ein Beispiel, das gerade nicht wieder zu einer Norm erhoben werden sollte. Auch andere Entscheidungen mit einem anderen möglichen Ausgang der Geschichte behalten ihr Recht – sofern sie eine selbstständige Antwort auf die konkrete Herausforderung unter dem grundlegenden Gebot der Nächstenliebe sind. Der Samariter hat sich von der Situation anziehen lassen und ist zum selbstständig Handelnden geworden. Darin ist er dem Überfallenen zum Nächsten geworden.

Kinder argumentieren auf dem Stand ihrer moralischen Urteilsfähigkeit. Dazu gehört auch, dass sie sich von durchaus eigennützigen Argumenten leiten lassen – etwa von Vorteilen, die sich der Helfer erwartet (z.B. einen Freund in der Fremde gewonnen zu haben o.a.). Das ist nichts Ehrenrühriges, denn nur über diese Stufe hinweg kann es zur Orientierung an selbst verantworteten Normen kommen.

89

Der Konflikt zwischen Abraham und Lot

Eine Erzählung aus dem Alten Testament (1. Mose 13) führt uns auf die Spur des eigenen Entscheidens.

Abraham und Lot (→ S. 167)

Abraham (→ S.54) hat seinen Neffen Lot samt dessen Herde mit auf seine Wanderung genommen. Beide Herden haben sich gut entwickelt, das Wasser in den Brunnen und die Weide wird knapp. Deshalb müssen die beiden sich trennen. Der eine Weg führt in fruchtbares, der andere in dürres Land.

Die unter Kindern übliche Regelung, wonach der Bestimmer das Sagen hat, könnte zu einer schnellen Klärung führen: Abraham darf sich für die günstige Lösung entscheiden und mit seiner Herde den Weg ins Grasland gehen. Aber er lässt sich von der Situation herausfordern, nimmt die Situation wahr, in der sich Lot befindet, und ringt sich zu einer anderen Entscheidung durch: Lot selbst darf wählen, wohin er gehen möchte.

Auch hier wieder geht es gerade nicht darum, die „Moral" aus der Geschichte heraus zu destillieren und als Regel abzuleiten, dass der Stärkere dem Schwächeren immer den Vortritt zu lassen habe. Sondern es gilt, die Erzählung als konkrete Herausforderung mitzuerleben, in der es Abraham nicht leicht fällt, die eigene Entscheidung zu fällen. Schließlich nimmt er einen Nachteil in Kauf. Er trifft sie aber und nimmt damit seine Verantwortung wahr. Deswegen sollte in der Nacherzählung auch das Ringen um diese Entscheidung eine große Rolle spielen.

Abraham und Lot finden im Gespräch eine Lösung

- Bei seinem Einzug nach Jericho, wo ihn dicht gedrängt die Stadtbevölkerung erwartet, bleibt Jesus unter dem Baum stehen, auf dem Zachäus sitzt. Er fordert ihn auf, zu ihm herabzukommen und bietet ihm Freundschaft an, bis hin zur Tischgemeinschaft. Das erregt den Unmut der ehrenwerten Bürger: *Als die Leute das sahen, empörten sie sich und sagten: Er ist bei einem Sünder eingekehrt* (Lk 19, 7). Auch hier wirbt Jesus darum, Zachäus in einem anderen Licht zu sehen: *Heute ist diesem Haus das Heil* (→ S.87 und S. 166) *geschenkt worden.*

Zachäus (→ S. 166)

Zum Erlernen eines eigenständigen, eigenverantwortlichen ethischen Handelns gehört maßgeblich das Wahrnehmen der herausfordernden Situationen: das Sich-Hineinversetzen in die Lage und Bedürfnisse der anderen, das Gewinnen einer neuen Sichtweise und die daraus folgenden Konsequenzen. Dazu geben biblische Geschichten also reichlich Anregungen.

Um Lösungen und Entscheidungen ringen

Mehrere Schritte sind zu gehen, wenn eine ethische Herausforderung bewältigt werden soll. Nach dem Wahrnehmen der Herausforderung (→S. 86 ff.) gilt es, Ideen und Vorschläge für ein angemessenes Verhalten zu entwickeln. Diese Optionen sind auf ihre Tragfähigkeit zu überprüfen. Dazu gehört es auch sich zu vergewissern, inwieweit diese Lösungen den höchsten ethischen Grundsätzen (→S. 78 ff.) entsprechen und welche Erkenntnisse, Regeln und Normen für spätere ähnliche Entscheidungssituationen daraus gewonnen werden können. In solchen klärenden Gesprächen wird auch abgeschätzt, welche Aussichten auf Erfolg die möglichen Entscheidungen haben. Hat es überhaupt Sinn, sich zu engagieren? Lässt sich etwas verändern in Richtung Frieden, Gerechtigkeit, Bewahrung der Schöpfung? Wichtig ist, dass die einzelne Herausforderung und zu treffende Entscheidung in einen größeren Zusammenhang gestellt wird: rückschauend in Erfahrungen des Guten, die zum ethischen Handeln motivieren, und vorausschauend auf Ziele, Ideen und Perspektiven, die auch über Rückschläge und Widerstände hinweghelfen.

Perspektiven des Gelingens

Religiöse Traditionen stellen Perspektiven des Gelingens bereit. In ihnen verbindet sich menschliches Engagement mit der Hoffnung, dass Gott dem Guten eine Zukunft geben wird. So haben die alttestamentlichen Propheten nicht nur den Verfall von Frieden und Gerechtigkeit angeprangert, sondern auch ein kommendes, von Gott gewolltes Reich des Friedens und der Gerechtigkeit angekündigt und in leuchtenden Farben ausgemalt. Solche Hoffnungsbilder waren und sind es, die Glaubende zu ihrem Engagement für das Gute ermutigt haben. *Sie bauen nicht, damit ein anderer in ihrem Haus wohnt, und sie pflanzen nicht, damit ein anderer die Früchte genießt. Was meine Auserwählten mit eigenen Händen erarbeitet haben, werden sie selber verbrauchen. Sie arbeiten nicht mehr*

Selbst entscheiden

Den Kindern für ihre eigenen Entschlüsse Raum geben

Der moralische Befehlston sitzt tief. Er reicht von ungeduldigen Anweisungen: Jetzt tu doch endlich...!" bis zu freundlichen Appellen: „Eigentlich könntest du doch..." Rasch durchschauen Kinder auch, wenn ein anerkennendes Wort nur die Einleitung zu einer Forderung ist: „Du kannst das schon ganz gut. Sei doch so gut und ...!" Es soll keineswegs darum gehen, solche Forderungen an die Kinder abzuschaffen, sondern darauf zu achten, dass das absichtslose Lob viel Raum bekommt, samt der Geduld zum Warten, bis die Kinder eigene Konsequenzen entwickeln konnten – und dann die Erwachsenen doch auch mit Unerwartetem überraschen. Und sofern das Loben auch mit der Einstellung zu tun hat, das Kind als eigenständiges Geschöpf Gottes zu achten, betrifft das durchaus die Ziele christlicher Erziehung.

Kinder- bzw. Schülerkonferenz

In ihr suchen Kinder und Jugendliche eigenständig nach Lösungen in aufgetretenen Konflikten und vereinbaren verbindliche Regeln für das Zusammenleben in der Kindertagesstätte und in der Schule. Die Erwachsenen sind dabei wie die Kinder bzw. Schülerinnen und Schüler einfache Mitglieder. Ihr besonderes Vetorecht bezieht sich auf den Schutz der unantastbaren Grundrechte, d. h. auf ihre Aufgabe, andere vor Demütigung und Verleumdung, vor Beschämung und Verächtlichmachung zu schützen.

Bürgerrechtler Martin Luther King spricht von Gleichheit und Gerechtigkeit

Ich habe einen Traum, dass meine vier kleinen Kinder eines Tages in einer Nation leben werden, in der man sie nicht nach ihrer Hautfarbe, sondern nach ihrem Charakter beurteilen wird. (…) Ich habe einen Traum, dass eines Tages in Alabama, mit seinen bösartigen Rassisten, mit einem Gouverneur, von dessen Lippen Worte wie „Intervention" und „Annullierung der Rassenintegration" triefen (…), dass eines Tages genau dort in Alabama kleine schwarze Jungen und Mädchen die Hände schütteln mit kleinen weißen Jungen und Mädchen als Brüder und Schwestern. (…)
Ich habe einen Traum, dass eines Tages jedes Tal erhöht und jeder Hügel und Berg erniedrigt wird. Die rauen Orte werden geglättet und die unebenen Orte begradigt werden. Und die Herrlichkeit des Herrn wird offenbar werden, und alles Fleisch wird es sehen. Das ist unsere Hoffnung. Mit diesem Glauben kehre ich in den Süden zurück. Mit diesem Glauben werde ich fähig sein, aus dem Berg der Verzweiflung einen Stein der Hoffnung zu hauen. Mit diesem Glauben werden wir fähig sein, die schrillen Missklänge in unserer Nation in eine wunderbare Symphonie der Brüderlichkeit zu verwandeln. Mit diesem Glauben werden wir fähig sein, zusammen zu arbeiten, zusammen zu kämpfen, zusammen ins Gefängnis zu gehen, zusammen für die Freiheit aufzustehen, in dem Wissen, dass wir eines Tages frei sein werden.

vergebens, sie bringen nicht mehr Kinder zur Welt für einen jähen Tod. Wolf und Lamm weiden zusammen, der Löwe frisst Stroh wie das Rind. Man tut nichts Böses mehr und begeht kein Verbrechen auf meinem ganzen heiligen Berg, spricht der Herr (Jes 65, 22 ff.).

Eindrucksvoll ist, wie im 20. Jahrhundert M. L. King seinen Kampf gegen die Apartheid in den USA mit solch einer Vision begleitet hat, mit der er an die biblischen prophetischen Erwartungen anknüpfte.

Ethische Erziehung braucht auch solche Fantasien und Utopien der Hoffnung. In sie können die Beteiligten auch ihre eigenen Träume einbringen, Bilder einer Welt, wie sie sein

soll. Solche Hoffnungen stehen in Spannung zur erfahrenen Realität; Planbares steht in Spannung zum nicht Planbaren, Überschaubares in Spannung zum Überraschenden, menschliche Hochrechnungen in Spannung zu dem von Gott Erwarteten. Auch in solchen Hoffnungsbildern liegt der spezifisch religiöse Beitrag zur ethischen Erziehung.

Und was ist mit den misslungenen Lösungen, mit den Erfahrungen, an anderen schuldig geworden zu sein? Kennzeichnend für den christlichen Glauben ist, dass der Blick auf menschliche Grenzen nicht ausgespart wird. Zu den Perspektiven des Gelingens gehört deshalb auch, dass Versöhnung und Neuanfang

Ethische Entscheidungen zum Ausdruck bringen

Wie gewinnen ethische Überlegungen und Urteile Gestalt?

Das können Präsentationen sein in Wort und Bild, in Dokumentationen und Aktionen. Schon im Kindergarten können Kinder mit Bildern ein Protokollbuch über getroffene Vereinbarungen führen. Immer mehr kommt in den Schulen das Lernen in Projekten zur Geltung, sei es im Blick auf die Bewahrung der Schöpfung in den Schulgärten oder in Baum- und Bachpatenschaften, in sozialen Engagements mit Kontakten in andere Länder, mit begleitenden Praktika in sozialen Einrichtungen. So bleibt es nicht nur bei „Trockenübungen", sondern das als das Gute Erkannte kann auch wirklich erprobt werden.

Dazu bieten auch kirchliche Gemeinden Anregungen und Möglichkeiten an: In ihren Räumen kann präsentiert werden, was etwa in der Kindertagesstätte und im Religionsunterricht erarbeitet wurde. Zu denken ist auch an Veranstaltungen in den Gemeindehäusern, Präsentationen und Ausstellungen, die Mitgestaltung von thematisch ausgerichteten Gottesdiensten. Caritative bzw. diakonische Einrichtungen bieten an, soziale Praktika zu absolvieren, von den Kindergärten bis zu den Alters- und Pflegeheimen. Projektlernen wirkt über den Binnenraum der Kindertagesstätte und Schule hinaus, stellt neue Beziehungen zu Gemeinde bzw. Stadtteil her, bestimmt das gesellschaftliche Zusammenleben am Ort mit. Und weil die Religionsgemeinschaften zum gesellschaftlichen Leben mit dazugehören, bieten sich auch Kontakte mit ihnen an. So kann ethisches Lernen, auch in seinen religiösen Bezügen, praktisch und konkret werden.

möglich sein wird und aufgebrochene Gräben überbrückt werden können. So gehört auch dieses Thema zu den Grundmotiven der biblischen Geschichten (→ S. 54 ff.).

Ähnliches gilt auch für das christliche Weihnachtsfest: Dass gerade Weihnachten zum zentralen Fest im Jahreskreis wurde, hat sicherlich auch mit seiner Botschaft „Friede auf Erden" zu tun (→ S. 14 ff.). Früher wurden zumindest für diese Feiertage Kriegshandlungen unterbrochen. In der Adventszeit sind die Menschen mehr als sonst ansprechbar für die Not anderer. Die Schattenseite davon ist, dass zu hohe Erwartungen oft das Gegenteil bewirken und statt der ersehnten Familienharmonie der Streit ausbricht. Biblische Perspektiven des Gelingens meinen aber gerade nicht das Zudecken von Konflikten, sondern das Vertrauen darauf, dass ihre Klärung möglich ist.

Die meisten Menschen haben ein gutes Gespür dafür, ob Harmonie und Frieden nur herbeigeredet werden oder ob das Reden von ihnen glaubwürdig ist. Sie erkennen „Sonntagsreden", die mit den alltäglichen Herausforderungen und Streitigkeiten nichts zu tun haben. Sie nehmen wahr, ob etwa bei einer kirchlichen Trauung ehrlich von einer Perspektive der Liebe gesprochen wird, die auch in Belastungen tragfähig erscheint.

Und so gilt es auch Kindern eine Perspektive des Friedens zugänglich zu machen, die nicht um des „lieben Friedens willen" Streitigkeiten im Keim erstickt und lediglich eine Atmosphäre der Harmonie heraufbeschwört. Vielmehr heißt es, Frieden als Perspektive des Gelingens vor Augen zu stellen, die sich in den alltäglichen Herausforderungen zu bewähren hat. Biblische Geschichten erzählen nicht von einem Friedensparadies, sondern von Wegen des Friedens zu ihm hin.

Ethik und religiöse Bildungsziele

Identität

Das in Beziehungen erfahrene Gute ist auch unverzichtbare Voraussetzung beim ethischen Lernen. Erfahrungen des Angenommenseins, der Wertschätzung sind Bedingung dafür, dass eigene Mitverantwortung für das Leben und Gedeihen anderer übernommen werden kann. Biblisch-christliche Überlieferungen unterstützen solche Erfahrungen mit den in ihnen enthaltenen Zusagen des Angenommenseins von Gott.

Miteinander leben

Bildung als Selbstbildung, das geschieht in der Herausforderung zu eigener Auseinandersetzung, zu eigenem Denken, zu eigenen Verhaltensoptionen, zu eigenen Entscheidungen – also zu ethischem Handeln. Religiöse Erziehung unterstützt dies, indem gerade nicht vorgegebene Regeln und Normen mit der Autorität Gottes untermauert werden, sondern indem Geschichten der Bibel und der christlichen Tradition zur Identifikation mit Personen einladen, die eigenständig grundlegende Werte in ethische Urteile und entsprechendes Handeln umgesetzt haben und darin zum Nachmachen auffordern.

Welt erkunden

Ein eigenständiges Sich-Erobern der Lebenswelt geschieht auch im Wahrnehmen der ethischen Herausforderungen, im Aufspüren von Ursachen der Ungerechtigkeit und des Unfriedens in der Welt, im Erkennen, wie durch Raubbau an der Schöpfung die Lebensgrundlagen zerstört werden. Entdeckungen geschehen durch den Perspektivenwechsel vom „Ich" zum „Du", durch das Sich-Hineindenken in die Sichtweisen anderer.

Zukunft

Ethisches Lernen braucht immer auch Perspektiven, wie sich durch das Tun des Guten das Leben und Zusammenleben in unserer Welt verändern kann und soll. Nachdenken über das richtige Handeln entwirft Erwartungen für die Zukunft. Solche Erwartungen zielen auf Verwirklichung auch durch die eigenen Beiträge, und sie geben umgekehrt diesen Beiträgen ihren Sinn. Das sind nicht nur berechenbare Prognosen, sondern auch Wünsche und Hoffnungen mit dem Hauch des Utopischen. Gerade die religiösen Bezüge machen darauf aufmerksam, wo menschliche Verantwortung und menschliche Entscheidungen für das Gute an ihre Grenzen kommen. Und sie halten Bilder der Hoffnung auf Gottes Wirken, auf Frieden und Gerechtigkeit in unserer Welt lebendig.

Glauben erfahren

▶ Worum es in diesem Kapitel geht

▶ Rituale

▶ Die Kirche – ein Ort des Glaubens

▶ Der Gottesdienst

▶ Bilder

▶ Musik

▶ Ausdrucksformen des Glaubens und religiöse Bildungsziele

Der Kreuzgang ist ein Ort
der Ruhe und Kontemplation:
Ruine des Zisterzienserklosters
Chorin

Worum es in diesem Kapitel geht

Glaube als Beziehung zum Göttlichen will gelebt und gefeiert sein. Im ganzheitlichen Erleben wird die Gottesbeziehung eben nicht nur erklärt, aus den Zeugnissen der Vergangenheit heraus begründet und reflektiert oder zum moralischen Appell geformt, sondern ganz unmittelbar dargestellt und gelebt. Glaube lebt mitten im Alltäglichen, gibt dem Alltag Sinn und ist dessen Voraussetzung. Glaube will gelebt, gestaltet und gefeiert sein.

Orte – Vollzüge – Farben und Klänge

- Besondere Orte können dem Glauben besondere Impulse geben. Mit seinem besonderen Charakter, mit seiner Atmosphäre, mit seinen Zeichen und Symbolen verweist der Kirchenraum auf die Beziehung zwischen Mensch und Gott. Diese Beziehung selbst ist zwar nicht an bestimmte Orte und Räume gebunden. Aber Kirchenräume geben hilfreiche Anregungen, mit denen die Konzentration auf die Beziehung zu Gott besser gelingt – und zugleich auf das, was sie für uns Menschen bedeutet. Was ist das Besondere des Kirchenraums? Was sagt er über den Glauben aus?

- In besonderen Vollzügen wird die Gottesbeziehung anschaulich und lebendig. In wiederkehrenden Ritualen geschieht eine Wendung von außen nach innen, vom äußerlich Sichtbaren zu dessen Ursprung, von den Ereignissen zu dem, was ihnen Sinn gibt. In der Sprache der religiösen Rituale geht es um Gottes Wirken im menschlichen Leben. Es ist oft auf den ersten Blick kaum wahrnehmbar, aber es wird spürbar in Segensworten und Segensgesten, die dieses Wirken verdeutlichen. Rituale geben der Beziehung zu Gott eine besondere Gestalt. Sie strukturieren die Zeit im Wechsel von Alltag und Feier. Sie strukturieren die Stille der Besinnung und die Gottesdienste. Sie markieren wesentliche Übergänge im menschlichen Leben, von der Geburt bis zum Tod. Wie werden Rituale zur Sprache des Glaubens? Was geschieht im christlichen Gottesdienst? Wie können Kinder in den christlichen Ritualen ihren eigenen Glauben zum Ausdruck bringen?

- Religiöses hat immer auch in der Kunst seinen Ausdruck gefunden. Bilder vergegenwärtigen den Glauben und erzählen von ihm. Als Andachtsbilder laden sie zur inneren Sammlung ein. Musikalischer Reichtum hat sich aus den gottesdienstlichen Gesängen zur Ehre Gottes entwickelt. Weite Bereiche der Bildenden Kunst und Musik erschließen sich von der christlichen Tradition her. In den Zeugnissen der Kunst hat Religion ihre bleibenden Spuren hinterlassen. Kunstwerke sind Anregungen für Kinder, in Farben, Tönen und in Bewegung ihrem Glauben Ausdruck zu verleihen. Welche Zugänge zur christlichen Kunst und Musik bieten sich an? Wie können Kunst und Musik zur Bereicherung des eigenen Glaubens werden?

Religiöses im Erfahrungsfeld der Kinder

In ihrem Lebensbereich stoßen Kinder tagtäglich auf religiöse Überlieferungen. Kirchenräume laden zum Erkunden und Entdecken und zur gottesdienstlichen Feier ein. Die bekannten Feste im Jahreskreis haben ihre Festgeschichte, die durch Erzählen, Symbole und Bräuche zur Sprache kommt. Was den eigenen Glauben ausmacht und was ihn von anderen Konfessionen und Religionen unterscheidet, das wird weniger an theologischen Lehren bewusst als an der Art und Weise, wie er praktiziert wird. Religiöse Bildung zielt auf kompetenten Umgang mit den vielfältigen Ausdrucksformen von Religion im eigenen Erfahrungsbereich. Das bezieht sich auf die Darstellung des eigenen Glaubens wie auf das aufmerksame Wahrnehmen und Verstehen der religiösen Vollzüge anderer Menschen. Heimischwerden im Eigenen und Interesse für die religiöse Heimat der anderen gehören da eng zusammen (→ S. 47 ff.).

Gegenwärtig ist viel von einem religiösen Traditionsabbruch die Rede. Die Zahl der Gottesdienstbesucher ist deutlich zurückgegangen. Es wird weniger gebetet als früher. Kenntnisse über die Inhalte des christlichen Glaubens sind weithin verschwunden. Auf der anderen Seite finden Angebote, den Glauben in seinen vielfältigen Ausdrucksformen zu erleben, große Resonanz. Viele Eltern bringen ihre Kinder zur Taufe, Paare lassen sich kirchlich trauen, am Heiligen Abend sind die Kirchen überfüllt und Osternachtfeiern finden großes Interesse. Religiöse Erziehung hat nach wie vor große Chancen, das Erleben des Glaubens zugänglich zu machen. Zugleich verbindet sich damit die Aufgabe, das Erlebte zu deuten, die Inhalte verstehen zu lernen.

Mitmachen – und Distanz gewinnen

Glauben feiern – das heißt, sich auf das Geschehen einzulassen, sich hineinzubegeben, sich anrühren und anregen zu lassen, die Gemeinschaft mit anderen zu erleben, einzutauchen in die ganzheitliche Welt der Religion. Was Religion und Glaube ist, lässt sich nicht nur über bloße Informationen zu diesem Geschehen vermitteln. Auf der anderen Seite hat auch kritische Distanz ihr Recht. Sie kommt zum Zug im Reflektieren des Erlebten, im Ordnen und Strukturieren der Inhalte, im Beurteilen ihrer Stimmigkeit und Überzeugungskraft. Beides gehört zusammen.

In früheren Zeiten gab es zwischen Elternhaus, Kindergarten und Schule eine Art Aufgabenverteilung. Im Elternhaus und auch Kindergarten wurden die religiösen Vollzüge erlebt: in den Ritualen, die den Tag gestalteten, etwa dem Tischgebet oder Gute-Nacht-Gebet, im christlichen Brauchtum der Feste mit ihrem biblischen Hintergrund, in gemeinsamen Gottesdienstbesuchen. Aufgabe des schulischen Unterrichts war es dann, das unmittelbar Erlebte in kritischer Distanz zu ordnen, zu strukturieren und zu deuten. Das kann aber für gegenwärtige religiöse Sozialisation und Erziehung so nicht mehr vorausgesetzt werden.

Elternhaus, Kindertagesstätte, Schule, Angebote der Kirchengemeinde für Kinder und Familien brauchen einander, um den Kindern Zugang zum gelebten Glauben zu ermöglichen. Kinder brauchen Gelegenheit zum Mit-

„Gott wohnt nicht in der Kirche, aber man kann dort gut an ihn denken." (Simone, 4 Jahre): St. Heinrich, Hannover

machen, zum Erleben mit allen Sinnen, um was es bei der Religion geht. Das reicht von der Einladung zum Mitbeten bis zum Mitgestalten gottesdienstlicher Feiern, vom Spüren der besonderen Atmosphäre eines Kirchenraums bis zum eigenen Mitgestalten der christlichen Feste. Wo etwa Religionsunterricht auf rein neutrale Wissensvermittlung reduziert wird, da wird auch der Zugang zum Verständnis der Religion erheblich erschwert. Gleichzeitig hat der Religionsunterricht seinen besonderen Schwerpunkt in der Klärung und Reflexion. Er zielt auf das Verstehen und kritische Überprüfen, ob und wie Religion und Glaube sich mit unserer Wirklichkeit vereinbaren lassen. Widersprüche und Einwände haben ihr Recht und wollen bedacht sein. Sorgfältig ist zu prüfen, wie sich die religiösen Traditionen und ihre Ausdrucksformen im Laufe der Zeit entwickelt haben, ob und wie sie noch zu ihren Ursprüngen passen. Vergleiche zwischen den Konfessionen und Religionen machen Entwicklungslinien und besondere Akzentuierungen deutlich.

Glauben an verschiedenen Orten

Glauben erleben – das könnte Brücken schlagen zwischen den verschiedenen Orten religiöser Erziehung:

- Religiosität hat ihren ursprünglichen Ort in der Familie, vom Gute-Nacht-Gebet bis zur Geburtstagsfeier, von Gesprächen über Gott und die Welt bis zum Feiern der Feste im Jahreskreis. Erfahrungen in der Kirchengemeinde, in Kindertagesstätte und Schule können das in der Familie Erlebte weiterführen, auch durch deutende Erläuterungen vertiefen. Die Geburtstagskerze kann so an Bedeutung gewinnen durch die Taufkerze beim Tauferinnerungsfest in der Kindertagesstätte oder in der Kirche; der Christbaum wird bewusster wahrgenommen mit Gesprächen zur Symbolkraft seines Schmucks. Kinder bringen solche Deutungen aus Kirche, Kindertagesstätte und Schule mit nach Hause und können so auch religiöse Vollzüge in den Familien besser verstehen. Familienreligiosität kann also durch manche Anregungen von außerhalb des Elternhauses bereichert werden.

- Das Erleben von Glauben wächst damit über den Lebensraum der Familie hinaus und gewinnt weitere Orte: das Sich-Wohlfühlen im Kirchenraum; den Familiengottesdienst in der Gemeinde; religiöse Erziehung durch Geschichten, Rituale, Feste in der Kindertagesstätte; die im Religionsunterricht vorbereiteten Schulgottesdienste. Hilfreich für Kinder ist es, wenn die Eltern sie auf dem Weg zu diesen neuen Orten nicht alleine lassen, sondern begleiten, Anteil nehmen und dabei auch ihre eigene Meinung zum Ausdruck bringen – und umgekehrt, wenn Mitarbeitende in der Kindertagesstätte und Schule an häusliche Erfahrungen der Kinder anknüpfen können.

- Kinder sollen ihr eigenes Verhältnis zum Glauben finden können. Dazu brauchen sie aber Resonanz auf das, was sie zu diesem Thema selbst gestaltet haben. Das Echo ihrer Bezugspersonen hilft ihnen, das Eigene wertzuschätzen. Gerade zum Eigenwilligen und Eigenartigen in ihrem Schaffen, das Eigenes von anderen Werken unterscheidet, brauchen sie anerkennende Signale. Kindern hilft dazu auch die Entdeckung, wie Künstler den Erscheinungsformen des christlichen Glaubens ihre „Handschrift" gegeben, sie mit ihrem Stil gestaltet haben. Begegnung mit christlicher Kunst ist deshalb auch ein wichtiger Inhalt der religiösen Erziehung.

Rituale

Vom Beginn des Lebens an bringen Rituale Ordnung in die alltäglichen Abläufe und machen sie verlässlich. Vom Aufstehen bis zum Schlafengehen begleiten sie uns, gestalten das Begrüßen anderer Menschen und die Verabschiedung von ihnen. Das Einnehmen von Mahlzeiten, die Freizeitgestaltung und das Spielen sind mit Ritualen verbunden. Auch wenn sie in der Familie nicht unmittelbar mit religiösen Traditionen verknüpft werden, haben sie doch in einem weiteren Sinne religiösen Charakter (→ S. 8 ff.), denn sie machen die Lebensvollzüge überschaubar. Sie zeigen an, dass das Leben in erträglichen, guten Bahnen verläuft, verlaufen soll, verlaufen wird. Sie umgeben Herausforderungen mit den Zeichen und Botschaften des Gelingens. Auch wenn auf kirchliche Frömmigkeit bezogene Familienrituale ihre Bedeutung verloren haben, sind doch andere Rituale mit ihren oft indirekten, versteckten religiösen Botschaften an deren Stelle getreten.

- Feierabend: Die Nachrichten oder andere TV-Sendungen sind an die Stelle des Abendgebets oder des abendlichen Glockenläutens getreten. Bei den Kindern ist die Gute-Nacht-Geschichte das Ritual, das den Übergang vom Tag in die Nacht gestaltet.
- Im Jahreskreis sind es vor allem die Geburtstage mit Geburtstagskerze, -kuchen u. a. und dann die Feste wie Weihnachten und Ostern, nicht zu vergessen die Urlaubszeiten.
- Wendepunkte im Leben sind auch von Ritualen begleitet: der Eintritt des Kindes in Kindertagesstätte und Schule, das Bestehen von Prüfungen (Führerschein, Abitur oder Examen), der Einstand am neuen Arbeitsplatz oder in der neuen Wohnung.

- Gemeinschaft: Rituale pflegen den sozialen Zusammenhalt durch Gartenfeste im Sommer, Festessen anlässlich runder Geburtstage, Ausflüge und Reisen alle Jahre wieder an einen bestimmten Ort.

Segenswünsche als Rituale

„Viel Glück und viel Segen auf all deinen Wegen" heißt es in einem bekannten Geburtstagskanon. Beide Begriffe weisen auf eine religiöse Bedeutung hin. Alles, was das Leben bereichern kann, was zu einem guten Leben dazugehört, ist mit Glück gemeint – von der Gesundheit bis zum materiellen Wohlstand, vom Gelingen der Vorhaben und Pläne bis zur täglich neuen Freude am Leben. Mit Segen wird der Urheber solchen Glücks mit ins Spiel gebracht: Gott wird um seinen Segen gebeten. In den alttesta-

Gott segne dich. Er lasse dich gedeihen und
wachsen an Leib und Seele.
Gott behüte dich vor Angst und Gefahr.
Gott sei bei dir und lasse dir auch in dunklen
Zeiten Zeichen der Hoffnung aufleuchten.
Gott schenke dir die Kraft und die Weisheit,
das jeweils Richtige zu tun.

Möge dein Weg dir freundlich entgegenkommen,
möge der Wind dir den Rücken stärken.
Möge die Sonne dein Gesicht erhellen
und der Regen um dich her die Felder tränken.
Und bis wir beide, du und ich, uns wiedersehen,
möge Gott dich schützend in seiner Hand halten.

Irischer Segensspruch

mentlichen Vätergeschichten (→ S. 54 ff.) bedeutete Segen auch das Wachstum und Gedeihen der Schafherden, Leben ohne materielle Not. Segen meint Gottes Begleitung in „guten wie in schlechten Tagen", aufmunternde und tröstende Nähe, das Geschenk von Weisheit und Gelassenheit in schwierigen Entscheidungen, Energie und Kraft, um Herausforderungen zu meistern. In all den benannten Ritualen schwingen Segenserwartungen mit: dass der Tag, das Wochenende, die neue Woche, das Jahr, der neue Lebensabschnitt gelingen möge.

Hoffnung auf gutes Gelingen zeigt sich auch in Gegenständen, die einem viel bedeuten und die man gerne bei sich hat. Kinder haben hierfür ihre Schmusetiere: Bei Abwesenheit der Bezugsperson vertritt der selbst gewählte weiche Gegenstand auf symbolische Weise deren Nähe – bis sie endlich wieder selbst da ist. Auch später noch strahlen solche Gegenstände viel Wohltuendes und Beruhigendes aus. Selbst Abstraktes wie etwa die Lieblingsmusik kann diese Bedeutung haben. Schwierig wird es allerdings, wenn solche Gegenstände magische Bedeutung gewinnen: wenn sie etwa den Schutz im Straßenverkehr garantieren sollen oder als Talisman selbst zum Segensspender werden. Das Vertrauen hat ja seinen Ursprung nicht im Gegenstand selbst, er ist lediglich eine anschauliche Vergewisserung der Segenskräfte.

An herausragenden Übergängen im Leben findet der kirchliche Segenszuspruch große Resonanz:

- Die **Taufe** (→ S. 108), die zunehmend erst etliche Zeit nach der Geburt erfolgt, nimmt die Wünsche und Hoffnungen der Eltern für ihr Kind auf. Sie bringt auch zum Ausdruck, dass die erwachsenen Wegbegleiter das Gedeihen des Kindes trotz aller Fürsorge nicht in der eigenen Hand haben. Gottes Segen möge das Kind in sein eigenes Leben hinein begleiten. In der katholischen Kirche ist die Erstkommunion die zentrale kirchliche Feier der späten Kindheit.
- **Segensgottesdienste** gestalten in vielen Kindertagesstätten den Übergang zur Schule mit all den damit verbundenen Änderungen. Auch für die Eltern ist dieser Übergang ein wichtiger Einschnitt.
- **Konfirmation** und **Firmung** begleiten junge Menschen auf ihrem Weg des Erwachsenwerdens in die schwierige Zeit des Jugendalters hinein, mit den so mühsamen Ablösungskämpfen von den Autoritäten der Kindheit.
- Die **Trauung** stellt die Herausforderungen des Zusammenlebens in der Ehe und Familie unter Gottes Segen.
- Die **Beerdigung** begleitet das Loslassen eines Menschen in Gottes andere Welt hinein und das Annehmen der Trennung.

Der Glaube zeitgenössischer Christen ist weniger gekennzeichnet durch die Traditionen der theologischen Lehrsätze als vielmehr durch die ganz persönliche Beziehung zu Gott. Diese Gottesbeziehung findet in der Erwartung des Segens ihre Mitte und haftet an den entsprechenden kirchlichen Ritualen. Sie ist gekennzeichnet durch das Vertrauen auf den begleitenden Gott, auch durch Not und Gefahr hindurch. So kann man sich auf die Zusagen Gottes und die Selbstständigkeit der eigenen Person verlassen, die eine Perspektive des Sich-Entfaltens der eigenen Begabungen und Fähigkeiten in sich tragen. Sie ist zugleich Hintergrund für ein gelingendes Zusammenleben mit anderen auch trotz der eigenen Grenzen und damit verbundener Fehler und Versäumnisse.

Der Umgang ist der Nährboden, in dem religiöse Deutungen wurzeln und von dem aus sie sich entfalten können.

Rituale in der Kindertagesstätte vollziehen

- Jesuskerze, Gebetskerze, Erzählteppich
- Begrüßungsrituale (z. B. das Lied: „Halte zu mir, guter Gott … →S. 46)
- Abschiedsrituale, etwa mit einem Segenswort
- Bewegungen zu Liedern und Gebeten
- Essensrituale, vor allem das Tischgebet
- Gottesdienstrituale mit wiederkehrenden Liedern
- Segensgottesdienste am Ende der Kindergartenzeit
- Geburtstagsfeier mit Zeichen der Wertschätzung, guten Wünschen und Segensworten
- Ausflugsrituale, in denen das Staunen über die Welt und die Freude an ihr Ausdruck finden.
- Rituale zur Wertschätzung des von Kindern Geschaffenen (→S. 14)
- Jahresfeste wie Laternenumzug mit Feier zum Martinstag; Adventszeit (→S. 125)
- Begrüßungsrituale für Gäste in der Kindertagesstätte
- Morgenkreisrituale (Zur Ruhe kommen, Gesprächsregeln, Lied)

Zur Ruhe kommen

Religiöse Symbole und Rituale brauchen eine besondere Atmosphäre, Konzentration und Ruhe. Deswegen werden sie in Kindertagesstätte, Religionsunterricht und Kindergottesdienst oft von Stilleübungen begleitet. Solche Übungen helfen den Kindern, zur Ruhe zu kommen und sich ganz auf sich selbst zu konzentrieren. Das Bedürfnis nach innerer Ruhe ist groß, denn es bringt Ordnung in das Vielerlei der Eindrücke, die auf die Kinder einstürmen. Oft wird die Aufmerksamkeit auf einen Gegenstand konzentriert, der achtsam wahrgenommen wird: die Feder, die einem bei geschlossenen Augen in die Hand gelegt wird und kaum spürbar ist; der Stein, dessen Oberfläche befühlt wird. Phantasiereisen laden dazu ein, sich einen Spaziergang auf einem Weg in einen geheimnisvollen Garten vorzustellen oder eine Reise auf einem fliegenden Teppich etc.

Symbolen einen Ort geben

In Kindertagesstätte und Religionsunterricht der Schule wie in Gottesdiensten mit kleinen und großen Kindern und Familien hat das Erschließen von Symbolen eine besondere Bedeutung. Symbole laden zum eigenen Erleben und Gestalten ein und bilden Brücken zu biblischen Überlieferungen. In Liedern, Gebeten und Segenswünschen (→S. 44 ff., 111 ff.) werden sie für das eigene Leben bedeutsam. So kann etwa dem Symbol Baum durch eine Körpererfahrung zum Verwurzeltsein und Wachsen nachgespürt, können Bilder mit Bäumen betrachtet und auch selbst gestaltet werden. Biblische Worte und Segenswünsche lassen sich zu Erinnerungsblättern gestalten. Sie sind es wert, auch zu Hause im Blickfeld zu bleiben, etwa an der Pinnwand im Kinderzimmer oder in einem Wechselrahmen.

Ich wünsche dir, dass deinem Lebensbaum feste Wurzeln Halt geben.

*Ich wünsche dir, dass du die Kraft spürst,
die von innen her kommt.
Ich wünsche dir, dass du deine Kräfte zur
sichtbaren Entfaltung bringen kannst und dass
deine Begabungen und Fähigkeiten dir Freude
bereiten.
Ich wünsche dir, dass deine Kräfte auch
anderen zugute kommen.
Ich wünsche dir, dass du in der Beziehung
zu Gott tiefe Wurzeln schlagen kannst.
Ich wünsche dir, dass du aus dieser Beziehung
viel Kraft gewinnst, die deinem Leben
Beständigkeit und Sicherheit gibt.*

Geburtstag und Tauferinnerung feiern

Am Geburtstag sind die vertrauten Rituale im Familienkreis besonders wichtig. Zu ihnen treten die in der Kindertagesstätte und in Kindergruppen. Die Erinnerung an den in der Taufe zugesprochenen ganz persönlichen Segen bleibt in der Taufkerze präsent, wenn sie am Festtag des Kindes angezündet wird. In etlichen Gemeinden werden Tauferinnerungsfeiern angeboten, in denen mit Aktivitäten rund um den Taufstein, mit Liedern, Gebeten und Segensworten, mit dem Verzieren neuer Tauferinnerungskerzen der Hinweis auf das eigene Taufereignis anschaulich wird.

Über Gebrauch und Missbrauch von religiösen Symbolen und Ritualen nachdenken

Zur religiösen Erziehung gehört auch die kritische Distanz, das Nachdenken über solches Erleben und Deuten: Was gefällt mir an den kennen gelernten Symbolen und Ritualen? Welche Bedeutungen mache ich mir gerne zu eigen? Wo fühle ich mich angenommen, wo überfordert? Wo fühle ich mich vereinnahmt? Habe ich Gelegenheit, mich zurückzunehmen, auszuklinken, Bestimmtes nicht mit zu vollziehen? Sich über Symbole und Rituale Gedanken zu machen schließt immer auch ein, über Veränderung nachzudenken: Entsprechen die symbolischen Formen noch den eigenen Erfahrungen und Wünschen? Gibt es neuere und bessere Ideen, mit denen sie gestaltet werden könnten?

In diesen Zusammenhang gehört auch mit älteren Kindern das Nachdenken darüber, wie im öffentlichen Leben mit Symbolen vereinnahmende, manipulierende Botschaften verbunden werden können: Mit welchen Symbolen wird zum Kauf von bestimmten Gegenständen aufgefordert? Welche Botschaften werden mit solchen Symbolen vermittelt? Was ist das Ansprechende an diesen Botschaften? Was bewirken sie?

Die Kirche – ein Ort des Glaubens

Jede Religion hat ihre besonderen Orte, an denen der Glaube gefeiert wird. An ihnen wird die Beziehung zum göttlichen Gegenüber in besonders eindrücklicher Weise erfahren. Was diesen Glauben kennzeichnet, wird so anschaulich sichtbar. Hinweise auf Gott in Zeichen und Symbolen, Bildern und Gestalten sind da besonders dicht. Die Feier der Beziehung zwischen Mensch und Gott gewinnt durch diesen Ort ihre besondere Atmosphäre. Im christlichen Glauben sind das vor allem die Kirchen. Als kulturelle Mittelpunkte und Sehenswürdigkeiten geben sie zugleich darüber Auskunft, wie Christen ihren Glauben zum Ausdruck bringen. Wer christlichen Glauben kennen lernen will, findet beim Besuch einer Kirche dazu reichlich Gelegenheit und Anregung. Die Kirche ist wie ein aufgeschlagenes Buch, in dem viel über das Selbstverständnis des christlichen Glaubens zu lesen ist.

Kleine Kinder sind oft der Ansicht, dass Gott in der Kirche wohnt. Zu dieser Meinung geben die Größe des Kirchengebäudes und sein besonderes Erscheinungsbild Anlass, die es von allen anderen Gebäuden unterscheiden. Später machen sie sich bewusst, dass Gott überall sein kann, in Menschen und in der Natur (→ S. 31). In allem Geschaffenen ist Gott unsichtbar da. Deshalb können Menschen überall Beziehung zu Gott aufnehmen und beten. Aber trotzdem wird in der Kirche die Beziehung zu Gott in besonderer Weise bewusst:

- Menschen versammeln sich, um miteinander den Glauben zu feiern.
- Menschen finden hier besonders gut zur Stille, zum Hinter-sich-Lassen des alltäglichen Getriebes und zur Konzentration auf die religiöse Beziehung, aus der sich Kraft schöpfen lässt für die Herausforderungen des Alltags.
- Menschen verdeutlichen sich an den Zeichen und Symbolen, an Gegenständen und Architektur den geschichtlichen Hintergrund des eigenen Glaubens. Sie haben Überlieferungen vor Augen, die diesen Glauben prägen – in den alten Kirchen, aber auch in den neuen. Architekten und Künstler haben viel von diesen Überlieferungen zu vergegenständlichen versucht.

Als Räume des gestalteten Glaubens haben Kirchen ihre besondere Atmosphäre und Ausstrahlung. Ihre Sprache des Glaubens ist mit allen Sinnen wahrnehmbar:

Das Kreuz ist ein zentrales Element des Kirchenraumes (St. Heinrich, Hannover)

Baustile sind theologische Programme.
1 St. Godehard, Hildesheim, Romanik
2 Dom St. Victor, Xanten, Gotik
3 Clemenskirche, Münster, Barock

Kirchengebäude und Vorstellungen vom Glauben in verschiedenen Epochen

Im **romanischen Baustil** ist die Kirche als schützendes und bergendes Haus ein Symbol für den Glauben. Oft waren die Kirchen die einzigen steinernen Gebäude in einer Stadt und waren damit ein Ort, an dem die Bevölkerung bei Gefahr Zuflucht finden konnte. Das Kennzeichen romanischer Kirchen sind dicke Mauern, in denen nur für kleine Fenster Platz ist, massive runde Bögen, die den Druck der Steine auffangen, Dämmerlicht, an das man sich erst gewöhnen muss. Der Kirchenraum schafft so Distanz zur Außenwelt. Kerzenlicht hilft zur Konzentration und zum Zur-Ruhe-Kommen; die Stille unterbricht die alltägliche Geräuschkulisse.

„Eine feste Burg ist unser Gott" (Lied)
Psalm 46: → Gott ist hier eine Burg (Schutz)

Offenbarung 21.1-2 (Das neue Jerusalem)
Im **gotischen Baustil** verliert der Kirchenbau die Schwere der aufgetürmten Steine. Die Wände werden leicht, lichtdurchlässig und hoch. Gottes Größe tritt so den Gläubigen vor Augen, in der eindrucksvollen Höhe der Kirchenschiffe wie auch der Kirchtürme. Bunte Glasfenster verwandeln das einfallende Licht in eine Vielfalt der Farben. Reich verzierte und in Gold gefasste Schnitzereien ziehen die Aufmerksamkeit der Kirchenbesucher an. Die irdische Schwerkraft wird gleichsam überwunden, der Glaube schwingt sich auf zu Gott.

In der **Renaissance** dominiert auf eine neue Weise die Harmonie der Formen und Maße. Der schöpferische Künstler rückt in den Vordergrund, der Vollkommenes schaffen kann. Das menschliche Genie verweist dabei auf den göttlichen Schöpfer, der alles wohl geordnet hat. Diese Ordnung der Welt wird jetzt zum Thema. Weil die in der Bibel überlieferten Begegnungen mit dem Göttlichen inmitten der Wirklichkeit stattfanden, wird der mittelalterliche Goldgrund der Bilder durch weite Blicke in die umgebende Landschaft ersetzt.

3

Gottes(ob 639 „Ein Haus voll Glorie, schaue"

Im **Barock** finden mehr als früher die Zeugen des Glaubens Eingang in den Kirchenraum. Auf den Deckengemälden öffnet sich der Himmel und zeigt, wie sie alle zu Gott kommen. Der Reichtum des Glaubens wird zum Thema und findet Ausdruck in kostbaren Verzierungen, in der Malerei und den Stuckarbeiten. In den katholischen Kirchen zeigen die ins Bild gesetzten Heiligengeschichten und Heiligenlegenden, was christlicher Glaube in diesen Menschen bewirkt hat.

Auch im **modernen Kirchenbau** geht es darum, in der architektonischen Gestalt Wesentliches des christlichen Glaubens erlebbar zu machen. Da wird der Gedanke des Schiffs aufgenommen, in dem Jesus den Seinen die Furcht vor dem Sturm nahm (Mt 8, 23 ff.), etwa in von allen Seiten abwärts führenden Stufen. Eine tief herabgezogene, zeltartige Dachkonstruktion erinnert an Abraham und seine Aufbrüche unter dem Segen Gottes (→ S. 54 ff.). Wie Fabrikhallen aussehende Kirchen drücken aus, dass sich der Glaube im Alltag zu bewähren hat, mitten in dieser Welt lebt und nicht in einer geistlichen Sonderwelt.

FÜR DIE PRAXIS

Mit Kindern Kirchen erkunden

Sei es die eigene Kirche am Ort, seien es die Sehenswürdigkeiten, die auf Reisen zum Besuch einladen: Was wesentlich zu einer Kirche gehört, lässt sich in der eigenen und auch in anderen Kirchen auffinden. Hinweise zu den unterschiedlichen Bau- und Kunststilen helfen den Kindern, wahrgenommene Unterschiede einzuordnen und zu verstehen. Beim Entdecken einer Kirche können Kinder selbst die Orte suchen, an denen es ihnen gut gefällt, zu denen sie sich hingezogen fühlen, an denen sie sich wohlfühlen. Das sind mitunter auch die dunklen, geheimnisvollen Ecken. Sie stellen ihre Fragen und suchen auch die Informationsquellen, die ihnen Antwort geben können – Informationsbroschüren, Mesner, Pfarrerin und Pfarrer.

Oft liegen Kirchenführer speziell für Kinder aus, die auf das aufmerksam machen, was Kinder in besonderer Weise interessieren könnte. Religionsunterricht und kirchliche Angebote führen solches Erkunden weiter mit ausführlichen Projekten, detaillierten Hintergrundinformationen und Erkundungsbögen, die von den Kindern meist in kleinen Gruppen bearbeitet werden.

- Säulen, die man nur teilweise umfassen kann; schwere Türen, die sich nur mit Mühe öffnen lassen; Kerzen zum Anzünden
- Geruch von Weihrauch in katholischen Kirchen
- vieles, was zu entdecken ist: Die Augen wandern nach oben, nach allen Seiten, bis in die Ecken
- die besondere Stille, die einen Kontrast bildet zu den eigenen Schritten, dem Knarren der Tür, zur Orgelmusik, die den Raum erfüllt
- Wege, die man in der Kirche gehen kann und die immer wieder neue Blicke freigeben.

Der Gottesdienst

Der Kirchenraum ist Gottesdienstraum. Im Mittelalter wurden Stadtkirchen so groß gebaut, dass die ganze Stadtbevölkerung darin Platz fand – neben den Gottesdienstfeiern auch zu Versammlungen und Bekanntmachungen. Die Geschichte alter Kirchen ist auch die von Abrissen, Erweiterungen und Neubauten. Ort der feiernden Gemeinde zu sein ist die eigentliche Bestimmung des Kirchenraums.

Elemente des Kirchenraumes

Im Zentrum steht der Altar. Im Tempel von Jerusalem war er bis zur Zeit Jesu noch der Opfertisch, an dem Speise- und Tieropfer dargebracht wurden. Heute ist er der Ort, an dem die am Gottesdienst Mitwirkenden die Gebete sprechen und an dem das Abendmahl bzw. die Eucharistie gefeiert wird (→ S. 133 f.). Früher wur-

den die Altäre reich geschmückt, mit Bildern und Figuren, Schnitzwerk und Säulen, die manchmal bis zur Decke reichen. Heutzutage wird der Gottesdienst wieder an einem Altartisch gefeiert, den man in vielen Kirchen eigens und näher bei der Gemeinde aufstellte. Die Wand hinter dem Altar beherbergt in katholischen Kirchen das Tabernakel, d. h. das Gehäuse, in dem die nach der Messfeier übrig gebliebenen Hostien aufbewahrt werden. Die ständig brennende rote Öllampe erinnert daran.

In der katholischen Kirche werden Kinder mit der Erstkommunion im Alter von etwa neun Jahren zur Eucharistie eingeladen. In evangelischen Gemeinden wird die Praxis des Abendmahls mit Kindern unterschiedlich gehandhabt. Traditionell erfolgt die erste Teilnahme am Abendmahl im Zusammenhang der Konfirmation. Kleine Kinder werden oft in der Abendmahlsfeier gesegnet. Die Kirchenleitungen empfehlen den einzelnen Gemeinden, schon Kindern die Teilnahme am Abendmahl zu ermöglichen und statt des Weins Traubensaft zu reichen.

Grundriss mit den wesentlichen Teilen eines Kirchengebäudes

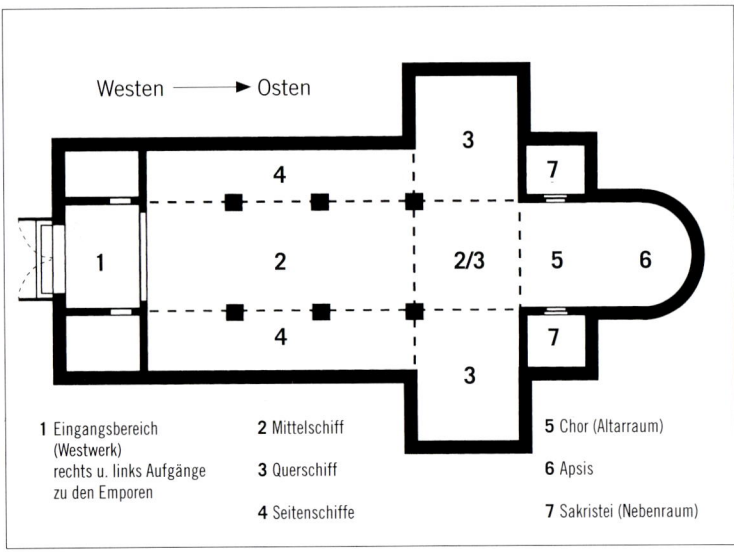

Westen ——► Osten

1 Eingangsbereich (Westwerk) rechts u. links Aufgänge zu den Emporen

2 Mittelschiff

3 Querschiff

4 Seitenschiffe

5 Chor (Altarraum)

6 Apsis

7 Sakristei (Nebenraum)

Gottesdienstabläufe besprechen

Ein vorbereitendes Gespräch über das, was im Gottesdienst geschieht, hilft Kindern, den zeitlichen Verlauf besser einzuschätzen und Bekanntes wiedererkennen zu können. In Schule und Gemeinde, in den Kindertagesstätten, in Religionsunterricht und kirchlichen Gruppen bereiten Kinder oft eigene Beiträge zu Kindermessen, Schul- und Familiengottesdiensten vor. Durch das eigene Mitgestalten wird die Einführung in das gottesdienstliche Geschehen in besonderer Weise wirksam. Von besonderer Bedeutung ist hier in katholischen Kirchen die Mitwirkung von Kindern als Ministranten am Altar.

Der Ablauf eines Gottesdienstes

In all der Vielfalt an Gottesdienstformen und -ordnungen (= Liturgien) zeigt sich eine Grundstruktur, die sich durch die Jahrhunderte hindurch erhalten hat und der je nach Anlass unterschiedliche Elemente zugeordnet werden.

Sich einfinden und einstimmen
- Glockengeläut und Orgelmusik hören
- Einzug der Mitwirkenden
- Begrüßung
- einen Psalm (→ S. 51) sprechen oder singen
- Altes zurücklassen (Sündenbekenntnis und Zuspruch der Vergebung)
- Gott die Ehre geben (*Kyrie eleison* = Herr, erbarme dich *Gloria in excelsis deo* = Ehre sei Gott in der Höhe)
- In einem Gebet Beziehung zu Gott aufnehmen

Glauben formulieren
- Lieder singen
- Lesungen aus der Bibel hören
- Glaubensbekenntnis sprechen
- Predigt hören

Abendmahl / Eucharistie feiern
- Gott ehren und für seine Gaben danken
- Gott um seinen Geist bitten
- einander Frieden wünschen
- Brot und Wein teilen

Zurückkehren in den Alltag
- Mitteilungen hören
- mit einer Geldspende kirchliche Aufgaben unterstützen
- im Fürbittengebet an all diejenigen denken, die Hilfe brauchen
- das Vaterunser sprechen
- Den Segen empfangen
- Musik hören

Die Orgel gilt als Königin der Instrumente

An zentraler Stelle im Altarraum ist das Kreuz angebracht. Es erinnert an Jesu Verurteilung zum Tod. Nach Jesu Auferweckung, nach der Begegnung der Frauen und Männer mit dem Auferstandenen wurde dieser Tod nicht als Scheitern verstanden, sondern als Erfüllung seines Auftrags (→ S. 131 ff.). Für den Glauben an Jesus Christus wurde wesentlich, dass zu Jesu Leben auch die bittersten Erfahrungen menschlichen Leids gehörten. Leiderfahrungen werden so aus den Inhalten des christlichen Glaubens nicht ausgeklammert, sondern mit der christlichen Hoffnung verbunden: *Denn das Wort vom Kreuz ist denen, die verlorengehen, Torheit; uns aber, die gerettet werden, ist es Gottes Kraft* (1. Kor 1, 18). Im Symbol des Kreuzes verdichtet sich so Wesentliches des christlichen Glaubens. Es wurde deshalb zum christlichen Zentralsymbol. Mit seinem Ver-

Worum geht es in der christlichen Taufe?

Die Taufe symbolisiert den Segen Gottes. Der Ursprung der christlichen Taufe ist ein jüdisches Reinigungsritual mit religiöser Symbolik, nämlich dem Absterben des alten Menschen und der geistigen Geburt des neuen. Johannes der Täufer (→ S.62) rief Menschen zu neuem Denken und Handeln auf und taufte sie. Auch Jesus wurde von ihm getauft (**Mk 1**). Jesus selbst aber hat an anderen Menschen keine Taufe vollzogen. Die reinigende Funktion des Wassers wurde seit alters her in religiösen Riten auch auf die innere Reinigung bezogen. Johannes der Täufer sah die Bedeutung der Taufe ausdrücklich in der Vergebung der Sünden. Wie verhält sich dann aber die Einmaligkeit der Taufe zu der Wiederkehr von Verfehlungen und Schuld im menschlichen Leben, denn von einem sündlosen Leben nach der Taufe kann doch wohl keine Rede sein? In der Taufe wird ein für allemal verdeutlicht, was für das ganze Leben gelten soll: Jeden Tag kann und darf ein neuer Anfang geschehen. Jeden Tag kann die in der Taufe grundsätzlich zugesprochene Sündenvergebung neu aktualisiert werden. Wenn es in dem Taufsegen heißt: „Gott hat dich zu einem neuen Leben geboren", dann ist ein Leben gemeint, das inmitten der Gegebenheiten und Unvollkommenheiten unserer Welt von der Hoffnung auf die von Gott geschenkten Zeichen eines heilen Lebens bestimmt ist.

Die Praxis zum christlichen Taufen ist in den im Matthäusevangelium überlieferten Worten des auferstandenen Christus begründet: *Darum geht zu allen Völkern, und macht alle Menschen zu meinen Jüngern; tauft sie auf den Namen des Vaters und des Sohnes und des Heiligen Geistes, und lehrt sie, alles zu befolgen, was ich euch geboten habe* (**Mt 28,19**). Die Taufe begründet deshalb auch die Mitgliedschaft in einer christlichen Kirche. Evangelisch und katholisch vollzogene Taufe werden von den Konfessionen gegenseitig anerkannt. Es gibt auch christliche Gemeinschaften, die neuen Mitgliedern eine erneute Taufe vorschreiben.

In der Taufe hat das Beschenkt-Werden mit dem Heiligen Geist von Anfang an große Bedeutung gehabt. Dies führte im Verlauf der Kirchengeschichte sogar zu einer Trennung zwischen den Sakramenten der Wassertaufe und der Geistverleihung (Firmung). Im Taufsegen klingt beides an:

„Gott, der dich zu einem neuen Leben geboren hat durch das Wasser und den Heiligen Geist." Dass die Taufe eine Gabe von Gott ist, kommt besonders in der Praxis der Kindertaufe zum Ausdruck, die seit dem dritten Jahrhundert bekannt ist. Das kleine Kind kann von sich aus nichts dazu tun, es ist ganz und gar darauf angewiesen, dass ihm das für seinen Glauben Wichtige von Gott geschenkt wird. Gottes Gabe geht allem voraus, was Menschen tun können.

Wie ist es dann aber mit der Entscheidung für den christlichen Glauben, um die es doch ursprünglich in der Taufe ging? In den frühen christlichen Gemeinden gab es nur die Erwachsenentaufe, die nach dem Bekenntnis der Täuflinge zum christlichen Glauben vollzogen wurde. Erst später wurden auch kleine Kinder getauft. Mit der Kindertaufe ergaben sich neue theologische Akzentsetzungen, die nicht ohne Weiteres mit der Bedeutung der Erwachsenentaufe in Einklang zu bringen sind. Wenn also Eltern mit der Taufe so lange warten, bis ihr Kind selbst darüber entscheiden kann, ist das aus theologischer Sicht nicht abzulehnen. Die Kindertaufe, die einer eigenen Entscheidung vorausgeht, ist als Angebot der Zugehörigkeit zur christlichen Gemeinde zu verstehen, die später mit der eigenen Entscheidung zu realisieren sein wird. Eltern und Paten verpflichten sich, das Ihre beizutragen, damit der Täufling später eine begründete Entscheidung treffen kann und weiß, wofür oder wogegen er sich entscheidet. Und die Kirchen- und Pfarrgemeinden verpflichten sich, kinderfreundlich zu sein, so dass Kinder gute Erfahrungen mit der christlichen Gemeinde machen können. In diesem Sinne ist in der Kindertaufe die religiöse Erziehung als Zusammenwirken von Eltern und kirchlichen Einrichtungen begründet. Kinder sollen den christlichen Glauben als ein Angebot für ihr Leben kennen lernen, das für sie gilt, das sie gerne für sich in Anspruch nehmen können, dem sie nicht als Fremde gegenüberstehen müssen. Sie sollen nach und nach den Raum für ihre eigenen Entscheidungen entdecken können, mit denen sie das Angebot des christlichen Glaubens zu ihrer Sache machen – in Zustimmung oder Ablehnung, Nähe oder Distanz.

weis auf die dunklen Seiten des Lebens hat das Symbol des Kreuzes immer auch etwas Herausforderndes – und stellt deshalb besondere Aufgaben für die religiöse Erziehung. Eine breite Spanne von Deutungen zeigt sich auch in der künstlerischen Gestaltung der Kreuze, von der Akzentuierung der dunkelsten Seite menschlichen Lebens in der Darstellung des sterbenden Jesus bis zur österlichen Hoffnung auf das von Gott geschenkte neue Leben. Sie zeigt sich oft in reichen, kostbaren Verzierungen der Kreuzesarme, z.B. auch in sich entfaltendem Blätterschmuck.

Verlesung und Auslegung der Worte der Bibel als „Wort Gottes im Menschenwort" (→S.50 und S.67) haben eine zentrale Stellung im Gottesdienst. Dazu dient die Kanzel, in erhöhter Position, oft im Kirchenschiff und mit einem Schalldeckel versehen, damit die dort gesprochenen Worte früher auch ohne Lautsprecheranlage für alle hörbar waren. Auch die Kanzel wurde oft reich mit Symbolen geschmückt, mit Symbolen zum „Wort Gottes": Den Fuß der Kanzel zieren häufig die Gebotstafeln des Mose (→S.80f.). Über der Kanzel schwebt die Taube als Symbol des Hl. Geistes (→S.137f.), als der Kraft, die auch heute durch die überlieferten Worte Anstöße zu einem aktuellen und lebendigen Glauben gibt. Vier Symbole weisen auf die Evangelisten (→S.67f.): das menschliche Gesicht eines Engels auf Matthäus, der Löwe auf Markus, der Stier auf Lukas, der Adler auf Johannes. Die Lesungen aus der Bibel werden an einem Lesepult in der Nähe des Altars vorgetragen.

Am Taufstein geschieht die Taufe, durch die Menschen in die Gemeinschaft der Christen aufgenommen werden. Manchmal ist am Taufstein das Symbol des Fisches angebracht, das weniger auf das Wasser der Taufe verweist, als vielmehr die Abkürzung eines Bekenntnisses

Apostolisches Glaubensbekenntnis

(5. Jh. n. Chr.)

Ich glaube an Gott,
den Vater, den Allmächtigen,
den Schöpfer des Himmels und der Erde.
Und an Jesus Christus,
seinen eingeborenen Sohn, unsern Herrn,
empfangen durch den Heiligen Geist,
geboren von der Jungfrau Maria,
gelitten unter Pontius Pilatus,
gekreuzigt, gestorben und begraben,
hinabgestiegen in das Reich des Todes,
am dritten Tage auferstanden von den Toten,
aufgefahren in den Himmel;
er sitzt zur Rechten Gottes,
des allmächtigen Vaters;
von dort wird er kommen,
zu richten die Lebenden und die Toten.
Ich glaube an den Heiligen Geist,
die heilige christliche / katholische Kirche,
Gemeinschaft der Heiligen,
Vergebung der Sünden,
Auferstehung der Toten
und das ewige Leben.
Amen.

zu Jesus Christus aus der frühen Christenheit ist. Die frühen Glaubensbekenntnisse hielten nach Lehrstreitigkeiten die gemeinsamen Überzeugungen in der Kirche fest. Neben dem Apostolischen wird an Festtagen oft das Nizänische Glaubensbekenntnis (5. Jh.) gesprochen. Spätere Bekenntnisse haben nie mehr eine die ganze Christenheit umfassende Zustimmung gefunden.

In der Moschee

Werfen wir zum Schluss noch einen kleinen Blick in den gottesdienstlichen Raum der Muslime, die Moschee:

- Vom Minarett aus, dem Gebetsturm einer Moschee, ruft der Muezzin (Vorbeter) die Gläubigen zum Gebet. Gläubige Muslime beten fünf Mal am Tag.
- Den Reinigungsvorschriften des Koran entsprechend müssen zuerst Hände, Füße und das Gesicht gewaschen werden. Dazu gibt es eine Brunnenanlage mit Wasserhähnen.
- Vor dem Betreten der mit Teppichen ausgelegten Moschee werden die Schuhe ausgezogen und in Regalen abgestellt.
- Die Gebetsrichtung weist immer nach Mekka – die Vorderwand der Moschee zeigt diese Richtung an. In ihr befindet sich eine Nische (*Mihrab*), von der aus der Vorsteher der Gemeinde das Gebet leitet.

Kuppeln mehrerer Moscheen in Istanbul und deren Minarette

Muslime beim Gebet

- Der Gebetsraum ist den Männern vorbehalten. Frauen verfolgen das Geschehen von abgetrennten Bereichen aus mit.
- Eine Treppe an der Wand (*Minbar*) führt zu einem Stuhl (*Kürsi*). Am Freitag oder an Festtagen erfolgt von dort eine Ansprache an die Versammelten.
- Das Gebet, das von Körperbewegungen begleitet wird, leitet der Muezzin mit lauter Stimme an. Von einem Podest (*Daqqa*) aus hat der die ganze Gemeinde im Blick.
- Lesungen aus dem Koran erfolgen an Lesepulten.
- In der Moschee finden wir weder einen Altar noch eine Orgel. Das strenge Bilderverbot (→ S. 29) untersagt auch alle Abbildungen. Stattdessen finden wir geometrische Figuren und Sätze aus dem Koran in schön gestalteter arabischer Schrift.
- Zur Moschee gehören neben dem Gebetsraum auch Nebenräume für die Unterweisung im Koran und auch zur Pflege des geselligen Miteinanders.

Bilder

Als die Mehrheit der Bevölkerung noch nicht lesen konnte, da waren es die Bilder, die mit den wichtigsten Gestalten der christlichen Tradition bekannt machten. Oft wurde in Bilderzyklen entlang den Wänden der Kirche oder auf Altarbildern das Leben dieser Personen in ihren Höhepunkten dargestellt.

Bilder aus dem Leben Jesu zeigen seinen Weg von der Geburt bis zu Tod und Auferstehung. Ein besonderer Schwerpunkt liegt auf Jesu Leidensgeschichte. In katholischen Kirchen findet sich der Kreuzweg. In vierzehn Bildern ist Jesu Weg von der Verurteilung durch Pontius Pilatus bis zur Grablegung dargestellt – über die Kirche verteilt oder als Stationen auf einem Weg außerhalb der Kirche. In der Karwoche wird dieser Weg betend und meditierend gegangen. Oft zeigen Altarbilder auch den Lebensweg von Maria, der Mutter Jesu: von ihrer Geburt weiter zur Ankündigung von Jesu Geburt durch den Engel Gabriel (→ S. 113) dann die Geburt in Bethlehem und bis zu ihrem Tod im Kreis der Jünger Jesu. Auf anderen Bildern geben die Höhepunkte aus dem Leben der Heiligen, vor allem die ihnen zugeschriebenen Wundertaten, Hinweise auf ihre Bedeutung als Vorbilder des Glaubens. In evangelischen Kirchen sind es vor allem Bilder, die Jesu Wirken zeigen: seine Zuwendung zu Menschen in Not, seine Gleichnisse; Bilder von seiner Auferstehung und der Wiederbegegnung mit den Jüngern. Die Jünger Jesu und dann von ihm in die Welt hinausgesandten Apostel (= Boten) sind oft als Figuren dargestellt, erkennbar an ihren Attributen, die meist an die Umstände ihres Todes oder auch an herausragende Begebenheiten in ihrem Leben erinnern.

WISSENSWERT

Die Apostel und ihre Attribute

- **Andreas** starb am Andreaskreuz (ein schräges Kreuz in Form eines X)
- **Bartholomäus** hält ein Messer und trägt seine eigene Haut über dem Arm
- **Jakobus der Ältere** in Pilgertracht und mit einer Jakobsmuschel
- **Jakobus der Jüngere** mit einer Stange oder Fahne
- **Johannes** hat keinen Bart und hält einen Kelch mit einer sich windenden Schlange
- **Judas Thaddäus** hält eine Keule
- **Matthäus** hält einen Beutel, ein Beil, ein Winkelmaß, eine Lanze oder Hellebarde
- **Paulus** hält ein Schwert und ein Buch
- **Petrus** hält einen oder mehrere Schlüssel
- **Simon** hält eine Säge
- **Thomas** hält Winkelmaß oder eine Lanze
- **Philippus** hat einen Kreuzstab oder Antoniuskreuz bei sich.

So lassen sich die Apostel bzw. Heiligenfiguren anhand ihrer spezifischen Attribute in bildlichen Darstellungen eindeutig identifizieren. Besondere Bedeutung kommt in katholischen Kirchen dem bzw. der oder den Heiligen zu, nach denen die Kirche benannt ist.

Die Darstellungen christlicher Inhalte in der Malerei sind viel mehr als bloße Illustration der biblischen Aussagen. Sie sind eigenständige Auslegungen des Geschriebenen im Medium des Bildes. Ihm kann sich der Betrachter mit

112

Christliche Malerei

Die christliche Malerei hat ihre Wurzeln in der byzantinischen Kunst, der Tradition der Ikonen. Das sind Andachtsbilder der Ostkirche. Dort waren und sind die Bildinhalte genau und unveränderlich festgelegt. In Westeuropa aber löste sich die Kreativität der Maler immer mehr von diesen Vorgaben. Die Gesichter wurden individueller, vor allem mit der Wendung zur Renaissance. Der Goldgrund wurde zugunsten der umgebenden Landschaft bzw. Raumausstattung aufgegeben. Die Zentralperspektive hielt Einzug und mit ihr die eigenständige Bildkomposition, die sorgfältig durchdachte Zuordnung der Personen und Dinge im Bildraum. Das ursprüngliche Andachtsbild wird so immer mehr zum individuellen Kunstwerk. Und die künstlerische Aussage im Bild zeugt von der eigenen Auseinandersetzung des Malers mit der biblisch-christlichen Thematik.

eigenen Beobachtungen, Vermutungen und Deutungsversuchen annähern. Als bloße Abbildungen überlieferter Ereignisse wären Bilder zum Verständnis des christlichen Glaubens kaum hilfreich. Sie würden eher verdecken, dass es weniger um das Für-wahr-Halten überlieferter Fakten geht, sondern vielmehr um das Wahrnehmen ihrer Bedeutungen für die Glaubenden und um das Fortschreiben solcher Bedeutungen bis in die eigene Gegenwart hinein (→ S. 52 ff. und S. 69). Die angemessene Frage lautet deshalb: Welche möglichen Botschaften des Künstlers lassen sich wohl in seinem Bild aufspüren? Das Medium Bild legt solche Bedeutungen nicht fest, bringt sie nicht auf den Begriff, sondern es lässt sie offen für das eigene Sehen und Verstehen des Betrachters, für dessen eigene Deutungsversuche des Bildes und weiter der biblischen Überlieferung selbst.

Kinder lassen sich dazu anregen, das „Gespräch mit dem Künstler" zu führen. Sie schlüpfen in die Rollen sowohl des Künstlers als auch des Betrachters seines Werkes, stellen Fragen zum Kunstwerk, die sie auch selbst zu beantworten versuchen. Mit ihrer Fantasie und Kreativität suchen sie Spuren, die zu dem hinführen, was der Künstler wohl sagen wollte. Es macht nichts, dass diese Antworten im Bereich der Vermutungen bleiben. Das lässt Vielfalt der deutenden Gedanken und Einfälle zu

Jesus mit Segensgeste: Mosaik-Ikone aus der Hagia Sofia, Istanbul

Der Engel Gabriel
verkündet Maria
die Geburt Jesu

FÜR DIE PRAXIS

Kunstwerke gemeinsam betrachten und selbst gestalten

Es beginnt bei der Auswahl der Kinderbibel: Gibt die Illustration Anregungen zum Betrachten und Gesprächen dazu? Geben ungewohnte, überraschende, fremdartige, nachdenkliche Sichtweisen auf die biblischen Geschichten Anlass zum Nachfragen? In der religiösen Erziehung in Schule und Kirche hat dann der Umgang mit Bildern der christlichen Kunst seinen festen Platz. Schrittweise machen sich die Kinder mit der christlichen Ikonografie vertraut, also mit der Bedeutung der verwendeten Farben, Zeichen und Symbole. Anregend ist es, wenn etwa Postkarten der ausführlich erarbeiteten Bilder in der Wohnung ihren Platz finden und zum Austausch der Eindrücke und Kenntnisse einladen.

Für eigene Zugänge zu Bildern bieten sich bei Kindern, Jugendlichen wie auch Erwachsenen verschiedene Schritte an:

→ Was ist auf dem Bild alles zu sehen?
→ Welche Bildkomposition wird erkennbar?
→ Welche Atmosphäre und Gefühle vermitteln die Farben?
→ Wie bringt der Maler mit den Gesichtern und Gesten die Personen zum Sprechen?
→ Was greift der Maler aus der biblischen Überlieferung auf?
→ Wo sind dessen eigene Ideen und Akzentsetzungen erkennbar?
→ Was ist weggelassen, was dazugekommen?

und führt zur eigenen Auseinandersetzung mit dem Kunstwerk. Indem die Kinder dabei auch die speziellen künstlerischen Arbeitstechniken kennen lernen, wächst die Lust, das Malen und Gestalten auch selbst zu versuchen – nicht als bloßes Kopieren, sondern als Übernahme ganz bestimmter künstlerischer Ideen, verbunden mit eigenen Einfällen, die sich von der Vorlage unterscheiden. So entsteht Neues, zu dem die Auseinandersetzung mit dem Kunstwerk die Impulse gegeben hat. Kinder nutzen damit auch selbst das Medium des Malens, um auf ihre Weise auszudrücken, was ihnen an der biblischen Überlieferung wichtig ist. Die Beschäftigung mit dem Bild und dessen Interpretation bringt sie auf die Spur, eben nicht nur Realität abzumalen, sondern eigene „Deutungswirklichkeit" hervorzubringen.

Musik

Zu den Kirchen gehört die Orgel, die „Königin der Instrumente". Einige ihrer Orgelpfeifen sind mehrere Meter lang, andere nur wenige Zentimeter. Sie sind im Orgelgehäuse untergebracht, das auf die Raumarchitektur abgestimmt ist und sich zum Kirchenraum hin als „Orgelprospekt" mit den längsten Pfeifen präsentiert. Die einzelnen Register ahmen verschiedene Instrumente nach – auch viele, die es heute gar nicht mehr gibt, z.B. Rohrflöte, Schalmei oder Dulcian.

Kirchenmusik ist in erster Linie wortgebundene Musik. In der Reformationszeit entstanden die ersten Liederbücher für den Gesang der Gemeinde – sie blieben bis in die Gegenwart das Kennzeichen der evangelischen Gottesdienste. Vom Glauben sollte nicht nur gesprochen oder von geübten Sängern vorgetragen, sondern von allen aus vollem Herzen gesungen werden. Zu den Morgen- und Abendgebeten, zu den Festen des Kirchenjahrs, zu den einzelnen Elementen des Gottesdienstes entstanden Liedtexte mit eingängigen Melodien. Das Singen mitsamt den Emotionen, die dazu gehören, wurde so zur unverzichtbaren Sprache des Glaubens. Im Singen vergewisserten sich die Menschen ihrer Beziehung zu Gott – gerade in Notzeiten. So entstanden in der Zeit des Dreißigjährigen Krieges die wohl eindrücklichsten Kirchenlieder, z.B. die des wohl bekanntesten Liederdichters Paul Gerhardt (1607–1676). Er formte unter anderem einen biblischen Psalm *Befiehl dem Herrn deine Wege und hoffe auf ihn, er wird's wohl machen* (Ps 37, 5) zu einem Lied. Im Sommer wird regelmäßig Gerhardts Lied „Geh aus mein Herz und suche Freud" gesungen. Singen gehört deshalb auch zur religiösen Erziehung. Gerade in den letzten Jahrzehnten entstand eine Fülle neuer Lieder mit einfachen Texten und Melodien, die auch für die Kinder gut zu singen und zu verstehen sind. Sing- und Spiellieder nehmen auch biblische Geschichten auf.

So ansprechend diese neuen Lieder für Kinder sind, so einfach in ihren Melodien und gut verständlich in ihren Texten, so sollten doch auch die überlieferten Lieder aus früheren Zeiten nicht ausgeklammert werden, denn sie repräsentierten die Tradition des Singens durch die Jahrhunderte hindurch – sei es mit dem „Vom Himmel hoch" Martin Luthers, das er in Veränderung eines damals bekannten Volkslieds als Kinderlied dichtete und komponierte. Beides hat sein Recht: Die alten Lieder und Texte werden einem erst nach und nach zugänglich, verbunden mit dem Kennenlernen der Biografie der Dichter. Sie haben mit ihrer Sprachkraft die Jahrhunderte überdauert. Die neuen Lieder sind gut zugänglich, gehen leicht ins Ohr und können angenehme Begleiter durch die Kinderzeit sein.

Für Kinderchöre wurden inzwischen auch mancherlei Kindermusicals geschrieben und komponiert, die dem Leben und Glauben bedeutender Gestalten nachgehen. Lieder laden auch ein zur musikalischen Begleitung – mit selbstgebauten Instrumenten oder dem Orff-Instrumentarium, das zu jeder Kindertagesstätte und zu jeder Schule gehört. Klangfarben der Instrumente können die emotionale Struktur der Texte unterstreichen: Freude und Trauer, Geborgenheit und Herausforderung, Verunsicherung und Vergewisserung.

Ausdruck des christlichen Glaubens in Körperdarstellung und Tanz ist ein Randphänomen geblieben. Aufführungen biblischer Inhalte in

Geschichte der Kirchenmusik

In der frühen Kirche war nur der Gesang erlaubt, in dem die Psalmgebete und andere Gebete oder auch Lesungen aus der Bibel erklangen. Die musikalische Gestalt unterstützte dabei lediglich die Aussagekraft der Worte. Erst später kam die Orgel hinzu, ein Instrument, das man vom kaiserlichen Hof in Konstantinopel her kannte. Ähnlich wie in der Malerei ein Wandel von der Ikone zum Kunstwerk stattfand, drängte auch in der Musik die künstlerische Kreativität zur Ausgestaltung des Singens. Mit der Renaissance kam auch in der Kirchenmusik die Emotionalität der menschlichen Stimme zum Tragen: Das Halleluja zur Ehre Gottes inspirierte zum Ausschwingen in weiten Melodiebewegungen. Später entwickelten sich mehrstimmige Kompositionen, unterstützt durch die reichen Klangfarben begleitender Instrumente. Die Architektur der Kirchen lud ein zum mehrchörigen Musizieren auf den verschiedenen Emporen.

Künstlerisch-musikalische Gestaltung entfaltete sich im evangelischen Bereich in der Vertonung biblischer Texte wie Psalmen und Jesusworte. In ihnen wurden mit musikalischen Mitteln die Textaussagen unterstützt und akzentuiert. Musik malt die Textinhalte aus und weiter, unterstützt durch die emotionale Klangsprache der Instrumente. Mehrteilige Formen wie die Kantate verbanden Chorsätze und Choräle mit der einfachen Rezitation von Bibeltexten und religiöser Poesie und deren Auslegung in begleitenden Arien. In erweiterter Form begegnen sie als Oratorien und Passionen, die größere biblische Themenkreise entfalten, vom Weihnachtsoratorium Johann Sebastian Bachs und dem Messias Georg Friedrich Händels weiter zu Bachs Matthäus- und Johannespassion, zu Joseph Haydns Schöpfung und den Oratorien Elias und Paulus von Felix Mendelssohn-Bartholdy. Auch die große Musik lädt ein, der künstlerischen Auslegung biblischer Texte nachzugehen, in den Farben und Formen der Chor- und Orchestermusik. Aufsehen erregte die 1968 von Andrew Lloyd Webber komponierte Rockoper Jesus Christ, Superstar. In unserer gegenwärtigen Gesellschaft, in der so viele Botschaften visuell vermittelt werden und musikalische Botschaften eher im Hintergrund wirken, lohnt es sich, gerade den musikalischen Aussagen Aufmerksamkeit zu schenken und die Sprache des christlichen Glaubens in der Musik zu entdecken.

In der katholischen Tradition entfaltete sich musikalische Schöpferkraft besonders in den Messkompositionen, in denen die regelmäßig wiederkehrenden Inhalte der gottesdienstlichen Liturgie (→ S. 109) musikalisch reich gestaltet wurden. Vor allem Haydn und Mozart schufen viele bedeutende Messen, die bis heute in sonntäglichen Gottesdiensten erklingen. Sie bringen die Bewegungen von der Bitte zu Lob und Dank zum Ausdruck, zeichnen das Bekenntnis zum dreieinigen Gott nach und geben der Eucharistiefeier festlichen Charakter.

Jesus und seine Jünger nach dem letzten Abendmahl: aus der Rockoper „Jesus Christ Superstar"

Theaterspielen im Mittelalter wurden wegen befürchteter Exzesse immer wieder unterbunden und konnten sich eigentlich nur in den Passionsspielen entfalten. Die Freude der Kinder am Ausdruck in Gesten und Bewegungen, überhaupt im Spiel, kann da durchaus neue Akzente setzen. Gerade das Nachspielen biblischer Texte setzt eigene Zugänge zu ihnen frei, für die Spielenden selbst, aber auch für die Zuschauer.

Musizieren

Mit Kindern singen

Aus den Veranstaltungen der religiösen Erziehung und Bildung in Kirche und Schule nehmen die Kinder viele alte und neue Lieder mit. Manche werden regelrecht zu „Ohrwürmern". Vielleicht kann das anregen, sie sich im Elternhaus von den eigenen Kindern beibringen zu lassen, ins Singen mit einzustimmen, sich von den Kindern erzählen zu lassen, in welchem inhaltlichen Zusammenhang dieses Lied so bedeutsam geworden ist.

Über Liedtexte ins Gespräch kommen

Dazu eigenen sich Bilder und Symbole („Gottes Hand hält mich fest wie den Vogel im Nest"), eigene Wünsche, die sich mit denen im Lied verbinden („Viel Glück und viel Segen auf all deinen Wegen"), Elemente aus biblischen Geschichten, die im Liedtext aufgegriffen werden („Kommet ihr Hirten"; „Jesus zieht in Jerusalem ein").

Vom Liederdichter erzählen

Christoph von Schmid hat jedes Jahr die Weihnachtskrippe neu und anders gestaltet und dazu das Lied „Ihr Kinderlein kommet" gedichtet. Georg Weissel hat in seiner Heimatstadt Königsberg den Einzug des polnischen Königs beobachtet, im Vergleich dazu an den Einzug Jesu in Jerusalem gedacht und dann das Adventslied „Macht hoch die Tür" gedichtet. Matthias Claudius hat in seinem Garten ein Gerüst aufgebaut, von dem aus er das ganze Umland überschauen konnte. Gerne hielt er sich dort am Abend zum Einbruch der Nacht auf. Was er da gesehen hat, erzählt sein Lied: „Der Mond ist aufgegangen".

Tönen nachhorchen

Alle Kinder liegen entspannt mit geschlossenen Augen am Boden. Wir wählen ein bestimmtes Instrument bzw. einen bestimmten Ton, gehen nahe zu einem Kind hin und spielen ihm seinen Ton behutsam ins Ohr. Leise erhebt sich das Kind, geht an seinen Platz und verfolgt schweigend mit, wie auch die anderen Kinder „geweckt" werden. Instrumente und Tonhöhen lassen sich so variieren, dass kein Ton wiederholt werden muss. Nachdem alle Kinder im Kreis sitzen, sprechen wir über die Empfindungen beim Geweckt-Werden. Ob die Kinder ihre „Wecktöne" noch kennen? Vielleicht können sie sogar zum Schluss ihre Wecktöne nachsummen und so zu einem Gesamtklang zusammenfügen.

Geschichten vertonen

Zuerst erschließen wir uns die Reichhaltigkeit der Töne und Klänge, die im Orff-Instrumentarium steckt: hohe und tiefe Töne, lange und kurze, spitze und stumpfe, leise und laute Töne, wohlklingende und herbe Klänge, Töne aus hölzernen, metallenen oder mit Fell bespannten Instrumenten. Dann versuchen wir gemeinsam die Wahrnehmungen, Gefühle und Aktivitäten der Hauptperson der Geschichte mit diesen differenzierten Tönen und auch Geräuschen auszudrücken. Die Erzählung wird so zur Klanggeschichte.

Ausdrucksformen des Glaubens und religiöse Bildungsziele

Vertrauen und Anerkennung

Rituale vermitteln Geborgenheit. Verbunden mit Segen bringen sie zum Ausdruck, dass der je einzelne Mensch seinen Lebensweg im Zeichen des Gelingens zu gehen vermag. Rituale und Symbole des Segens sind so gesehen wie ein positives Vorzeichen, unter dem sich dann Eigenständigkeit in eigenen Vorhaben, Entscheidungen und Aktivitäten entfalten kann. Religion bietet Beheimatung an – sei es im Kirchenraum, der einem samt all seinen Figuren und Bildern der religiösen Kunst vertraut wird, in Liedern und Musik, die einen begleiten, in gottesdienstlichen Vollzügen, in denen Zusammengehörigkeit mit vielen anderen spürbar wird. Zu solcher religiösen Heimat gehört aber auch die Selbstständigkeit, in der eigene Entscheidungen getroffen werden: über das, was einem mehr oder weniger zusagt, an das man sich mehr oder weniger binden möchte. Zu der Nähe, die religiöse Vollzüge stiften, gehört so auch die kritische Distanz, die einen prüfen lässt, ob dies wirklich auch das Eigene ist. Denn das Ziel religiöser Erziehung und Bildung ist die eigene Entscheidung, durch die religiöse Orientierung in eigenen Überzeugungen, Einstellungen und Werthaltungen realisiert wird.

Miteinander leben

Christliche Symbolik thematisiert auch die Schwierigkeiten beim Zusammenleben. Sie bindet die Erfahrungen mit eigenen Grenzen in die weitere Perspektive ein, dass dennoch gutes Miteinander möglich ist und sein wird. Zu den Ritualen gehören auch die des Verzeihens und der Versöhnung. In den Gottesdiensten, in den Sakramenten Taufe und Abendmahl bzw. Eucharistie geht es immer auch um Entlastung von eigenen Fehlern und Versäumnissen samt deren Folgen. Das Kreuz als christliches Grundsymbol akzentuiert Scheitern und Tod Jesu, die von dessen Auferweckung zu neuem Leben umfangen sind. Das kehrt auch wieder in den zahlreichen Hinweisen auf Gestalten des Glaubens, in den Figuren, in Bildern und Musik, die von ihnen erzählen. Ihre Biografien zeigen viel von den Grenzen dieser Personen und von ihrem Versagen, und wie sie dennoch – oft legendenumwoben – zu Vorbildern des Glaubens und Hoffens geworden sind.

Die Welt entdecken

Christliche Traditionen haben durch die Jahrhunderte hindurch ihre Spuren hinterlassen – ein reiches Feld für ganz persönliche Erkundungswege in der Welt des Religiösen. Gerade die Vielfalt motiviert zum eigenen Entdecken: von der reichen Bilderwelt zu der von Tönen und Klängen, vom Beobachten zum Nachfragen, vom Wahrnehmen des Gegenwärtigen zum Erkunden seiner geschichtlichen Wurzeln und den Veränderungen, die im Lauf der Zeit stattgefunden haben. Die Symbolik der religiösen Gegenstände und Vollzüge weist immer auch auf das Unsagbare, Undefinierbare, Geheimnisvolle des Glaubens: vom Staunen weckenden Kirchenraum über die Bilder und die Musik, deren Deutungen sich einem „Richtig" oder „Falsch" entziehen, bis zu den Ritualen. Sie bewahren trotz des Wissens um sie auch immer noch viele Kindheitserlebnisse mit ihren Spuren des Geheimnisvollen auf. Staunen wecken Besuche bei Menschen, die andere Religionen praktizieren und öffnen ein schier grenzenloses Feld eigener Erkundungsmöglichkeiten.

Fantasie und Hoffnung

Die Reichhaltigkeit der Welt des Glaubens und der Religionen lädt zum schöpferischen Gestalten ein. Kunstwerke regen zu eigenen Versuchen an, das in biblischen Geschichten besonders bedeutungsvoll Erschienene auf eigene Weise in Farben, Formen, Tönen und Bewegungen zu verdeutlichen. In den nichtsprachlichen Ausdrucksformen lässt sich so viel von den eigenen Beziehungen zum Glauben zum Vorschein bringen: was einen berührt und erschreckt hat, was Zuversicht stärkt und Hoffnung weckt. Körpersprachliche Ausdrucksmittel kommen dazu, Gesten, Pantomime, Körperskulpturen, Rollenspiele. Rituale im Elternhaus wie im Religionsunterricht und Angebote der Gemeinde lassen sich durch eigene Einfälle der Kinder bereichern und gewinnen so erst ihre Lebendigkeit. So geschieht im eigenen Gestalten durch persönliche Auseinandersetzung mit den religiösen Inhalten intensive Begegnung mit ihnen, aktives Einbeziehen ins eigene Leben in Nähe und Distanz, Übernehmen und Verändern.

Feste im Jahreskreis und ihre Botschaften

- ▸ Worum es in diesem Kapitel geht
- ▸ Weihnachten und Weihnachtszeit
- ▸ Passion und Ostern
- ▸ Pfingsten
- ▸ Erntedank und Gedenktage
- ▸ Feste und religiöse Bildungsziele

Schoko-Weihnachtsmänner
sind bei Kindern sehr beliebt
– dabei ist diese Gestalt
eine Erfindung der Neuzeit
und kommt in der Bibel gar
nicht vor.

Worum es in diesem Kapitel geht

Christliche Überlieferungen sind in den Festen des Jahreskreises in besonderer Weise aufbewahrt. Religiöse Festpraxis in den Familien ist eng mit Ritualen und Bräuchen verbunden, die Eltern seit jeher an ihre Kinder weitergeben. Manche Bräuche sind in Vergessenheit geraten, oft sind die ursprünglichen Festgeschichten kaum mehr bekannt. Gleichzeitig ist das Interesse groß, die Feste im Jahreskreis besser zu verstehen und sie durch das Wissen um ihre Aussagen und Bedeutungen intensiver mit den Kindern erleben zu können. In diesem Kapitel geht es um folgende Fragen:

→ Worin haben die christlichen Feste ihren Ursprung?
→ Was bedeuten ihre Inhalte für den persönlichen Glauben?
→ Was tragen die Bräuche dazu bei?
→ Welche Feste werden in anderen Religionen gefeiert?

Christliche Feste und Glaubensinhalte

Feste und ihre Inhalte des christlichen Glaubens bringen zur Sprache, was Menschen bewegt. Eine erste Übersicht über den christlichen Festkalender kann dies verdeutlichen:

- Die **Adventszeit** ist eine Zeit des Wartens auf das große Fest. Es gilt, die Spannung auszuhalten und darauf zu verzichten, dass die Wünsche schon jetzt erfüllt werden. Aber der Vorbote St. Nikolaus kündigt mit seinen Gaben schon etwas von dem an, was dann an Weihnachten in seiner ganzen Fülle erscheinen wird.
- **Weihnachten** ist das Fest des Friedens und Segens. Mit dem Licht in der Dunkelheit ver-

körpert es die Sehnsucht nach dem heilen Leben.
- **Karneval** stellt die Welt auf den Kopf, die Rollen werden vertauscht, die geordnete Welt wird kurzzeitig außer Kraft gesetzt, das Unmögliche ausprobiert. Es ist kein spezifisch christliches Fest. Aber es verkörpert die Gegenseite zu dem, worum es dann nach dem Aschermittwoch in der Passions- und Fastenzeit geht.
- In der **Passions-** und **Fastenzeit** und besonders in der Karwoche gilt es, sich den dunklen Seiten des Lebens, der Realität des Todes in unserer Welt zu stellen.
- Mit **Ostern** und seiner Hoffnungsbotschaft vom neuen Leben wird eine weiterführende Antwort auf die Frage gegeben, welche Zukunft unser Leben und unsere Welt hat.
- **Pfingsten** thematisiert die Gemeinschaft und was ihre Identität und Dynamik ausmacht. Es geht um das Überwinden von Grenzen zu anderen und zum Fremden, bis hin zur Idee weltumspannender Zusammengehörigkeit.
- Das **Erntedankfest** macht bewusst, wie sehr wir Menschen von der Natur leben, und was es heißt, unsere Verantwortung für sie wahrzunehmen.
- **Gedenktage** (Heiligengedenktage, Reformationsfest, Kirchweihfest) thematisieren die Verbundenheit mit den Menschen, die den Glauben in besonders beachtenswerter Weise gelebt haben.
- Unter den **neuen Festen** hat das **Halloween-Fest** besondere Bedeutung erlangt. In ihm ging es ursprünglich um einen Umgang mit den Toten, der die andere Seite der Erinnerung thematisiert: Sie sollen die Grenze zwischen

Tod und Leben nicht überschreiten, nicht ins Leben eindringen und dort Unruhe und Verwirrung stiften. Mit furchterregenden Masken wurden sie abgewehrt. In diesem „Fest" geht es also um das Gruselige, Unheimliche, um dessen Vergegenwärtigung und um dessen Abwehr.

- **Totensonntag** und **Allerheiligen** sind die Tage, an denen man der Verstorbenen gedenkt, um sie in der Erinnerung der Lebenden weiterleben zu lassen.

Der christliche Festkreis

Die frühen Christen kannten nur ein zentrales Fest ihres Glaubens. Es wurde wöchentlich gefeiert: die Auferstehung Jesu Christi am Tag nach dem Sabbat, dem jüdischen Feiertag. Der Sonntag war das wöchentliche Auferstehungsfest, das in den christlichen Gemeinden den Sabbat verdrängte. Erst im Laufe der ersten Jahrhunderte bildete sich ein christlicher Jahresfestkreis heraus, in den jüdische und römische Elemente aufgenommen und mit neuen Bedeutungen versehen wurden.

So richtet sich der Termin für das christliche Ostern nach dem jüdischen Passah, unmittelbar vor dem damals Jesus verurteilt und getötet wurde. Da sich der jüdische Festkreis am Mondzyklus orientiert, wechselt der Termin jedes Jahr: Der Sonntag nach dem ersten Frühlingsvollmond ist das Datum des christlichen Osterfests. Sieben Wochen später folgt das Pfingstfest, welches das jüdische Wochenfest ersetzt. An Pfingsten feiert man den Beginn der Ausbreitung des Christentums in alle Welt.

Nach dem römischen Festzyklus und dem vom Sonnenzyklus bestimmten Kalenderjahr richtet sich das Weihnachtsfest. Es findet zur Zeit der Wintersonnenwende statt, ursprünglich das Fest des „sol invictus" des unbesiegbaren Lichts. Am Kalenderjahr orientieren sich auch die Gedenktage der Heiligen und das Erntedankfest.

Die christlichen Feste

- Vier Adventssonntage
- 6. Dezember: Gedenktag des Hl. Nikolaus
- 25. Dezember: Christfest
- 6. Januar: Epiphanias (Hl. Drei Könige) = Weihnachtsfest in manchen Ostkirchen
- 2. Februar: Maria Lichtmess = Ende der Weihnachtszeit
- Sieben Wochen vor Ostern: Passions- und Fastenzeit
- Woche vor Ostern: Palmsonntag, Gründonnerstag, Karfreitag, Karsamstag
- Vierzig Tage nach Ostern: Christi Himmelfahrt = Ende der Osterzeit
- Sieben Wochen nach Ostern: Pfingstfest
- Sonntag nach Pfingsten: Dreieinigkeitsfest (Trinitatis)
- 24. Juni: Gedenktag Johannes des Täufers (Sommersonnenwende)
- 29. September: Tag des Erzengels Michael und aller Engel
- Erster Sonntag im Oktober: Erntedankfest
- Regional verschieden: Kirchweihfest
- 31. Oktober: Gedenktag der Reformation (evangelisch)
- 1. November: Allerheiligen = Gedenken der Verstorbenen (katholisch).
- 11. November: Gedenktag des Hl. Martin
- Sonntag vor dem 1. Advent: Ewigkeitssonntag = Gedenktag der Verstorbenen (evangelisch)

Die Festkreise anderer Religionen

Judentum

- **Passah** (*Pessach*): Es erinnert an den Auszug aus Ägypten und wurde zum wichtigsten Fest. Passah ist auch das Hauptfest der jüdischen Familie, die feierlich das Passahmahl begeht, bei dem die Speisen an diesen Auszug erinnern (ungesäuertes Brot; Bitterkräuter etc.).
- **Wochenfest** (*Schawuot*): Sieben Wochen später wird dieses Fest zur Erinnerung an die Offenbarung Gottes am Sinai (**2. Mose 19–20**) gefeiert.
- Laubhüttenfest (Sukkot): Es liegt im Herbst und hält die Erinnerung an die Wüstenwanderung wach. Darum halten sich fromme Familien mehrere Tage in selbst errichteten Hütten auf.
- **Neujahr** (*Rosch ha-Schana*): Im Herbst beginnt auch das neue Jahr. Die Töne des Widderhorns, die an ihm geblasen werden, erinnern an den Widder, den Abraham an Stelle seines Sohnes Isaak geopfert hat (**1. Mose 22**).

Beim Entzünden der Chanukka-Kerzen

- **Versöhnungstag** (Jom Kippur): Er wird mit großem Ernst als Fasttag begangen. In biblischer Zeit war dies der einzige Tag im Jahr, an dem der Hohepriester das Allerheiligste im Tempel betrat. Die Sünden des Volkes wurden symbolisch einem Bock aufgeladen, der als „Sündenbock" in die Wüste geschickt wurde (**3. Mose 16, 21–22**).
- **Chanukka** (*Tempelweihe, Lichterfest*): Dieses Fest im November/Dezember erinnert an die neue Weihe des Tempels 164 v. Chr. Dazu werden mithilfe der neunten Kerze, des sogenannten Dienstlichtes, die Kerzen des achtarmigen Chanukkaleuchters entzündet. Im christlichen Umfeld hat es manche Züge des Weihnachtsfestes mit Festgrüßen und Geschenken angenommen.
- **Purim**: Dieses fröhliche Fest im Februar / März erinnert an die Rettung vor einer Judenverfolgung durch die Königin Esther. Genaueres ist in der Bibel im Buch Esther nachzulesen. Als Fest der Kinder hat es karnevalistische Züge.

Islam

Das islamische Festjahr ist ein reines Mondjahr, d.h. es zählt 12 Monate von 29 oder 30 Tagen. Weil das Mondjahr kürzer ist als unser Sonnenjahr, sind die islamischen Festtage immer um 11 Tage früher als im vorangegangenen Jahr.

- **Opferfest** (türkisch: *kurban bayram*): Es ist das höchste Fest des Islam. Im Mittelpunkt steht die Geschichte, in der sich Abraham anschickt, seinen Sohn Ismael (in der Bibel: Isaak) Gott zu opfern. In Erinnerung daran werden Opfertiere rituell geschlachtet, in festlicher Gemeinschaft gegessen und mit Nachbarn und Armen geteilt.

- **Ramadan**: So wird der Fastenmonat bezeichnet, in dem der Überlieferung nach Mohammed die ersten Offenbarungen zuteil wurden. Von der Morgendämmerung bis zum Sonnenuntergang verzichten gläubige Muslime auf Essen, Trinken, Rauchen und Geschlechtsverkehr. Nach Sonnenuntergang treffen sich Familien und Nachbarn, um miteinander zu essen. Kinder sind noch nicht zum Fasten verpflichtet. Oft sind sie stolz darauf, es den Großen schon gleichzutun.
- **Nacht der Bestimmung**: in der 27. Nacht des Fastenmonats wird der ersten Offenbarung an Mohammed gedacht.
- **Fest des Fastenbrechens** (türkisch: *seker bayram*): das Ende des Fastens wird in einem fröhlichen dreitägigen Fest gefeiert. Wegen der Süßigkeiten und Geschenke, die verteilt werden, heißt es auch Zuckerfest, und es hat in diesem Sinne gewisse Ähnlichkeiten mit dem christlichen Weihnachtsfest.
- **Neujahr**: Das islamische Jahr beginnt mit dem Gedächtnis der Auswanderung aus Mekka im Jahr 622.
- **Aschura**: Am 10. Tag des Jahres gedenkt man u. a. des Endes der Sintflut. Der Überlieferung nach hat Noah an diesem Tag die Arche verlassen (→ S. 36) Schiitische Muslime gedenken an diesem Tag besonders des Todes Husains, Sohnes des Ali und Enkels Mohammeds.
- **Mevlid Kandili**: Es ist der Geburtstag des Propheten. An ihm werden Koranverse und Gedichte über das Leben Mohammeds rezitiert.

Hinduismus
- **Diwali**: Nach der Regenzeit im Herbst werden Häuser und Wohnungen wieder herausgeputzt, neue Kleider angezogen und auf allen möglichen Simsen und Fensterbrettern einfache Öllämpchen aufgestellt – die Göttin des Glücks und des Reichtums wird in die Häuser eingeladen. Lichterketten in Großstädten erinnern an westliche Weihnachtsdekoration, und auch das Verschicken von Grußkarten scheint Brauch zu werden. Dazu kommen auch Knallkörper und Feuerwerk. Man besucht einander und isst von den angebotenen Süßigkeiten.
- **Holi**: Dieses Frühlingsfest am Anfang der heißen Jahreszeit (Februar – März) erinnert an Karneval. Die Gläubigen beschmieren einander mit Farbe, Ballons mit gefärbtem Wasser werden durch Auto- und Busfenster geworfen. Anlass zu Freude und Ausgelassenheit ist das Einbringen der Winterernte und mythologischer Hintergrund ist der Sieg der guten über die bösen Götter. Krishnas Tanz und Spiel mit Hirtenmädchen gibt dem Fest auch einen erotischen Beiklang.
- **Pongal**: Es ist das einzige Fest, das durch den Lauf der Sonne und nicht durch das Mondjahr bestimmt ist. Als Fest der Wintersonnenwende wird es am 14. Januar gefeiert. Markantester Brauch ist ein Kampfspiel mit kleinen Papierdrachen. Man isst und verteilt Milchreis, den man bewusst überkochen lässt – Zeichen von Überfluss und Fruchtbarkeit.

Weihnachten und Weihnachtszeit

Weihnachten wurde erst im 4. Jahrhundert in den kirchlichen Festkalender aufgenommen – ursprünglich war Ostern das wichtigste Fest der Christenheit. Früher stand die Auferweckung Jesu Christi vom Tod im Mittelpunkt des christlichen Festkalenders. Der Auftrag des Auferstandenen an seine Jünger, seine Botschaft weiterzutragen, setzte die frühchristliche Missionsbewegung in Gang. Von diesem Auftrag her geschah auch das Nachdenken über Jesu Leben und Wirken von seinem Anfang an. Von der Kreuzigung und Auferstehung, vom irdischen Scheitern und seinem Sieg über den Tod blickten die Evangelisten zurück an den Anfang, feierten und feiern Christen die Geburt des Jesus von Nazareth als Gottessohn.

Inzwischen hat das Weihnachtsfest Ostern eindeutig den Rang abgelaufen. Christkindlmärkte, Christbäume und weihnachtliche Musik ziehen die Menschen an. Am Heiligen Abend sind die Gottesdienste überfüllt. Die Wohnungen werden weihnachtlich geschmückt. Die herausragende Bedeutung im Festkalender hat Weihnachten vor allem als Familienfest gewonnen. Dass für viele nicht mehr der kirchliche Charakter des Fests im Vordergrund steht, sehen manche als einen Verlust an und sprechen zuweilen etwas abschätzig vom „Weihnachtschristentum". Angemessener aber ist es, diese Weihnachtsfrömmigkeit zu achten und darauf hinzuwirken, dass die christliche Botschaft dieses Fests auch im weihnachtlichen Brauchtum zum Vorschein kommt.

An Weihnachten geht es um Gottes begleitende Nähe und seinen Segen. Mitten im Alltäglichen, in einem unwirtlichen Stall, kommt mit jenem Kind Jesus Gott selbst zu den Menschen. Durch Jesus erscheint göttliches Licht in der Dunkelheit der Welt. Ein Fest unterbricht am Ende des Jahres den Alltag mit seiner großen Botschaft: Gott ist da und mitten im Leben. Im Weihnachtsgottesdienst und Weihnachtssegen mit seiner besonderen Atmosphäre und besonderem Glanz verdichtet sich jedes Jahr aufs Neue, dass Gott wirklich bei den Menschen ist, so wie er bei dem Kind von Bethlehem und dessen Familie war. Das wird bestätigend und bekräftigend gefeiert: mit den vertrauten Liedern, Lichtern und Geschenken. Weihnachten ist das christliche Familienfest: der Weihnachtssegen wird aus der Kirche in die Wohnung mitgenommen.

Christlicher Glaube wird für die meisten Zeitgenossen überzeugend durch seine Botschaft, dass Gottes Segen die Menschen auf ihrem Lebensweg begleitet. Deswegen finden kirchliche Rituale an den biographischen Wendestellen des Lebens wie Geburt und Taufe, Konfirmation und Trauung besondere Zustimmung (→ S. 100). Den lebenszyklischen Segensfesten entspricht Weihnachten als jahreszyklische Botschaft von Gottes begleitender Nähe für jeden einzelnen und jede Familie. „Friede auf Erden" – das ist der Friedenswunsch und Zuspruch für jedes Familienmitglied.

Warum man Weihnachten feiert

Für viele artet die Vorbereitung dieses Fests regelmäßig in Hektik aus. Ein Grund dafür mag darin liegen, dass Weihnachten mit zu vielen Erwartungen befrachtet ist. Weil die eigentliche religiöse Bedeutung des Fests oft in den Hintergrund rückt, lastet alles auf den Aktivitäten, durch die ein gelungenes, harmonisches,

gefühlvolles Fest zustande kommen soll. Alles soll stimmen, die Atmosphäre, die innere Stimmung, die Festfreude. Es soll so gut gelingen wie im vergangenen Jahr oder vielleicht noch besser oder überhaupt endlich einmal – allem sich regenden Unbehagen zum Trotz. Aber Festgestaltung mitsamt ihren Bräuchen und das Wissen um ihren Sinn gehören zusammen. Die Konsequenz daraus ist, sich wieder mehr die Bedeutungen des weihnachtlichen Geschehens und seiner Symbolik bewusst zu machen, damit äußere Fülle und Perfektion etwas zurücktreten können. Nicht mehr die alles Bisherige überbietende, neue Festidee muss es sein, sondern das schlichte Wiederkehrende kann seinen eigenen und ganz besonderen Wert gewinnen. Es ist dann wie bei Geburtstagsfeiern: Dort tragen die verlässlich wiederkehrenden Rituale von Geburtstagslied, Geburtstagsgeschenken usw. die Botschaft „Du bist uns wichtig! Wir freuen uns über dich! Dein Leben soll gelingen!" Entsprechend kann sich mit den weihnachtlichen Ritualen und Symbolen die Botschaft verbinden: Gott ist uns Menschen nahe mit seinem Schutz und Segen. Dafür stehen auch das Licht in der Dunkelheit, das den Alltag unterbrechende Fest. Das wird sichtbar in den Liedern, die nur in dieser Zeit gesungen werden, in der Musik, die nur im Advent gehört wird, und in den Figuren, die nur zu diesem Fest aufgestellt werden.

Adventszeit

Dem Weihnachtsfest selbst geht die vierwöchige Adventszeit voraus, als Zeit der Vorbereitung. Die an Weihnachten zu feiernde Botschaft „Gott ist da" wird vorbereitet durch das „Gott kommt", als Thema der Adventszeit. Auf das Fest hin zu leben heißt damit zugleich, seine Botschaft schon in kleinen annähernden

St. Nikolaus erkennt man an der Bischofsmütze und den drei Kugeln

Schritten wahrzunehmen. Die kleinen Lichter bereiten das große Licht vor: die „kleinen" Boten wie St. Nikolaus die große Botschaft von Jesu Geburt; die kleinen Geschenke zum Nikolaustag die großen unterm Christbaum; wenige Figuren die vollständige Krippenlandschaft; kleine Symbole an den geschmückten Zweigen den ganzen Christbaum. Eine eher sparsame Symbolik ist da angesagt, aber mit vernehmbarer Botschaft: Das Fest ist nahe. Das Warten auf das Fest hat seine eigene Bedeutung. Kinder lernen, dass die mit dem Warten erzeugte Spannung einem viel an Geduld abverlangt. Aber sie macht das Fest selbst dann umso schöner. Es ist wie mit dem Warten auf einen lieben Besuch: „Vorfreude ist die schönste Freude."

Nikolaus von Myra

Der wohl bekannteste Vorbote ist die Gestalt des Nikolaus aus Myra in Kleinasien. Die Legende berichtet, dass er Schätze der Kirche dazu verwendet hat, um armen Leuten zu helfen. So hat er drei junge Frauen aus existentieller Not und Prostitution befreit, indem er unbemerkt drei Goldkugeln ins Fenster legte. Seitdem sind drei goldene Kugeln sein Attribut. Die am Vorabend gefüllten Schuhe der Kinder erinnern daran. Andere Geschichten erzählen, dass er Pilger aus Seenot errettete und durch ein Wunder seine Gemeinde vor Hungersnot bewahrte.

Vor der Reformationszeit war es übrigens Nikolaus, der die weihnachtlichen Geschenke brachte. An Weihnachten selbst gab es keine mehr. Martin Luther hat dies mit der Begründung geändert, dass Jesus Christus doch das eigentliche Geschenk für uns Menschen sei. Er wollte die Aufmerksamkeit von den Heiligen weg und zu Jesus Christus hin lenken. Deshalb schlug er vor, den Kindern das Christuskind selbst als Gabenbringer vorzustellen. Erst im 19. Jahrhundert taucht die entchristlichte Form des Weihnachtsmannes auf, der dann über Nordamerika mit von der Coca-Cola-Werbung verursachtem roten Gewand zurück nach Deutschland kam.

Barbara

Am 4. Dezember werden die Barbara-Zweige geschnitten und ins Wasser gestellt, damit sie pünktlich zu Weihnachten blühen. Die Hl. Barbara interessierte sich sehr für den christlichen Glauben und setzte sich mit theologischen Fragen auseinander. Als sie gegen den Willen ihres Vaters Christin wurde, schloss dieser sie in einen Turm ein – um sie vor vermeintlich schädlichen Einflüssen zu schützen. Ihr Attribut ist deshalb der Turm.

Adventskranz

Der Adventskranz geht auf das 19. Jahrhundert zurück. Als sein Erfinder gilt der evangelische Theologe Johann Hinrich Wichern, der in Hamburg ein Heim für Kinder aus schwierigen sozialen Verhältnissen gegründet hatte. Um das Warten auf Weihnachten augenfällig zu begleiten, ließ er 1839 einen Radleuchter mit 23 Kerzen aufhängen: 19 kleine Kerzen für die Werktage und vier große für die Sonntage. Tag für Tag wurde eine Kerze mehr angezündet. Später wurde dieser Leuchter mit Tannengrün geschmückt, und in vereinfachter Form wurde er überall in Deutschland bekannt.

Weihnachtsbäckerei

Aus der Adventszeit nicht wegzudenken ist die Weihnachtsbäckerei. Wie diese Tradition entstand, erzählt eine Legende so: Als die Hirten auf dem Felde den Stern der Weihnacht sahen, machten sie sich eilends auf nach Bethlehem. Vor freudiger Erregung vergaßen sie, dass sie Brot im Backofen hatten. Daran erinnerten sie sich erst auf dem Rückweg, und sie rechneten damit, den Teig völlig verbrannt vorzufinden. Als sie aber den Backofen öffneten, da strömte ihnen ein wunderbarer Geruch entgegen. Vorsichtig kosteten sie den völlig schwarz gewordenen Teig und stellten fest, dass sie statt verkohltes Brot ein dunkles Gebäck in den Händen hielten. Davon gaben sie allen Verwandten und Freunden eine Kostprobe. Weil dies aber sehr viele Menschen waren, brachen die Hirten das Gebäck in viele kleine Stückchen. Zur Erinnerung an dieses Wunder begannen sie dann, alljährlich zur Christnacht kleine würzige Honigkuchen zu backen, äußerlich dunkel und unansehnlich wie das Geschehen im Stall, innen aber voll nie geahnter Süße.

Historisch nachweisbar ist dagegen folgende Erklärung: Früher wurden Arzneimittel nicht als Tabletten verabreicht. Stattdessen wurden die Heilkräuter und Heilsäfte zu kleinem Gebäck verarbeitet. Zur Weihnachtszeit wurde in den Klöstern aus besonders wohlschmecken-den Kräutern und Säften der Lebkuchen geba-cken und verteilt. Damit sollte deutlich werden, dass Jesu Geburt für alle Menschen Heil und Segen bringt.

Engelsfiguren

Adventszeit ist auch die Zeit der Engel. Sie erinnern an die Nähe Gottes und die Kommu-nikation zwischen Himmel und Erde (→ S. 41). In die Adventszeit gehört die biblische Erzäh-lung vom Besuch des Engels Gabriel bei Maria (→ S. 115), bei dem der Engel ihr die Geburt Jesu ankündigte.

Viele Figuren stellen musizierende Engel dar. Sie erinnern an die aus der Antike stam-mende Theorie, nach der Musik und Astrono-mie eng miteinander verbunden waren. Nach ihr entsprechen die astronomischen Gesetzmä-ßigkeiten der Umläufe der Gestirne den Inter-vallverhältnissen der Töne in der Musik. Das Weltall konnte man sich so als klingende Musik vorstellen – und das passte gut zu der Vorstel-lung der musizierenden Engelwesen mit ihrer vollkommenen himmlischen Musik zur Ehre Gottes.

Die Engelsfiguren werden häufig von Kur-rendesängern begleitet: Früher zogen Schüler an den Festtagen mit schwarzen Kutten beklei-det von Haus zu Haus (*currere* = laufen) und verdienten sich mit ihren Liedern etwas zum Lebensunterhalt hinzu.

Lieder

Das biblische Thema des ersten Adventssonn-tags ist Jesu Einzug in Jerusalem: Der herbei-gesehnte König (*Messias*) kommt in ganz ande-rer Gestalt als erwartet: Als Diener reitet er auf einem Esel. Das bekannte Adventslied „Macht hoch die Tür" hat dies zum Thema. Metaphern

Symbolik des Weihnachtsgebäcks

- **Spekulatius** erzählen die Geschichte des Bischof Nikolaus: Jeder Keks bildet eine Situation aus dessen Leben ab. Weil der Bischof damals unter anderem Spekulatius (Aufseher) genannt wurde, bekam auch das Gebäck diesen Namen.
- **Pfefferkuchen** wurden erstmals im Hoch-mittelalter gebacken. Damals begann der Gewürzhandel mit dem Morgenland. Unter diesen Gewürzen war der Pfeffer besonders begehrt, und weithin wurden alle morgen-ländischen Gewürze als Pfeffer bezeichnet. Nach altem Brauch sollen die Leb- und Pfefferkuchen mit sieben oder neun ver-schiedenen Gewürzen gebacken werden. Die Anzahl sieben bekräftigt, dass jeder der sieben Wochentage von dem Segen Gottes durchdrungen sein soll. In der neun, also 3 x 3, findet sich der vollendete Lobpreis des dreieinigen Gottes.
- **Nüsse** und **Mandeln** galten als Sinnbild des Wortes Gottes: in einer hölzernen, schein-bar wertlosen Schale liegt ein süßer Kern verborgen.
- Der **Christstollen** ist das Abbild des Jesus-kindes in seinen Windeln.
- **Marzipan** ist nach dem Hl. Markus be-nannt, dem Schutzpatron der Stadt Vene-dig. Zu Zeiten einer Hungersnot beteten die Bürger Venedigs zu ihrem Schutzpatron Markus um Nahrung. Als sie dann überra-schend wieder Mehl bekamen, nannten sie die ersten kleinen Brote *marci pani*, was übersetzt „Brot des Markus" heißt. Später wurden die Brote aus geriebenen Mandeln, Zucker und Rosenwasser geknetet, behiel-ten aber den Namen.
- **Dominosteine** – die weißen Pflastersteine erinnern an die Steinigung des Stephanus, des ersten christlichen Märtyrers. Dessen Gedenktag ist der 26. Dezember.

Macht hoch die Tür, die Tor macht weit; es kommt der Herr der Herrlichkeit,
ein König aller Königreich, ein Heiland aller Welt zugleich,
der Heil und Leben mit sich bringt; derhalben jauchzt,
mit Freuden singt:
Gelobet sei mein Gott, mein Schöpfer reich von Rat.

Georg Weissel, 1642

Es kommt ein Schiff, geladen bis an sein' höchsten Bord,
trägt Gottes Sohn voll Gnaden, des Vaters ewigs Wort.

Daniel Sudermann, nach einem Marienlied, Straßburg, 15. Jh.

O Heiland, reiß die Himmel auf, herab, herab vom Himmel lauf,
reiß ab vom Himmel Tor und Tür, reiß ab, wo Schloss und Riegel für.
O Gott, ein Tau vom Himmel gieß, im Tau herab, o Heiland, fließ.
Ihr Wolken, brecht und regnet aus den König über Jakobs Haus.

Friedrich von Spee, 1622

oder Bilder für die Ankunft des Messias sind das ankommende Schiff oder der Regen, der die Erde fruchtbar macht.

Christbaum

Der Christbaum gehört zu den jüngeren Weihnachtstraditionen. Zwar schmückten schon die Römer zur Zeit der Wintersonnenwende und des Jahreswechsels ihre Häuser mit Lorbeerzweigen. Das Licht auf Tannenbäumen wurde jedoch erst später gebräuchlich – im 16. Jahrhundert wird erstmals im Elsass davon berichtet: Tannenbäume wurden in den Wohnzimmern aufgestellt und mit Äpfeln und Papierrosen behängt. Als Lichterbaum wurde der Christbaum aber im deutsch-französischen Krieg populär, wo man ihn in den Unterständen und Lazaretten aufstellte. Von da ab verbreitete sich diese Tradition in Deutschland und ganz Europa.

Krippe

Schon im Mittelalter entwickelten sich aus der Weihnachtsgeschichte Spielszenen, zum Beispiel die szenische Darstellung des Einzugs der Weisen aus dem Morgenland. Mancherorts wurde die Figur des Christkinds auf den Altar gestellt und von der Jugend umtanzt. Alte weihnachtliche Wiegenlieder wie „Josef, lieber Josef mein, hilf mir wiegen das Kindelein" erinnern an den Brauch des Kindleinwiegens in Nonnenklöstern.

Aus dem 13. Jahrhundert ist eine lebende Krippe des Franz von Assisi überliefert: Franz von Assisi stellte im Wald einen Trog auf, fütterte daraus die Tiere, die er mitgebracht hatte und hielt dazu seine Weihnachtspredigt. Die Krippe in der uns bekannten Form entstand wohl in Italien im 14./15. Jahrhundert. Zuerst wurde sie in Kirchen und Klöstern aufgestellt, dann auch in Privathäusern. Fürstenhöfe wie die in Neapel und München förderten eine Krippenkunst, die prächtige Krippenlandschaften entstehen ließ. Im Zuge der Aufklärung wurden Weihnachtskrippen in der Öffentlichkeit verboten, aber die Tradition blieb in den kleinen privaten Krippen der Familien lebendig. So kam mit den Weihnachtskrippen die Weihnachtsgeschichte auf anschauliche Weise in die Häuser – als gegenständliche Darstellung der Weihnachtsbotschaft. Zu Anfang der Adventszeit sind die Könige noch im Hintergrund, bevor sie im Verlauf der Weihnachtswochen weiter nach vorne rücken und schließlich am 6. Januar den Platz der Hirten einnehmen. Das Aufstellen der Figuren hat seine Traditionen und Rituale – in vielen Familien kommt jedes Jahr eine neue Figur dazu.

Die Weihnachtsgeschichten der Bibel

Im Evangelium des Markus finden wir keine Hinweise auf Jesu Geburt. Dort beginnt die Jesus-Geschichte mit dem erwachsenen Jesus, mit dessen Taufe und als deren Folge seine Berufung zum Sohn Gottes. Aus späteren theologischen Überlegungen folgte jedoch, dass Jesus schon vor seiner Geburt der Sohn Gottes gewesen ist. Die Evangelisten Matthäus und Lukas kontrastieren die Größe Gottes, an der Jesus Anteil hat, mit Jesu menschlicher Kleinheit. Auslegungen der Weihnachtsbotschaft umkreisen immer wieder neu diese Spannung zwischen dem Menschsein Jesu und seiner gleichzeitigen Zugehörigkeit zu Gott. Jesus lässt die Grenzen zwischen Gottes Größe und menschlicher Kleinheit ins Wanken geraten.

Lukas beschreibt diese Spannung im Kontrast zwischen der glanzvollen Himmelsbotschaft einerseits (*Da trat der Engel des Herrn zu ihnen, und der Glanz des Herrn umstrahlte sie.* Lk 2,9) und dem ärmlichen Schlafplatz mit der Krippe samt den Hirten als Repräsentanten der untersten Gesellschaftsschicht andererseits. Er zielt damit auch auf den Kontrast zwischen römischer Kaiserverehrung und Jesus als Freund der Armen und Außenseiter.

Matthäus zeigt den Gegensatz auf zwischen dem königlichen Besuch der Magier, die im Königspalast von Jerusalem den neugeborenen Königssohn suchen und dem armseligen Haus, in dem sie ihre Geschenke darbringen.

Johannes erzählt keine Geschichte, sondern umkreist mit seinen Gedanken, wie das göttliche Licht die Finsternis der Welt durchdringt, wie der göttliche Logos Mensch wurde.

Noch weiter getragen hat diese Spannung zwischen Erhabenem und Nichtigem im Nachdenken darüber, wie sich Göttliches und Menschliches in der Person Jesu verbinden konnte. Hatte Jesus eine göttlich-menschliche Doppelnatur: von Gott gezeugt und von einer Jungfrau geboren? Die theologischen Überzeugungen gehen hier weit auseinander. Die einen halten dieses biologische Geheimnis als Teil der Identität Jesu fest, die anderen verstehen es als symbolhafte Auslegung dieses Geheimnisses der besonderen Sendung Jesu. Geheimnisvoll und unerklärbar blieb, warum Gott sich so sehr mit Jesus aus Nazareth verbunden und er in Jesus so viel von sich selbst gezeigt hat.

Dunkelheit und Licht

Der Gegensatz von Dunkelheit und Licht bestimmt hierzulande die weihnachtliche Symbolik. Er weist auf das Wirken Jesu, der besonders auf die Menschen am Rande der Gesellschaft zuging, sie aufrichtete, heilte und so Licht in ihre Dunkelheit brachte. Licht ist das Symbol der Hoffnung, dass Not ein Ende haben und Frieden in unsere Welt einkehren wird.

FÜR DIE PRAXIS

Advent feiern

In der Adventszeit beginnt der Morgen in der Kindertagesstätte mit Stille in einem dunklen Raum. Dann wird eine Kerze angezündet, jeden Tag eine mehr. Ein bekanntes Adventslied wird gesungen und ein kleines Stück aus einer Geschichte erzählt, etwa von Maria und Josef auf dem Weg nach Bethlehem und all dem, was sie dort erleben, von Enttäuschungen, Erwartungen, Hoffnungen, Begegnungen mit anderen Menschen.

Passion und Ostern

Das Wort Ostern wurde früher von der germanischen Frühlingsgöttin Ostara her erklärt. Neuere Deutungen verweisen auf die frühchristliche Tradition, nach der die in der Osternacht Getauften in den folgenden Tagen der Osterwoche im weißen Gewand zu den Gottesdiensten erschienen. Später wurde die lateinische Bezeichnung dieser Woche in weißen Kleidern, *albae* (*albus, alba* = weiß) durch *ostarum* ersetzt, was „Morgenröte" bedeutet. Durch seine zeitliche Nähe zum Frühlingsbeginn feiert das österliche Brauchtum auch die zu neuem Leben erwachte Natur.

Fastenzeit

In allen Religionen gibt es Tage und Zeiten des Fastens, zum Beispiel den Fastenmonat Ramadan im Islam. Auch Jesus fastete nach seiner Taufe (Mt 4, 2) und bereitete sich so auf seinen Auftrag vor. Entsprechendes wird von Mohammed überliefert. Fasten gibt dem Körper Ruhe und hilft, den Blick auf das Wesentliche im Leben zu richten. So kann einem bewusst werden, wie selbstverständlich wir Annehmlichkeiten unseres Lebens in Anspruch nehmen. In den letzten Jahren wurde das vorösterliche Fasten neu entdeckt: Nicht nur das Ablegen des „Winterspecks" spricht dafür, der Verzicht lässt auch an die Menschen denken, für die das Sattwerden zu den Ausnahmen in ihrem Leben gehört. Fastenaktionen der evangelischen Kirche wie „Sieben Wochen ohne" regen an, in dieser Zeit auf Annehmlichkeiten wie Alkohol, Süßigkeiten, Rauchen und anderes zu verzichten. Zur Zeit vor Ostern gehört auch der Frühjahrsputz: Äußere und innere Reinigung sind Teil der Festvorbereitung.

Die Karwoche beginnt mit dem Palmsonntag. Die Weihe der Palmzweige in den katholischen Kirchen erinnert an Jesu Einzug in Jerusalem (Mt 21). Der Gründonnerstag hat zwar seinen Namen vom „Greinen = Weinen", dennoch wurde der Speiseplan von grünem Gemüse bestimmt. Am Karfreitag war Fastentag oder es herrschte zumindest Fleischverbot – ein Luxusverzicht, der sich inzwischen durch das weithin eingebürgerte Karpfenessen ins Gegenteil verkehrt hat.

Osterbräuche – Warum bemalt man Ostereier?

Die Ostersymbolik betont den Sieg des Lebens über den Tod. Viele symbolische Elemente orientieren sich an Beobachtungen aus der Natur, z. B. das Osterei. Das Ei gilt in vielen kulturellen und religiösen Traditionen als Verkörperung von Fruchtbarkeit und Lebenskraft. Es gilt auch als Gleichnis für Jesu Auferstehung: So wie ein lebendiges Küken aus dem Ei schlüpft, wurde der auferstandene Christus aus Grab und Tod befreit.

Um das Osterei ranken sich allerlei Spiele, das Schmücken der Ostersträuße, das Bemalen mit christlichen Symbolen, das Verstecken und Suchen – so wie das für einen Wertvolle, Heilbringende bewusst gesucht werden muss.

Welches Tier bringt und versteckt die Ostereier? Im Lauf der Zeit wurde das verschiedenen Tieren zugeschrieben, bis sich im 18. Jahrhundert der Hase durchsetzte – einen überzeugenden Grund dafür gibt es nicht.

Das Bemalen von Ostereiern entstand aus einer Zinszahlung, die die Landpächter ihren Gutsherren im Frühjahr entrichten mussten: Eier galten als Zahlungsmittel, und wenn endlich die geforderte Zahl beisammen war, soll

aus Freude darüber das letzte Ei rot bemalt worden sein.

Osterfeuer haben seit dem 8. Jahrhundert heidnische Frühlingsfeuer abgelöst, das Osterwasser verweist auf das Wasser als Symbol des Lebens. In vielen Dörfern werden Brunnen mit frischem Grün und bunten Ostereiern geschmückt. In katholischen Kirchen wird an Ostern das Weihwasser für die kommende Zeit ausgegeben. In der Osternacht wird die Osterkerze entzündet, die dann in den Gottesdiensten bis zum Himmelfahrtstag brennt. Das Osterlamm erinnert an das Opfer, das Jesu für die Menschen gebracht hat (→ S. 132). Zum Ausdruck österlicher Freude gehörte auch das Osterlachen: Im Spätmittelalter wurde die Osterpredigt durch witzige Einlagen bereichert, um die Gemeinde so zum Lachen zu bringen.

Warum musste Jesus sterben?

Der Umgang der Christen mit den biblischen Überlieferungen von den letzten Tagen Jesu hat sich Lauf der Jahrhunderte deutlich verändert. Früher war nicht Jesu Auferweckung von den Toten die Herausforderung, sondern sein Leiden und Sterben. Weil seine Zugehörigkeit zu Gott, seine Gottessohnschaft, sein göttliches Wesen im Vordergrund stand, war die Auferstehung gut zugänglich als der konsequente Abschluss des Weges Jesu. Nur schwer zu verstehen war dagegen, dass sich der Gottessohn diesem zutiefst menschlichen Leiden, Scheitern und Tod unterzog. Gotische Kruzifixe stellen das Leiden Jesu realistisch anhand seines geschundenen Körpers dar. In Kreuzmeditationen wurden von der Dornenkrone bis zu den Nägelmalen die Schmerzen Jesu nachempfunden, in Passionsspielen das Heilige Geschehen mitvollzogen, am Karfreitag der Kreuzweg gegangen. Noch die berühmten Bach'schen Passionen erinnern

daran und bedenken, was dieser eine Tod für alle Menschen bedeutet. Theologisches Nachdenken stellte eine Fülle von Deutungen dieses Leidens und Sterbens bereit. Im Zentrum stand das stellvertretende Leiden Jesu zur Sühne der Schuld und Sünden aller Menschen: „Christe, du Lamm Gottes, der du trägst die Sünde der Welt."

Heute wird Jesus mehr als Mensch gesehen. Sein Leiden reiht sich ein in das unzähliger Menschen, die ihr Leben für andere eingesetzt haben, die aus Willkür oder bloßen Machtinteressen gequält und getötet wurden und werden. Eine andere Deutung seines Sterbens rückt in den Vordergrund: Jesus ist seinem Auftrag, der Verkündigung von Gottes Liebe, auch gegen menschliche Engstirnigkeit und Gewalt treu geblieben – mit allen Konsequenzen. Gott hat das Scheitern Jesu, seine Verurteilung und seinen Tod ertragen. Er hat nicht Gewalt mit Gegengewalt beantwortet, sondern mit etwas grundlegend Neuem: der Auferweckung aus dem Tod. Um dieses Ereignis aber kreisen heute viele Fragen kritischer Zeitgenossen: Wie ist dieses Ereignis zu verstehen? Wie verhält es sich zu den sonstigen Erfahrungen? Wie verhält sich Jesu Auferstehung zu den überlieferten Grundmotiven des Glaubens, zu den Botschaften der Hoffnung und des Segens? Ergeben sich von dem Osterereignis her neue und weiterführende Facetten dieser biblischen Zusagen?

In vielen Städten wird an Ostern der Kreuzweg Jesu nachgespielt

Wie wurde Jesu Tod gedeutet?

Das Nachdenken über Gründe und Folgen des Sterbens Jesu hat viele Jahrhunderte theologischer Arbeit bestimmt. Im Neuen Testament, in Liedern und Gebeten geht es immer wieder um diese Aussage: Jesus, der wahrhaft sündenlose Mensch, hat die Sünden der Menschen auf sich genommen und die Todesstrafe an ihrer Stelle ertragen. Unterschiedliche Akzentuierungen der Deutungen des Todes Jesu stehen einander gegenüber: Die einen begreifen Jesu Tod als Teil eines göttlichen Heilsplans. Das ist der Hauptstrom kirchlicher Theologie bis in unsere Zeit, der die christliche Religion als Erlösungsreligion kennzeichnet. Die anderen folgen mehr den Geschehensabläufen und lassen auch manche Erklärungswünsche ganz bewusst offen. Theologische Abstraktionen verstehen Jesu Blut als Sühne der Sünden der Welt, andere Verstehensansätze zeichnen auf einer konkreten Ebene nach, wie Jesus mit seinem Auftrag in die Mühlen der Macht geriet.

Ostereier: Das Lamm ist ein Symbol für Jesus Christus

Zunächst boten alttestamentliche Überlieferungen Deutungsmöglichkeiten an. Im Buch des Propheten Jesaja erzählen die sogenannten Gottesknechtslieder von der Gestalt des leidenden Gerechten, der für andere stellvertretend leidet. Er nimmt die Schuld des Volkes auf sich, damit andere von der drückenden Last der Sünde befreit werden: *Aber er hat unsere Krankheit getragen und unsere Schmerzen auf sich geladen. Wir meinten, er sei von Gott geschlagen, von ihm getroffen und gebeugt. Doch er wurde durchbohrt wegen unserer Verbrechen, wegen unserer Sünden zermalmt* (Jes 53, 4f.). In alttestamentliche Zusammenhänge weist auch der Gedanke des stellvertretenden Sühneopfers: mit seinem Tod hat sich Jesus wie ein Opferlamm dargebracht und damit ein für alle Mal die Pflicht erfüllt, angesichts menschlicher Verfehlungen mit Opfergaben Gott gnädig zu stimmen: *Er ist ein für allemal in das Heiligtum hineingegangen, nicht mit dem Blut von Böcken und jungen Stieren, sondern mit seinem eigenen Blut, und so hat er eine ewige Erlösung bewirkt* (Hebr 9, 12). Bestimmend für diese Deutungen ist, dass mit Jesu Sterben Gottes Heilsplan für die ganze Menschheit in Erfüllung geht. Jesu Tod bedeutet die Erlösung und damit Rettung der Menschen: *Wie es also durch die Übertretung eines einzigen für alle Menschen zur Verurteilung kam, so wird es auch durch die gerechte Tat eines einzigen für alle Menschen zur Gerechtsprechung kommen, die Leben gibt* (Rö 5, 18). Dem ersten Menschen Adam, mit dem die Sünde in die Welt kam, stellt Paulus den neuen Menschen Jesus gegenüber, der mit seinem Tod die Folgen dieser Sünde wieder aus der Welt gebracht hat. Auf die Spitze getrieben hat diese Deutung Anselm von Canterbury, ein berühmter mittelalterlicher Theologe: Gottes Gerechtigkeit fordert die Bestrafung aller Sünder. Weil alle Menschen Sünder sind, müsste Gott deshalb die ganze Menschheit ausrotten. Nur so könnte seine Ehre gewahrt bleiben. Aber niemand könnte ihm dann mehr die Ehre geben. Die Lösung dieses Dilemmas ist die stellvertretende Strafe mit dem Tod, die der Gottessohn im Auftrag Gottes auf sich nimmt und so die ganze Menschheit vom Fluch der Sünde befreit.

Die Passion Jesu lässt sich aber nicht nur auf der Ebene der göttlichen Pläne zur Erlösung der ganzen Menschheit deuten und verstehen. Auch auf der Ebene der Akteure, der Verstrickung der Beteiligten in den Teufelskreis der Gewalt kann das Geschehen zugänglich werden: Wie es sein Auftrag war, hat Jesus in den Städten und Dörfern um den See Genezareth gepredigt und geheilt und sich mit den Schriftgelehrten-Kollegen über seine Autorität und seinen Auftrag gestritten. Bei denen musste er keineswegs um sein Leben fürchten, denn der Streit um die rechte Auslegung gehörte zum Alltagsgeschäft der Schriftgelehrten. Aber wenn er der „andere" Gesalbte war, dann musste er sich auch der Auseinandersetzung mit den Inhabern der Macht in der Hauptstadt Jerusalem stellen. Das zeigt sich deutlich in einer Schlüsselszene, dem Verhör vor dem Hohenpriester: Jesus wird aufgefordert, seine Lehren zu widerrufen, seinen Anspruch abzulegen und wieder in die gewohnten Bahnen der für alle üblichen Frömmigkeitspraxis zurückzukehren. Jesus lehnt dies ab – und bleibt damit seinem Auftrag treu. Kontrastiert wird diese Szene durch das Verhalten des Jüngers Petrus, der im Hof des Hohenpriesters als Bundesgenosse Jesu identifiziert wird und der dies in seiner Angst dreimal leugnet. Jesus dagegen steht zu seinem Anspruch und gibt damit all dem, was Menschen in der Begegnung mit ihm erfuhren, Gewicht

und Nachdruck – bis zur Konsequenz der Verurteilung zum Tod.

Der Tod Jesu als Folge menschlichen Handelns – warum greift Gott nicht ein? Die gotische Malerei zeigt einen mit seinem Sohn machtlos mitleidenden Gott: Gott Vater sieht Jesus am Kreuz leiden, aber Gott greift nicht in die Welt ein, um Geschehensabläufe abzubrechen oder gar umzukehren. Gott hat viel von seiner Macht in menschliche Hände gegeben und damit in Kauf genommen, dass auch Böses in die Welt kommt (→ S. 44 f.). Aber Gott kann neue Perspektiven für zukünftiges Geschehen eröffnen, wie die Ostergeschichte belegt.

Wer war schuld am Tod Jesu? Die pauschale Beschuldigung der Juden hat viel Unheil angerichtet. Deshalb ist hier differenziertere Betrachtung angesagt: Die herrschende jüdische Schicht der priesterlichen Adelsfamilien (Sadduzäer) arbeitete als religiöse Obrigkeit mit den römischen Besatzern zusammen, um Ruhe und Ordnung im Land zu gewährleisten. Umso mehr, wenn Jerusalem voll war mit Pilgern und damit auch die Gefahr von Anschlägen der Partisanen (Zeloten) hoch. Die römische Militärmacht bestrafte Aufrührer mit grausamer Härte, der Tod am Kreuz war eine übliche Strafe. Mit religiösen Feinheiten wollten sich die römischen Militärs nicht abgeben. Jesu Weg von der Gefangennahme bis zum Tod erklärt sich so als das oft übliche Verhalten von Menschen an den Schalthebeln der Macht: Um das eigene Ansehen, Ruhe und Ordnung zu wahren, muss hin und wieder jemand exemplarisch „diszipliniert" werden.

Woher kommt das Abendmahl (Eucharistiefeier)?

Eine zentrale Stellung in den Leidensgeschichten der Evangelien des Matthäus, Markus und Lukas nimmt der Bericht vom Passahmahl ein,

Jesus mit seinen
Jüngern beim letzten
Abendmahl

Abendmahl
(→ S. 169)

und esst; das ist mein Leib. Am Ende des Mahls lässt er den Segensbecher kreisen mit den Worten: *Trinkt alle daraus; das ist mein Blut, das Blut des Bundes, das für viele vergossen wird zur Vergebung der Sünden* (**Mt 26,26ff.**). Seitdem stehen Brot und Wein für all das, was Jesu Sterben und Auferstehen für Christen bedeutet.

In diesen sogenannten Einsetzungsworten erscheint wieder der Gedanke der Sündenvergebung, des Opfers, des stellvertretenden Leidens und Sterbens. So hat kirchliche Tradition im Abendmahl mit dem Genuss von Brot und Wein die Zusage der Vergebung verbunden. Was in der Taufe ein einziges Mal vollzogen wird, geschieht im Abendmahl immer wieder. „Mein Leib, mein Blut" – diese enge Verbindung gibt Anteil an der Erlösung und – noch viel weiter gedacht – an allem, was Jesus bewirkt hat: an seinen Worten und Taten, seinen Zusagen und an den Neuanfängen, die er ermöglicht hat, an der Gemeinschaft der Glaubenden, die er gestiftet hat und an seinem Versprechen, mit seiner Kraft dort gegenwärtig zu sein, wo Menschen in seinem Namen zusammenkommen. Eine der bekanntesten österlichen Erscheinungsgeschichten ist die des Lukas (**Lk 24**), in der sich der Auferstandene beim abendlichen Mahl seinen beiden Begleitern zu erkennen gibt. Dieses österliche Mahl bildet so ein Gegenüber zu dem am Gründonnerstag. Die Deutungslinie der Hoffnungsbotschaften und Segenszeichen kommt hier anschaulich zur Geltung: die Verbundenheit mit Jesus Christus macht Mut, auch durch Schwierigkeiten hindurch den eigenen Weg zu gehen und stärkt die Gewissheit, begleitet zu sein.

Der Auferstandene begegnet seinen Gefährten
Während die Passionsgeschichten historisch gut gesichert sind, können sich die Auferstehungs-

das Jesus mit seinem Jüngerkreis feierte. Er ist die Festgeschichte der Abendmahlsfeier, die Bestandteil des christlichen Gottesdienstes ist (→ S. 106 f.).

Mit dem Passahmahl gedachte auch Jesus mit seinen Freundinnen und Freunden der Befreiung Israels aus Ägypten. Die Speisen sind voller Symbolkraft: Früchte-Mus erinnert an die Ziegel, die in Sklavenarbeit gebrannt werden mussten, bittere Kräuter an die Not, Salzwasser an die Tränen der Israeliten. Jesus gibt im Vorblick auf sein Leiden dem festlichen Essen eine andere Bedeutung: Er bricht das Brot, so wie es der Rolle des Hausvaters zukommt, und sagt dazu mit den überlieferten Worten: *Nehmt*

erzählungen auf keine nachweisbaren Fakten stützen. Ihre Glaubwürdigkeit und Überzeugungskraft liegt anderswo. Viele Menschen konnten von einer Begegnung mit visionärem Charakter berichten, in der sie die Lebendigkeit des Auferstandenen spürten. Ihre Aussagen bestimmen die unterschiedlichen Facetten, in denen vom Auferstandenen erzählt wird.

Jesu Auferstehung (→ S. 170)

Die älteste Überlieferung von der Auferstehung im Neuen Testament sind diese Begegnungen: *Christus ist am dritten Tag auferweckt worden, gemäß der Schrift, und erschien dem Kephas, dann den Zwölf. Danach erschien er mehr als fünfhundert Brüdern zugleich; die meisten von ihnen sind noch am Leben, einige sind entschlafen. Danach erschien er dem Jakobus, dann allen Aposteln* (1. Kor 15, 4–7). Menschen erleben die Präsenz ihres Jesus in menschlicher und zugleich anderer Gestalt, in der er ihnen kurzzeitig begegnet und ihnen die wichtige Botschaft vermittelt: Ich lebe in der unsichtbaren Welt bei Gott, aber ich bin bei euch mit meiner Kraft! Diese Begegnungen verdichten sich zu der Erfahrung: Gott hat Jesu Leiden und Sterben nicht tatenlos zugesehen, sondern hat ihm neues Leben geschenkt. Das heißt jedoch nicht, dass hier ein Verstorbener wiederbelebt wurde und dieser wie früher am irdischen Leben für alle mitverfolgbar teilnimmt. Stattdessen lassen sich diese Erscheinungen nur im Erleben der Beteiligten, nicht im Überprüfbaren verorten. Was zählt, sind die Erfahrungen der Beteiligten, die Wirkung der Botschaft des Auferstandenen in ihnen. Sie werden fassbar in deren veränderter Einstellung: Das lähmende Entsetzen über den Tod Jesu weicht einem neuen Aufbruch. Wie war es vor diesen Erscheinungen? Der Weg mit Jesus war zu Ende. Damit verband sich zunächst die Enttäuschung, dass sein Wirken wohl umsonst gewesen ist,

dass Gott ihn fallengelassen hat, dass der hoffnungsvolle Neubeginn mit ihm von der Gewalt der politischen Machthaber erdrückt wurde. All das weicht einer neuen Erfahrung: Gott hat das Leben und Wirken dieses Jesus bestätigt und bekräftigt. Seine Verkündigung des neuen Lebens hat durch das Wahrnehmen seiner Lebendigkeit eine ganz neue Dimension über die Grenzen des Todes hinaus bekommen. So ergeben sich neue Perspektiven: Trauer verwandelt sich in Freude, Resignation in neues Engagement, Misstrauen in neue Glaubwürdigkeit.

Das Neue ist die Bekräftigung und Weiterführung des Alten. In diesem Sinne ist das Wiedererkennen des Jesus aus Nazareth im Auferstandenen zu lesen: In der Erzählung des Lukas von den beiden Männern auf dem Weg nach Emmaus (Lk 24) ist es zunächst nur intuitives Wiederkennen in den Worten des zunächst unbekannten Begleiters: *Brannte uns nicht das Herz in der Brust, als er unterwegs mit uns redete und uns den Sinn der Schrift erschloss?* (Lk 24, 32), und dann das Wiedererkennen im Brotbrechen beim Abendmahl. Deutlicher noch ist es bei Johannes: Zuerst hält Maria aus Magdala den Auferstandenen für einen Gärtner und fragt ihn, wo der Leichnam Jesu sei. Als aber ihr Gegenüber sie mit ihrem Namen anspricht, da hört sie die Stimme, die sie einst aus ihrer Krankheit herausrief (Joh 20, 11ff.). Thomas, der den Erscheinungsberichten der anderen Jünger mit großer Skepsis gegenübersteht, darf die Wundmale berühren, die an Jesu Kreuzigung erinnern. Johannes geht so bis an die Grenze zum Nachweisbaren hin, hält aber doch am Nicht-Beweisbaren fest: *Selig sind die, die nicht sehen und doch glauben!* (Joh 20, 24ff). In solcher Wiederaufnahme und Weiterführung des Wirkens Jesu erzählt Johannes auch vom Klären zurückliegender Versäumnisse: Petrus,

Die Passions- und Ostergeschichte im Kindergarten feiern

Das letzte Zusammensein Jesu mit seinen Freundinnen und Freunden wird auch im Kindergarten gefeiert. Die Kinder sitzen im Kreis. Die Abendmahlsgeschichte und die Erlebnisse Jesu und seiner Freunde in dessen letzten Lebensmonaten werden erzählt. Dabei soll zur Sprache kommen, dass Jesus nicht nur seinen Tod vorankündigt, sondern auch ein Ereignis andeutet, das Grund zu neuer Freude sein wird (→ S. 169 f.).

Die Fläche, um die die Kinder sitzen, ist mit Tüchern geschmückt. Essen und Trinken steht bereit. Mit der Ankündigung des Todes Jesu werden dunkle Tücher aufgelegt, dürre Zweige, Steine und andere Symbole für den verdunkelten Blick in die Zukunft.

Sobald die Geschichte von der Begegnung mit dem Engel im Grab und dann mit dem Auferstandenen selbst berichtet, werden die dunklen Tücher wieder entfernt. An die Stelle der dürren Zweige treten Blumen, an die der Steine bunte Ostereier, Lichter werden angezündet.

der Jesus verleugnet hatte, wird in seiner Begegnung mit dem Auferstandenen neu in sein Amt als Jünger und Bote des Evangeliums eingesetzt.

Das Wiedererkennen des Jesus von Nazareth im Auferstandenen spiegelt sich auch in den Erzählungen vom leeren Grab: die Begegnungen mit dem Auferstandenen und die Botschaft seiner Auferweckung zu neuem Leben werden kontrastiert mit der Trauer um den Toten und dem Abschiednehmen. Dieser Abschied ist bedeutungslos geworden. Die Frauen wollen Jesus zu seiner letzten Ruhe betten und dann das Grab für immer verschließen – und damit auch das zur Vergangenheit gewordene Zusammensein mit Jesus. Stattdessen tritt mit der Gegenwart des Auferstandenen Neues in ihr Leben ein. Das Totengedenken hat sich erledigt, denn es geht nicht mehr um einen Toten, sondern um die Erfahrung des lebendigen Jesus Christus. Auch diese Geschichten sind also als Zeugnisse dessen zu lesen, was die Osterbotschaft in den Menschen bewirkte, nicht als historische Dokumentation mit Beweiskraft.

Christi Himmelfahrt

Der kirchliche Osterfestkreis endet mit dem Himmelfahrtstag. In den Evangelien des Markus und Matthäus schließt das Sich-Zeigen und das endgültige Verschwinden des Auferstandenen aus der sichtbaren Welt den Auferstehungsbericht ab und ist so Teil der biblischen Ostergeschichten. Nur Lukas führt Christi Himmelfahrt als eigene Erzählung weiter aus und setzt damit einen Schlusspunkt unter die verschiedenen Erscheinungserzählungen. In diesem Sinne hat die Himmelfahrtsgeschichte kein eigenes theologisches Thema. Das gilt auch in religionspädagogischer Sicht. Wie an anderer Stelle ausgeführt (→ S. 31) sind die Vorstellungen der Kinder von Gottes Wohnen im Himmel zu akzeptieren. Zugleich ist die Kompetenz der Kinder zu nutzen, solche Vorstellungen in Bewegung zu halten, damit Veränderung zu anderen Vorstellungen von Gottes Wohnen hin möglich wird. Deshalb erscheint es auch nicht geboten, einer anschaulich erzählten Aufnahme Jesu in den Himmel besonderes Gewicht zu geben. Zudem hat sich die Bedeutung dieses kirchlichen Festtags auch inzwischen ganz und gar zum „Vatertag" hin verlagert. Sinnvoller erscheint es, dem Pfingstfest, das im allgemeinen Bewusstsein ebenfalls seine Bedeutung weithin verloren hat, neue Aufmerksamkeit zu schenken.

Pfingsten

Das Pfingstfest ist wohl das am wenigsten anschauliche Fest des christlichen Festkalenders. Die biblische Pfingstgeschichte berichtet
vom Wirksamwerden der schöpferischen Kraft
Gottes und des zu neuem Leben auferstandenen Jesus Christus in den Menschen. Das Wort
Pfingsten stammt aus dem Griechischen: Pen-
tecoste heißt „fünfzig" und benennt den zeitlichen Abstand von sieben Wochen zwischen
Ostern und Pfingsten. Was verbirgt sich hinter
der Lehre vom Heiligen Geist? Warum wird er
als Taube dargestellt?

Die biblische Pfingstgeschichte (Apg 2) steckt
voller eigenartiger Aussagen: Da ist von Feuer-
zungen die Rede, von einem plötzlichen Sturm
und von der Fähigkeit der Jünger, plötzlich in
anderen Sprachen zu reden. Wie ist das alles zu
verstehen?

Die Pfingstgeschichte erzählt von den mutlosen Anhängern Jesu. Sie erinnern sich noch
gut an Jesu Leiden und Sterben, auch die Erscheinungen des Auferstandenen sind ihnen
präsent. Es fehlt ihnen noch an der Kraft, Jesu
Botschaft zu verbreiten. Wie sich das ändert,
erzählt die Geschichte. Sprachliche Bilder symbolisieren das Wirken dieser Kraft: Sie erscheint
als frischer Wind, ja geradezu als Sturm; die
Menschen sind ganz Feuer und Flamme; dieses Feuer ergreift sie; Verständigungsbarrie-
ren verschwinden, Menschen verschiedener
Sprachen – und im weiteren Sinne auch Traditionen, Kulturen, Denkweisen, Ansichten, Vorstellungen von religiöser Wahrheit – können
einander auf einmal verstehen. Aus mutlosen,
ängstlichen Jüngerinnen und Jüngern werden
engagierte Boten der guten Nachricht von Jesus Christus.

Gottes Geist ergreift die
Menschen: Pfingsten

Vorstellungen vom Heiligen Geist und der Dreieinigkeit Gottes

Während die enge Beziehung Jesu Christi zu
Gott, sein Verständnis als Gottes Sohn schon
früh den christlichen Glauben bestimmte, wurde die Lehre vom Heiligen Geist als göttlichem
Wesen erst im 4. Jahrhundert in das Glaubensbekenntnis aufgenommen. Erst seitdem gewann das Pfingstfest als weiterer Festkreis neben Weihnachten und Ostern an Bedeutung.

Ausgangspunkt ist die österliche Erfahrung,
dass der Auferstandene unsichtbar mit seiner
Kraft bei den Seinen ist. Diese Kraft, Jesu Gegenwart als Gottes Geist, steht nun den konkreten Erfahrungen mit Jesus von Nazareth
ebenbürtig zur Seite. So wie Gott unmittelbar
in Jesus da war, so ist er es auch in dem Spüren
und Erleben der unsichtbaren Nähe des Auferstandenen.

Glossolalie

Das Phänomen, in anderen, unbekannten Sprachen zu sprechen, ist als sog. *„Glosso-lalie"* bekannt. In einer Art religiöser Ekstase kommt es zu einem Lallen und Sprechen von Silben, die nicht dem sonst üblichen Formulieren von Sätzen und Gedanken entsprechen. In den sogenannten Pfingstkirchen wird diese Art von Frömmigkeit praktiziert – in bewusstem Kontrast zu den oft eher nüchternen Gottesdiensten, die nach liturgischer Ordnung vonstatten gehen, oder deren Schwerpunkt auf dem gedanklichen Mitvollzug der auslegenden Predigt liegt.

FÜR DIE PRAXIS

Pfingsten mit vollziehen

In der Pfingstgeschichte haben die Kinder die entstandene Begeisterung der alten und neuen Freundinnen und Freunde von Jesus erfahren. Die kann in mancherlei Weise verdeutlicht werden:

- mit Musikinstrumenten, bei denen aus zarten Tönen kräftige und füllige Klänge werden
- in Tänzen, bei denen immer mehr Kinder in den Kreis geholt werden
- in einem Weg durch offene Türen und der Begrüßung anderer in deren Räumen
- bei einem Gang durch die Natur, die jetzt wieder in vollem Grün erscheint
- mit Tüchern, die in immer mehr Farben aufleuchten
- mit Bildern von Kindern aus aller Welt

Diese Erfahrung stellt zugleich das Bedürfnis nach anschaulichen Vorstellungen auf die Probe: Wie lässt sich solche Kraft als Gott selbst vorstellen? Das ist nur in Symbolen möglich. Schon im biblischen Schöpfungsbericht ist von Gottes Geist die Rede, der über der Urflut schwebt (1. Mose 1, 2) – als schöpferische Energie, aus der alles hervorgeht. Und in der Geschichte von Jesu Taufe heißt es, dass Gottes Geist wie eine Taube vom Himmel Jesus ergriffen habe (Mk 1,10). Bildliche Darstellungen der Dreiheit Gottes in der Gestalt Gottvaters, Jesu und der Taube verleiten dazu, die Taube selbst mit der Erscheinungsweise Gottes gleichzusetzen.

Pfingsten (→ S. 171 f.)

Geeigneter ist eine andere Tradition aus dem Umkreis der biblischen Überlieferungen. In ihr ist Gottes Weisheit als eigene Person benannt, die von Anfang der Welt an die Geschicke der Menschen lenkt (Weisheit Salomos). Als weibliche Gestalt stellt sie ein Gegengewicht zu den männlichen Vorstellungen Gottes dar. Aber auch sie führt in die Sackgasse der konkreten Vorstellungen, wenn Gott als drei Personen erscheint. Wie kann da an dem Bekenntnis zu dem einen Gott festgehalten werden? Besser erscheint es deshalb, von der Art und Weise zu sprechen, in der Gott den Menschen zugänglich wird:

- Gott ist der Ursprung von Allem, von Gedeihen und Segen. Er ist ansprechbar im Gebet. Die Geschichte Gottes ist die Geschichte seiner Beziehung zu den Menschen.
- Jesus hat in seinem Wirken diese Beziehung konkretisiert: in ihm hat sie einzigartige Gestalt angenommen.
- Diese Beziehung wirkt in Menschen als schöpferische Kraft, die hilft, die Welt mit neuen und anderen Augen zu sehen und entsprechend Neues anzustoßen und voranzutreiben.

Erntedank und Gedenktage

Neben den Hauptfesten des kirchlichen Festkalenders Weihnachten, Ostern und Pfingsten hat das Erntedankfest viel zu lange ein Schattendasein geführt. Das weist uns darauf hin, dass das Bedenken der Welt als Gottes Schöpfung in den theologischen Überlegungen zu kurz kam. Erntefeste sind aber seit eh und je wichtige Ereignisse im Festkalender der Religionen. In den Kirchen ist an diesem Festtag der Altarraum mit Früchten von Gärten und Feldern geschmückt. In den folgenden Tagen werden sie an Bedürftige weitergegeben. Weil das Bekenntnis zu Gott als dem Schöpfer allen Lebens so wichtig ist, sollte sich der Inhalt des Erntedankfests nicht nur auf den Dank für die konkrete Ernte beziehen, sondern in einem weiteren Sinn auf unseren Umgang mit der Natur, in der wir leben. Sein Thema ist

- das Sich Wahrnehmen als Teil der Schöpfung Gottes und der von den Menschen geformten Lebenswelt

- die Erinnerung daran, dass wir uns in unserem Umgang mit der Natur zuerst als die von Gott Beschenkten erfahren sollten (→ S. 85), die dieses Geschenk dankbar annehmen – nicht als die „Macher" und Beherrscher der Natur.

Gedenktage

In der zweiten Jahreshälfte sind Erinnerungen an Ereignisse und Personen der zweitausendjährigen Geschichte des Christentums angesiedelt.

- Das **Kirchweihfest** wird im Oktober gefeiert, sofern es sich nicht am tatsächlichen Datum der Einweihung des Gotteshauses orientiert. Vielerorts hat es den Charakter eines Volksfests angenommen, das sich rund um die Kirche entwickelt hat.

- Am 11. November wird **Sankt Martin** gedacht. Er lebte im 4. Jahrhundert und verkörperte – zuletzt als Bischof von Tours – das Ide-

Das Erntedankfest vorbereiten

Es empfiehlt sich, den Kindern an ausgewählten Beispielen, z.B. dem Getreideanbau, den Zusammenhang von Wachsen und Reifen, Ernten und Verarbeiten vor Augen zu führen. Deutlich kann dabei werden, wie göttliches und menschliches Wirken zusammenkommen: das, was wir Menschen kaum beeinflussen können wie das Wetter – und das, was uns aufgetragen ist, das Kultivieren und Bearbeiten und Zubereiten (→ S. 32)

Erntedank ist ein Fest, das in seiner Farbigkeit und Üppigkeit Kinder besonders anspricht

al des asketischen, gebildeten, tatkräftigen Mönchs. Das, was er verkündete und lehrte, verkörperte er auch durch sein Tun, durch sein ethisches Engagement. Um seine Biografie ranken sich viele Legenden. Am bekanntesten ist die der Mantelteilung: Als römischer Soldat begegnete er an einem bitterkalten Wintertag am Stadttor von Amiens einem frierenden Bettler. Kurz entschlossen teilte er mit dem Schwert seinen Militärmantel und gab eine Hälfte dem armen Mann. In der folgenden Nacht erschien ihm Jesus Christus als dieser Bettler im Traum und bekräftigte die biblischen Worte: Was immer ihr einem Geringsten getan habt, das habt ihr mir getan (Mt 25, 40). Diese Geschichte hat St. Martin in besonderer Weise zum ethischen Vorbild werden lassen und findet sich auf vielen Abbildungen und Altären in Kirchen (→ S. 83).

Kinder feiern diesen Tag mit Umzügen und szenischen Spielen und dem Laternengehen in der nun früh einsetzenden Abenddämmerung. Das Schlachten der Martinsgänse erinnert an eine andere Legende, nach der laut schnatternde Gänse ein Versteck des Heiligen Martin verraten haben, in dem er sich seiner Wahl zum Bischof entziehen wollte.

- Der 31. Oktober wird in evangelischen Gemeinden als **Reformationstag** gefeiert und erinnert an den Tag, an dem Martin Luther erstmals mit 95 Thesen zur Reform der Kirche an die Öffentlichkeit trat (→ S. 146). Mit deren Anschlag an die Schlosskirche in Wittenberg wollte er in seiner Universität, in der er als Professor der Theologie tätig war, die Diskussion darüber eröffnen. Schnell zogen aber diese Thesen weite Kreise und führen in letzter Konsequenz zu einer Aufteilung der Kirche in die katholische und die evangelische Konfession (→ S. 145). Der dem 31. Oktober folgende Sonntag wird in der evangelischen Kirche als Reformationsfest gefeiert.
- Die katholische Tradition gedenkt an **Allerheiligen** (1. November) all der Heiligen, die im Heiligenkalender keinen eigenen Gedenktag mehr gefunden haben. Sein Inhalt verschmolz mit dem des Allerseelentags (2. November), an dem aller nahe stehender Verstorbenen gedacht wird und die Gräber besucht und geschmückt werden.
- Das Totengedenken hat in evangelischen Gemeinden am Sonntag vor dem 1. Advent, dem **Totensonntag** bzw. **Ewigkeitssonntag** seinen Ort. Mit diesem Sonntag endet das Kirchenjahr.

Feste und religiöse Bildungsziele

Vertrauen und Anerkennung

In den Ritualen und Festen geht es immer wieder um Segenstraditionen. Die christlichen Feste bringen zum Ausdruck, was Vertrauen im Leben stiftet und jedes Individuum in seiner Eigenart wertschätzt. Zuweilen gilt es diese Deutungsrichtungen auch gegen andere in den Vordergrund zu rücken, etwa im Sakramentsverständnis, in der Bedeutung von Taufe und Abendmahl, bei der Akzentuierung der Festgeschichten, die um die Bedeutung Jesu kreisen. Solche Zugangsweisen zu den Hauptfesten des Kirchenjahrs stellen nicht das theologische Wissen in den Vordergrund, sondern stärken den Glauben als Hilfe zum Leben, die Beziehung zu Gott als Quelle von Ermutigung und Kraft.

Miteinander leben

Die Ursprungsgeschichten der christlichen Feste thematisieren das Gute, das den Aufforderungen zum eigenen ethischen Tun vorausgeht. Das gilt auch für die Geschenke, die eben nicht als Belohnung für gute Taten zu denken sind, wie der Besuch des Nikolaus häufig gedeutet wird, sondern als Zeichen der Wertschätzung und ohne Erwartung entsprechender Gegenleistungen. Die Festgeschichten haben auch menschliche Grenzen zum Inhalt, etwa das Verhalten der Jünger Jesu bei dessen Gefangennahme oder ihre Ängstlichkeit vor dem Pfingstgeschehen. Die Feste schließen auch das Sorgen für andere ein: im weihnachtlichen Schenken, den Spendenaktionen wie Brot für die Welt und Misereor, dem zeitweisen Verzicht-Üben, dem Überwinden von Grenzen zwischen Menschen (Pfingsten), dem Wahrnehmen von Verantwortung für alles Lebendige (Erntedankfest).

Die Welt entdecken

Gerade die Festtraditionen laden ein zu vielerlei selbstständigen Entdeckungen. Bilder und Figuren lassen nach deren Herkunft fragen, Feste nach den Festgeschichten, Vollzüge und Rituale nach deren Bedeutungen. Da ist viel Platz für eigenständiges Erkunden und Recherchieren, für das Aufspüren der Entstehungsgeschichten christlichen Brauchtums. Gestaltungen des christlichen Glaubens verweisen in all ihrem Reichtum aber auch auf das, was dem verstehenden Zugriff entzogen bleibt:

in den Festgeschichten der christlichen Feste bleibt vieles geheimnisvoll, von der weihnachtlichen Engelsbotschaft bis zu den Begegnungen mit dem Auferstandenen und der nicht erklärbaren Begeisterung, die die Freunde Jesu in der Pfingstgeschichte erfasst.

Zukunft

Die Festvollzüge des christlichen Glaubens laden ein, mitzumachen bei all dem, was einem dabei begegnet, und eigenständig die Spur zu den Bedeutungen zu suchen. Eigene Beteiligung bedeutet eigenes Gestalten, Übernehmen und ideenreiches Verändern. So kommt im Umgang mit den Traditionen der eigene Glaube zum Ausdruck. Künstler haben sich vielfach mit den Inhalten der christlichen Feste auseinandergesetzt – das regt die Kinder zu Entsprechendem an. Sie zeigen so, was sie an diesen Festgeschichten beeindruckt und herausgefordert hat. Gerade an den Hauptfesten finden oft Familiengottesdienste statt, die von Kindern mitgestaltet sind. Der schöpferische Umgang mit christlichen Festüberlieferungen schlägt Brücken zwischen der Symbolik im Elternhaus und dem kreativen Erarbeiten der Festüberlieferungen in Kindertagesstätte, Schule und Kirche.

Fantasie und Hoffnung

Die Festtraditionen des christlichen Glaubens laden ein mitzumachen, dabei zu sein, sich einzulassen auf das, was einem dabei begegnet, und sich eigenständig dessen Bedeutungen zu erschließen. Eigene Beteiligung bedeutet eigenes Gestalten, Übernehmen und ideenreiches Verändern. So kommt im eigenständigen Umgang mit den Traditionen der eigene Glaube zum Ausdruck. Künstler haben sich vielfach mit den Inhalten der christlichen Feste auseinander gesetzt. Das regt die Fantasie und den Gestaltungswillen der Kinder an. Sie zeigen so, was sie an diesen Festgeschichten beeindruckt und herausgefordert hat. Gerade an den Hauptfesten wie Advent und Weihnachten, Ostern, Pfingsten, Erntedank finden oft Familiengottesdienste statt, die von Kindern mitgestaltet sind. Der schöpferische Umgang mit christlichen Festüberlieferungen schlägt Brücken zwischen der Symbolik im Elternhaus und dem kreativen Erarbeiten der Festüberlieferungen in Kindertagesstätte, Schule und Kirche.

Von der Vielfalt der Konfessionen und Religionen

▸ Worum es in diesem Kapitel geht

▸ Ein Glaube in verschiedenen Konfessionen

▸ Vom Wahrheitsanspruch der Religionen

▸ Interreligöses Miteinander und religiöse Bildungsziele

Buddha, Madonna oder hinduistische Tempeltänzerin
– in der heutigen Gesellschaft begegnen sich
viele Religionen und deren Symbole

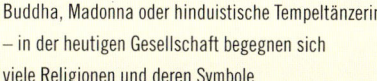

Worum es in diesem Kapitel geht

Religiosität begegnet uns in der gegenwärtigen Gesellschaft in der Vielfalt religiöser Strömungen und ganz individuellen Einstellungen. Schon in seiner Geschichte zeigt sich das Christentum als Prozess der Ausbildung unterschiedlicher Glaubensrichtungen, der Konfessionen. Über dem Ringen um Verständigung zwischen katholischen und evangelischen Kirchen sollte nicht übersehen werden, dass die Ausbildung unterschiedlicher Traditionen von Anfang an die Geschichte des Christentums bestimmt hat. Christlicher Glaube lebt in der Unterschiedlichkeit der Lehrüberlieferungen und praktizierten Frömmigkeit. Das gilt auch für andere Religionen. Im Judentum reicht das Spektrum von ultraorthodoxen bis hin zu den liberalen Gemeinden. Im Islam haben sich die sunnitischen, schiitischen und alevitischen Traditionen ausgebildet. In allen Hochreligionen gibt es Gruppierungen, die mehr einem eher weltabgewandten Ideal folgen, und solche, die ihren Glauben in den Alltag integrieren. Mit der religiösen Vielfalt stellt sich auch die Frage nach der Wahrheit. Ansprüchen auf die alleinige Wahrheit der eigenen Religion und Konfession stehen Ansätze gegenüber, die den Streit um die Wahrheit als das Gespräch unter gleichberechtigten Partnern verstehen. Das Ziel der Fähigkeit zum Dialog kann auch schon in ersten Schritten das Miteinander in der Kindertagesstätte bestimmen. Dabei geht es sowohl darum, die Beheimatung in der eigenen religiösen Überlieferung zu stärken als auch darum, das Wahrnehmen und Achten anderer religiöser Positionen zu fördern.

Buddhafigur

Juden an der Klagemauer

Ein Glaube in verschiedenen Konfessionen

Wie das Christentum aus dem Judentum entstand

Jesus und seine Freunde waren Juden und fühlten sich zum Volk Israel zugehörig. In seiner Lehre beanspruchte Jesus eine besondere Autorität, ohne sich damit aber außerhalb der jüdischen Überlieferung zu stellen. Auch die Gemeinschaft der Jesusanhänger, die nach der Begegnung mit dem Auferstandenen in Jerusalem lebte und wirkte, blieb zunächst dem jüdischen Glauben treu. Sie hielt das Sabbatgebot und die Speisevorschriften ein und lebte – gewissermaßen als jüdische Sondergruppe – die Überzeugung, dass Jesus Christus der erwartete Messias sei. Die entscheidende Veränderung kam mit der Missionsbewegung in Kleinasien und Südeuropa. Zunächst wandten sich die Apostel (= Boten) an die jüdischen Gemeinden. Dann richteten sie ihre Botschaft auch an die „Heiden", d. h. an die Angehörigen anderer Religionen und religiöser Strömungen, vor allem orientalischer Kulte und hellenistischer Philosophie. Sollten die zuerst zu Juden werden müssen und auf die Einhaltung der rituellen Gebote verpflichtet werden, um so den Glauben an den Auferstandenen zu leben? Mit der Befreiung von dieser Verpflichtung wurde die Trennung vom jüdischen Organisationsverband vollzogen. Begleitet wurde dieser Schritt von ausgiebigen theologischen Überlegungen, welche die gemeinsamen Wurzeln in der Geschichte Israels festhielten. Die aktuelle christliche Theologie lenkt die Aufmerksamkeit wieder auf die Zugehörigkeit der Christen zum Volk Gottes und die tiefe Verwandtschaft des Christentums mit der jüdischen Tradition. Wann immer Christen antisemitische Propaganda unterstützten, verrieten sie das gemeinsame biblische Erbe.

Die erste Kirchenspaltung

Mit dem römischen Kaiser Konstantin wurde das Christentum zur Staatsreligion. Aus den verfolgten Gemeinden entstand ein durchorganisiertes Kirchenwesen mit dem römischen Bischof als Sprecher aller Christen im römischen Weltreich. Zu Beginn des 2. Jahrtausends kam es zu Spannungen und Streit zwischen dem weströmischen und dem oströmischen Kirchenwesen. Letzteres hatte in Konstantinopel sein Zentrum gefunden, der von Konstantin gegründeten neuen Hauptstadt und Sitz der oströmischen Kaiser. Der Gegensatz wuchs mit der zunehmenden Bedeutung des Papstes in Rom und seinem Anspruch als führender Bischof der ganzen Christenheit. Dem wollten sich die oströmisch-griechischen Patriarchen nicht unterordnen. Dazu kamen die Verwüstungen, die das christliche Kreuzfahrerheer auf seinem Weg nach Jerusalem unter den griechisch-orthodoxen Christen anrichtete. Die Folge war die Kirchenspaltung in römisch-katholische und orthodoxe Christen.

Veränderungen durch die Reformation

Große Veränderungen der religiösen Landschaft vor allem in Deutschland und Nordeuropa brachte die Reformation im 16. Jahrhundert. Schon zuvor hatten christliche Einzelpersonen und Gemeinschaften eine Reform der in ihrer Institution erstarrten römisch-katholischen Kirche gefordert. Geistliche Ämter wurden damals vielfach nach dem Prinzip von Macht und Reichtum vergeben, während Bischöfe und Priester das einfache Kirchenvolk mit Drohungen vor Höllenstrafen gefügig hielten. Dem Augustinermönch Martin Luther gelang es, sich mit seiner Forderung nach alleiniger Orientierung an der Bibel und dem eigenen Gewissen Aufmerksamkeit und nachhaltige Wirkung zu verschaffen. Als Luther sich weigerte, seine Vorstellungen zu widerrufen, vollzog er damit gleichzeitig den Bruch mit der römischen Kirche. In den Territorien, deren Landesherren sich der Reformation anschlossen, wurden die evangelischen Landeskirchen begründet.

Die Reformation brachte eine Vielfalt neuer kirchlicher Organisationen hervor: Zum einen waren das die evangelischen Großkirchen, die entweder der Reformation Luthers folgten (evangelisch-lutherische Kirche) oder der des Schweizer Reformators Zwingli bzw. der des französischen Reformators Calvin (evangelisch-reformierte Kirchen). Daneben entstanden Gemeinschaften, die sich solcher neuen Institutionenbildung verweigerten und in ih-

Luther schlägt se
95 Thesen an die
Kirchentür – Szen
aus dem gleich-
namigen Film

rer bibelorientierten Frömmigkeit eine eigene Identität fanden. Viele dieser evangelischen Freikirchen (Baptisten, Methodisten, Mennoniten u. a.) formierten sich in Nordamerika, unbedrängt von einem Kirchenregiment der politischen Landesherren oder Bischöfe wie in Europa.

Von den Freikirchen zu unterscheiden sind die Sekten. Sektengründer beziehen sich auf eine allein gültige persönliche Offenbarung des Willens Gottes, aus der sie ihre religiöse Lehren entfalten und dabei unantastbare Autorität beanspruchen. Kennzeichnend für sie ist eine straffe Hierarchie, in der die Gläubigen oft großem religiösen Druck ausgesetzt sind (z. B. Zeugen Jehovas, Scientology u. a.).

Individualisierte Religiosität

Die Individualisierung des Glaubens hat sich fortgesetzt und bei vielen Zeitgenossen zu einer grundsätzlichen kritischen Distanz gegenüber allen kirchlichen Institutionen geführt. Viele sind aus den Kirchen ausgetreten, wollen auch ohne kirchliche Mitgliedschaft weiterhin Christen sein und den Glauben nach eigener religiöser Überzeugung leben. So kam es in den zurückliegenden Jahrzehnten immer wieder zu Kirchenaustrittswellen mit deutlichem Mitgliederschwund. Von treuen Kirchenmitgliedern zu solchen mit sehr lockerer kirchlicher Bindung über Christen außerhalb der Kirche bis hin zu denen, die sich von christlicher Überlieferung ganz gelöst haben, ergibt sich ein schwer zu überschauendes Feld religiöser Orientierungen.

WISSENSWERT

Orthodoxie

Orthodox (gr. *orthos* = richtig) bezeichnet einen christlichen Glauben, der vor allem im gottesdienstlichen Geschehen und im Lobpreis Gottes seinen Mittelpunkt hat. Geschichtliche Entwicklung geschah in den orthodoxen Kirchen weniger als Ausformung theologischer Lehren, sondern vielmehr als Bewahrung des Glaubens im Feiern, vor allem in den zahlreichen Klöstern. In der Fülle der Gebete und Gesänge haben die orthodoxen Kirchen die Gottesdienstgestaltung der frühen Christenheit am genauesten bewahrt. Von besonderer Bedeutung sind die Bilder (Ikonen). Im andächtigen Betrachten der Ikonen drückt sich die Verehrung der in ihnen repräsentierten Personen aus: Christus, die Gottesmutter Maria, die Heiligen. Orthodoxe Frömmigkeit feiert das Geheimnis des Glaubens – so ist der Altarraum der Kirche durch eine Wand mit vielen Ikonen (Ikonostase) vom Versammlungsraum der Gläubigen getrennt.

Vom Wahrheitsanspruch der Religionen

Es sind die religiösen Wahrheitsansprüche, die für die Verständigung zwischen den Religionen eine besondere Herausforderung darstellen. Zugehörigkeit zu einer Religion schließt die Mitgliedschaft in einer anderen in der Regel aus: Man kann nicht zugleich Christ und Muslim sein. Der jeweils spezifische Wahrheitsanspruch einer Religion lässt sich nicht mit dem anderer Religionen kombinieren, ohne religiösen Überlieferungen ihren Ernst und ihre Glaubwürdigkeit zu nehmen.

Monotheistische Religionen kennzeichnet das Bekenntnis zu dem einen Gott. Verbunden ist damit die Abgrenzung von anderen Göttern und von den Religionen, die sie verehren. Solche Abgrenzung wurde in der Geschichte dieser Religionen auch mit dem Absolutheitsanspruch der eigenen Glaubenswahrheit verbunden. Kennzeichen solchen exklusivistischen, d. h. ausschließenden Denkens ist es, anderen den Besitz der Wahrheit und damit zugleich die religiöse Glaubwürdigkeit abzusprechen. Lange Zeit war das Verhältnis des Christentums zu anderen Religionen durch solches ausschließendes Denken bestimmt. Moslems verstehen nach offizieller Lehre bis heute Mohammed als „Siegel der Propheten", der Judentum und Christentum von Irrtümern befreit und im Islam zur endgültigen Wahrheit gebracht habe.

In der katholischen wie evangelischen Theologie wurden inzwischen Möglichkeiten eines interreligiösen Dialogs entwickelt, die frühere Exklusionen hinter sich lassen: Glaubensaussagen sind demnach perspektivisch zu sehen. Mit ihnen formulieren Menschen ihr Bekenntnis und ihre Sicht des Zusammenhangs von Gott und Welt. Sie bringen Überzeugungen zum Ausdruck, die nicht mit allgemeingültigen, von der glaubenden Person und ihrer Gemeinschaft unabhängigen Lehrsätzen zu verwechseln sind. Die Aussagen einer Religion sind nur für ihre Gläubigen verpflichtend. Damit ist der Weg zur Verständigung geöffnet. Menschen mit unterschiedlichen religiösen Verwurzelungen lernen auf dieser Basis, einander besser zu verstehen. Es gilt einerseits Gemeinsamkeiten zwischen den Religionen zu entdecken und andererseits auch Widersprüche kennen zu lernen und mit ihnen umzugehen. Was bedeutet es für einen Christen, mit den Augen des Moslem den Islam und sogar die eigene christliche Religion wahrzunehmen? Vorurteile und Etikettierungen können so aufgelöst werden. Aber auch das Gefühl der Fremdheit der anderen Religion gegenüber darf bleiben und der Streit um die Wahrheit, der nicht zu einer Aufhebung der Unterschiede führen muss. Grundlegend für den Dialog ist in jedem Fall das Gespräch aller Beteiligten auf gleicher Ebene.

Vielfach wird befürchtet, dass mit solcher Verständigung die Unterschiede zwischen den Religionen eingeebnet würden. Richtig verstandener Dialog aber setzt Gesprächspartner voraus, die eine klare und identifizierbare religiöse Position vertreten. Nur wer sich seiner eigenen Position sicher ist, kann es sich leisten, sich auch auf andere einzulassen und von ihnen zu lernen. Dialog zielt also letztlich auf die Stärkung religiöser Identität, nicht auf deren Verwässerung.

Im Eigenen zu Hause und offen für Fremdes sein

Religiöse Orientierung und Zugehörigkeit hat immer auch mit dem Verhältnis zu Glaubensgemeinschaften zu tun, in denen religiöse Überlieferungen gepflegt und weiterentwickelt werden. Kindern wird solche Zugehörigkeit auf unterschiedliche Weise bewusst:

- Die einen wachsen in einem Elternhaus auf, in dem Zugehörigkeit zu einer Kirche praktiziert wird; in Kindertagesstätte, Schule und Freundeskreis lernen sie dann auch andere religiöse Bindungen kennen.
- Andere wachsen in einem Elternhaus auf, in dem unterschiedliche Bindungen wirksam sind – sei es Nähe und Distanz zur Kirche oder Mitgliedschaft in verschiedenen Kirchen oder Religionen.
- Wieder andere wachsen in einem Elternhaus auf, in dem religiöse Traditionen keine Rolle spielen und Kinder erst später kirchlicher Bindung begegnen.

Eltern treffen religiöse Entscheidungen

Wenn Kinder in der Welt der religiösen Überlieferungen heimisch werden sollen, setzt das Entscheidungen der Eltern voraus, wo diese religiöse Heimat sein soll – entweder durch die Taufe in einer der Kirchen, oder in einer anderen Religion, oder in keiner Glaubensgemeinschaft. Das Bildungsziel bleibt die eigene religiöse Entscheidung des Kindes zur gegebenen Zeit. Vorurteilsfrei kann sie aber nur treffen, wer dabei auf eigene Erfahrungen mit religiöser Praxis zurückgreifen kann. Mit bloß distanziertem, neutralem Beobachten ist es da nicht getan, denn Religion erschließt sich nicht über bloßes Wissen. Wenig ergiebig wäre andererseits auch, ein Kind Zugehörigkeiten zu verschiedenen Religionsgemeinschaften ausprobieren zu lassen. Ein Gefühl persönlicher Zugehörigkeit kann sich da wohl kaum einstellen. So ist es für Kinder hilfreich, wenn sie frühzeitig eine religiöse Heimat finden können: im Elternhaus, auch in der Kindertagesstätte, im Religionsunterricht in der Schule, in den Angeboten für Kinder und Familien in den Kirchengemeinden.

Religiöse Vielfalt in der Kindertagesstätte in kirchlicher Trägerschaft

Erwartet wird von Mitarbeitenden in einer Kindertagesstätte in kirchlicher Trägerschaft, dass sie deren christliches Profil und damit verbundene Zielsetzungen mittragen. Inwieweit sie sich selbst in der Lage zu eigenen religionspädagogischen Beiträgen sehen und welche Fortbildungen sie dazu brauchen, ist dann eigens zu klären. Was bedeutet nun solches Profil für Kinder und Eltern, die in anderen religiösen Traditionen verwurzelt sind?

Gemeinsamkeiten entdecken: Einen ersten Zugang zur interreligiösen Erziehung gewinnen wir mit dem Aufsuchen von Gemeinsamkeiten zwischen den Religionen. Was Juden, Christen und Muslime miteinander verbindet, ist der Glaube an den einzigen Gott. Gemeinsame Gebete zu dem einen Gott sind damit grundsätzlich möglich. Viele Geschichten des Alten Testaments – also der Hebräischen Bibel – und des Neuen Testaments haben auch im Koran ihren Niederschlag gefunden. Dort wird ebenfalls von Abraham gesprochen, von Noah und der Arche, von Jona und dem Fisch, von Jesus und seinen Worten und Taten. Und schließlich ist die Mahnung, im Zusammenleben einander zu achten, sich um Frieden zu bemühen und die Schöpfung zu bewahren, in vielen Religionen verankert. Das Wissen um solche Gemeinsamkeiten kann der interreligiösen Erziehung eine gute Basis geben.

Unterschiede als Bewährungsprobe: Bewähren muss sie sich aber an den Unterschieden zwischen

Die Geschichte von
Jona und dem Wal
kommt auch im Koran vor

den Religionen. Sie können bei nichtchristlichen Eltern Misstrauen und die Befürchtung auslösen, ihr Kind könnte in der Kindertagesstätte zu sehr vom christlichen Glauben beeinflusst werden. Wichtig ist deshalb, dass die angebotene Beheimatung in der christlichen Tradition von gleichzeitiger Offenheit, Wertschätzung und dem Respekt für andere religiöse Orientierungen begleitet wird. Es gilt in solchem Sinne, den Unterschied zwischen religiös Eigenem und Fremdem bewusst zu machen und damit zugleich die Fähigkeit des Dialogs mit religiös Anderen anzubahnen. Dazu gehört sowohl das Entdecken einer eigenen religiösen Heimat und deren Traditionen als auch das Einüben von Umgangsweisen mit Fremdem: Akzeptanz und der verständnisvolle Umgang mit fremder Religion und Religiosität sollen selbstverständlich werden. So begegnet den Kindern Religion zum einen als das christliche Profil der Einrichtung und sie erscheint zugleich als Vielfalt, in der andere religiöse Traditionen in ihrer Andersartigkeit beachtet und geachtet werden. Kleine Kinder nehmen zunächst religiöse Verschiedenheit noch gar nicht bewusst wahr. Nach und nach aber sollen sie in ihrem Zusammenleben mit Menschen aus anderen Religionen das religiöse Anderssein entdecken und zwar in einer Art und Weise, die ohne Differenzierung zwischen gut und schlecht, richtig und falsch auskommt. So wachsen Kinder zum einen in ihre je spezifische Glaubenshaltung hinein, die sie zunächst übernehmen und immer besser kennen lernen. Durch den Blick über den Zaun lernen sie zum anderen zugleich, dass andere Menschen in andersartigen religiösen Einstellungen verwurzelt sind. Sie lernen mit dem religiös Anderen umzugehen, auch mit damit verbundenen Fragen und Zweifeln.

Identifikationsangebote: Christliche Kinder sollen entdecken, was alles im eigenen religiösen „Haus" zusammengehört und von Traditionen geprägt ist, die nicht einfach austauschbar sind. So wurzeln die christlichen Feste mit der Vielfalt der Bräuche in der biblischen Überlieferung. Im

Blick auf alle Kinder aber stellt sich die Frage: Welche religiöse Beheimatung kann die Kindertagesstätte in kirchlicher Trägerschaft wirklich leisten? Ist es realistisch, in ihr allen Kindern Verwurzelung in ihrer religiösen Herkunft zu ermöglichen? Zunächst erscheint es sicherlich überzeugend, dass ein kirchlicher Kindergarten von der christlichen Tradition geprägt ist und in ihr Beheimatung anbietet. Es geht hier um Klarheit in der religiösen Position der Kindertagesstätte. Als kirchliche Einrichtung sollte sie in ihrer religiösen Grundorientierung als eine christliche identifizierbar sein. Christliche Kinder finden hier ein religiöses Zuhause.

Aber was geschieht mit den religiös anders Verwurzelten? Sie sind doch genauso Mitglieder dieser Einrichtung! Sie werden nach dem hier vorgestellten interreligiösen Konzept im Blick auf die bestehenden religiösen Unterschiede bei spezifisch christlichen Vollzügen weder ignoriert noch ausgegrenzt oder christlich vereinnahmt, sondern sie erhalten die Rolle eines religiösen Gasts. Sie sind herzlich willkommen. Sie werden eingeladen, mitzufeiern – im klaren Bewusstsein darum, dass sie es als religiöse Gäste tun, die in solchem Feiern nicht im Eigenen zuhause sind. Es gilt dabei einen Stil zu entwickeln, der den Anschein der Vereinnahmung von vornherein ausschließt. Gästen wird freundlich erklärt, was geschieht, und sie können ihr Verständnis oder Unverständnis artikulieren. Dazu gehört auch, dass Rückzug als etwas Selbstverständliches verstanden wird. Die Gäste entscheiden selbst, wie weit sie sich einbringen und mitmachen wollen. Warum müssen denn alle beten oder sich alle um die Erzählkerze zur biblischen Geschichte scharen? Und das gilt analog auch, wenn muslimische Eltern ihre Kinder nicht zu einer christlichen Feier in den Kindergarten schicken.

Gemeinsam religiöse Unterschiede ausfindig machen

- Mit dem Einüben in Gebetshaltungen, etwa dem Händefalten, ist zu bedenken, wie man auch mit anderen Gebetsgesten dabei sein kann.
- Beim Erzählen biblischer Geschichten kann geklärt werden, dass diese Geschichten für den Glauben anderer Menschen weniger oder gar keine Bedeutung haben.
- Bei Gesprächen über Gott kann thematisiert werden, dass viele Menschen von Gott andere Vorstellungen haben, dass hier Überzeugungen voneinander abweichen.

Wenn man statt vom vereinnahmenden „Wir" vom „Ich als Christin bzw. Christ" spricht, wird damit deutlich, dass es auch andere Positionen gibt. Umso leichter wird es Kindern fallen, mit einer religiösen Erziehung zurecht zu kommen, die sich von der Einstellung der eigenen Eltern unterscheidet.

Religiöse Unterschiede werden an Personen deutlich: Weiterführend ist hier also eine Unterscheidung von Rollen, in denen man sich zu und in religiösen Vollzügen verhält. Die eine Rolle ist die der Beteiligung an der Frömmigkeitspraxis der eigenen Religion bzw. Konfession. Ihr steht die andere Rolle des religiösen Gasts bei den Vollzügen einer anderen Religion gegenüber. Für die Kinder, die anderen Religionen angehören, ist es sicherlich kein Problem, an christlichen Vollzügen teilzunehmen. Sie werden sich wohl kaum danach drängen, ihre andere religiöse Orientierung in den Vordergrund zu rücken. Es sind vielmehr die Eltern, die in ihren Befürchtungen Ernst zu nehmen sind, dass ihre Kinder ihrer eigenen religiösen Identität entfremdet werden. Sie geben die Aufgabe und zugleich Lernchance vor, religiöse Unterschiede zu thematisieren. Mit den Eltern sollte deshalb schon

Als Erwachsene den Umgang mit anderen religiösen Traditionen vorleben

Gäste einladen

Muslimische Kinder und Eltern werden als religiöse Gäste zur Feier eines kirchlichen Fests in den evangelischen oder katholischen Kindergarten oder zu einem christlichen Schulgottesdienst eingeladen. Dabei wird deutlich ausgesprochen, dass das nicht ihre eigenen religiösen Inhalte sind, an die sie glauben, dass sie den eigenen vielleicht sogar widersprechen. Es geht um das Dabeisein trotz dieser Unterschiede, um das Erleben gastlichen Miteinanders mit der Chance des Kennenlernens dessen, was einem selbst noch unbekannt und fremd ist. Erfreulicherweise gibt es schon gute Erfahrungen mit religiösen Feiern, in denen die Teilnehmenden während des Verlaufs die Rollen wechseln, etwa zuerst als religiöse Gäste an einem christlichen Gebet teilnehmen, um dann ein Gebet der eigenen Religion mit den anderen als religiösen Gästen zu sprechen. Gegenüber einer Praxis, die sich nur auf die Gemeinsamkeiten zwischen den Religionen beschränkt, hat dieses Modell den Vorzug, dass so auch ein Miteinander angesichts bestehender Unterschiede angebahnt werden kann.

Kritische Distanz respektieren

Kirchenferne Eltern werden in ihrer kritischen Distanz respektiert, wenn sie zu Feiern in die kirchliche Kindertagesstätte oder zu Veranstaltungen für Schulkinder und Eltern in die Kirche eingeladen werden. Kinder werden darin unterstützt, an ihren Eltern diese Distanz nicht als etwas Störendes, sondern als die andere Position wahrzunehmen, die auch ihre Gründe und ihr Recht hat. Sie lernen, dass andere gegenüber christlichen Überlieferungen auch distanziert-ablehnend sein können, ohne dass sie deswegen ihre eigene Freude an den christlichen Vollzügen, Geschichten und Ritualen aufgegeben müssten. Vielleicht können Kinder sogar ihren Eltern gegenüber auf diese Weise zu „Gastgebern" einer religiösen Heimat werden, die

sie in der Kindertagesstätte oder Schule gewonnen haben: mit dem Erzählen, den angestoßenen Gesprächen über Gott, dem Einbringen kennengelernter Gebete. Gut für sie ist, wenn sie die Distanz ihrer Eltern nicht als eine abweisende, sondern als eine wohlwollende erleben können.

Selbstständigkeit der eigenen Kinder achten

Christliche Eltern, deren Kinder sich inzwischen von religiösen Traditionen in der Familie verabschiedet haben, zeigen weiterhin etwas von ihrer religiösen Heimat – etwa wenn die Kinder nicht mehr mit den Eltern beten oder mit in die Kirche gehen wollen, weil sie sich nun groß und selbstständig fühlen. Da gilt es, Kinder in die neue Rolle der religiösen Gäste zu entlassen, ihnen Respekt gegenüber ihrer Einstellung zu zeigen. In Gesprächen mit ihren Kindern lernen Eltern Gründe und Erfahrungen kennen und verstehen, was zu dem anderen religiösen Verhalten geführt hat. Als Eltern nehmen sie selbst weiterhin die Rolle der religiösen Gastgeber wahr. Sie zeigen ihre Überzeugung, geben Rechenschaft darüber, laden zum Dabeisein ein, ohne zu nötigen und zu zwingen.

Konfessionelle Unterschiede vorleben

Kinder aus konfessions- oder religionsverschiedenen Familien lernen die religiöse Heimat eines Elternteils kennen, für die sich ihre Eltern in der gebotenen Vorläufigkeit entschieden haben. Und sie nehmen zugleich als religiöser Gast viel von der religiösen Orientierung des anderen wahr. Dabei spielen verständlicherweise die Gemeinsamkeiten eine große Rolle. Aber auch das gehört dazu, wie das Miterleben des religiös Verschiedenen und Andersartigen so geschehen kann, dass es zu keinem Vermischen und Verwischen der religiösen Traditionen, zu keinem religiösen „Durcheinander" kommen muss. Gut ist, wenn die Eltern durch das eigene Vorbild die Klärung der Rollen erleichtern.

beim Anmeldegespräch ihr Verhältnis zur religiösen Orientierung der Einrichtung bedacht werden.

Wie können Kinder bei spezifisch christlichen Vollzügen dabei sein und zugleich darin bestärkt werden, dass sie eine andere religiöse Heimat haben? An dieser Frage muss sich das interreligiöse Konzept im Alltag bewähren.

Erziehende vertreten als Christen eine bestimmte Position und stehen – in religiöser Sicht – den christlichen Kindern näher als den nichtchristlichen. Diese Position gilt es erst einmal auszuhalten – auch gegen den Wunsch, allen Kindern auch in religiöser Hinsicht gleichermaßen Bezugsperson zu sein. Die christliche Erzieherin kann in ihrer eigenen religiösen Bindung nur Modell für eine christliche Einstellung sein. Andererseits aber hat sie durchaus die Möglichkeit, zugleich den respektvollen Umgang mit Mitgliedern anderer Religionen zu verdeutlichen. Das setzt voraus, zunächst bei sich selbst das Verhältnis von religiös Eigenem und Fremdem zu klären. Dazu gehört dann auch, sich von dem Anspruch zu lösen, den Kindern auf alle ihre Fragen Antwort geben zu können. Hier ist Entlastung von der Erwartung angesagt, sich in der Welt der Religionen gut auszukennen. Zugleich ist damit die Chance eröffnet, von anderen zu Entdeckungsreisen in ihre Religion eingeladen und mitgenommen zu werden. Wenn ein Kind fragt: „Warum hat die Mutter von Erkan immer ein Kopftuch auf?", dann muss sie nicht gleich selbst antworten und erklären, sondern kann zurückfragen: „Wen könnten wir dazu fragen? Vielleicht kann uns Erkans Mutter auch selbst erzählen!" Gelegenheiten sollten genutzt werden, die Rollen von religiösem Gastgeber und Gast zu tauschen: Christliche Kinder besuchen die Moschee und werden dort als Gäste begrüßt, und die muslimischen Kinder genießen es, hier zu Hause zu sein.

Unter solchen Voraussetzungen wird die Rolle einer muslimischen Erzieherin bei der christlich-religiösen Erziehung deutlich: Sie könnte als hauptamtliche Mitarbeiterin muslimischen Kindern wie auch Eltern in der Einrichtung bei spezifisch christlichen Elementen der religiösen Erziehung den religiösen Gaststatus vorleben. Sie könnte ihnen zeigen, wie man sich in solchen Situationen als religiöser Gast verhält. Sie könnte in diesem Sinne eine wichtige Brücke zu den muslimischen Eltern sein und schließlich im Team eine Expertin für ihre Religion und wichtige Mitdenkerin bei den Fragen der religiösen Erziehung.

Auch nichtchristliche Eltern sollten dazu motiviert werden, gerade bei der religiösen Erziehung mit spezifisch christlichen Inhalten dabei zu sein und so bei ihren Kindern die Rolle des „religiösen Gasts" zu stärken. Je deutlicher Kinder unterschiedliche religiöse Positionen ihren Bezugspersonen zuordnen können, desto besser werden sie auch mit religiöser Vielfalt zurechtkommen. Religiöse Pluralität wird so nicht zum Durcheinander, sondern kann in den Rollen von Eigenem und Fremdem, von religiöser Heimat und religiösem Gast-Sein strukturiert und geklärt werden.

Mit solcher Differenzierung nach unterschiedlichen religiösen Orientierungen und dem Umgang damit schließt sich der Kreis, der beim Nachdenken über Religion im allgemeinen Sinne begonnen hatte und im produktiven Umgang mit religiöser Vielfalt und Unterschiedlichkeit zu seinem Ziel kommt.

Interreligiöses Miteinander und religiöse Bildungsziele

Vertrauen und Anerkennung

Kinder sollen im Blick auf eine religiöse Überlieferungsgemeinschaft Zugehörigkeit entwickeln können mit dem Ziel der eigenen Entscheidung zu gegebener Zeit. Wichtig ist, dass die Religionsgemeinschaft beides bietet: Sowohl Identitätsgefühl als auch Möglichkeit zu kritischer Distanz und zu eigenen Entscheidungen, inwieweit man sich auf die religiösen Angebote einlassen möchte.

Miteinander leben

Gerade das Zusammenleben von Menschen unterschiedlicher religiöser Orientierung birgt Konfliktpotenzial. Gelingt es, in der klaren Trennung der Rollen zu vermeiden, dass andere vereinnahmt werden, dass unterschiedliche religiöse Wertorientierungen zu wenig ernst genommen werden? Gerade im Umgang mit dem Fremden fällt es oft schwer, „Fremdheitskompetenz" zu entwickeln, d. h. sich weder mit dem offenen Zugehen auf andere zu überfordern, noch sich vor dem fremden Anderen abzuschotten und Vorurteile weiter zu pflegen. Dazu gehört auch, die Regeln und Wertvorstellungen der anderen zu achten und zu respektieren, vom Verhalten in Gotteshäusern bis zum Vermeiden von Bezeichnungen, die als falsch oder gar beleidigend empfunden werden.

Die Welt entdecken

Die Begegnung mit dem religiös Anderen birgt auch mancherlei Geheimnisse: Warum glauben die Menschen auf so verschiedene Weise an Gott? Warum sind die Feste, Rituale, gottesdienstliche Räume so anders? Wo liegen die Ursachen solcher Unterschiede? Was ist für die Identität der anderen Religion bzw. religiösen Orientierung von zentraler Bedeutung? Gerade der Vergleich mit dem Eigenen hilft das Andere in seiner Andersartigkeit wirklich verstehen zu lernen und bleibt nicht bloß beim Registrieren unterschiedlicher Merkmale stehen. Und das Kennenlernen des anderen regt auch zum genaueren Nachfragen nach dem an, was für die eigene Religion kennzeichnend und wesentlich ist.

Fantasie und Hoffnung

Das gemeinsame Gestalten religiöser Feiern ist eine Bewährungsprobe interreligiöser Bildung, denn es ist keineswegs damit getan, unterschiedliche religiöse Beiträge nur additiv aneinander zu fügen. Stattdessen ist zu bedenken: Was sind gemeinsame religiöse Traditionen, wo ist etwa gemeinsames Beten möglich? Wo sind religiöse Gastgeber und Gäste zu unterscheiden, wie kann dies in einfachen Formen verdeutlicht werden? Wie kann sichergestellt werden, dass alle Beteiligten sich mit ihrer religiöser Orientierung angemessen einbringen können? Welche Spielräume für eigenes Gestalten tun sich im Rahmen der vorgegebenen religiösen Überlieferungen auf? So wie sich eine Religion wohl am anschaulichsten in ihren Ausdrucksformen zeigt, so gilt das entsprechend auch für die Fähigkeit und Möglichkeit zum Miteinander des gemeinsamen Feierns. Mit viel Fantasie werden Möglichkeiten ausgelotet und erprobt, wie religiös Verschiedene miteinander feiern können. Sie sind Ausdruck der Hoffnung, dass nicht mehr gegenseitiges Verurteilen, sondern eine Verständigung für das Miteinander der Religionen bestimmend sein werden.

Biblische Geschichten

▶ Abraham und Sara finden eine neue Heimat

▶ Davids Salbung

▶ Josef und seine Brüder

▶ Die Heilung des Gelähmten

▶ Jesus speist mit Zachäus

▶ Abraham und Lot finden eine Lösung

▶ Das letzte Abendmahl

▶ Jesu Auferstehung

▶ Pfingsten

Zur Einleitung der biblischen Nacherzählungen

Die folgenden biblischen Geschichten sind freie Nacherzählungen der biblischen Texte. Sie sind nicht als Vorlesetexte für die Kinder gedacht, sondern für die erwachsenen Leserinnen und Leser dieses Buches. Sie veranschaulichen auch das in Kapitel „Biblische Geschichten damals und heute" Bedachte (→S. 48 ff.).

- Lassen Sie sich durch diese Geschichten mit hineinnehmen in die Aktualität der biblischen Texte. Die historischen Zusammenhänge sind zwar andere als heute, aber grundlegende Erfahrungen des menschlichen Lebens verbinden uns mit den Personen der biblischen Erzählungen. Das steht auch bei diesen Nacherzählungen im Vordergrund. Wo finden Sie sich selbst in den Geschichten wieder? Die ausgeführten Erzählungen zeigen, wie aus den in der Bibel oft sehr knapp formulierten Texten ausführliche Geschichten werden können. Solches Veranschaulichen biblischer Vorlagen lässt sich besser als in bloßen Erklärungen an konkreten Beispielen zeigen. So wird sichtbar, wie biblisch-theologische Grundmuster und Strukturen in eine neue Sprachgestalt eingehen, die sich aus Sprachkraft, Erfahrungsschatz, Erzählfreude und Einfühlungsvermögen der heute Erzählenden nährt.

- Lassen Sie sich dann von den Nacherzählungen zu Ihren eigenen Geschichten anregen. Finden Sie zu den Erzählungen, die zu Ihnen und zu Ihren Kindern passen. Lesen Sie selbst in der Bibel, machen Sie sich die Bedeutung von anregenden Erzählideen bewusst und finden Sie Ihre eigenen.

- Setzen Sie Ihre eigenen Schwerpunkte in der Geschichte: Was würden Sie mehr hervorheben, was eher in den Hintergrund rücken? Wo können Sie auf eigene Erfahrungen zurückgreifen, die zu dem biblischen Zusammenhang passen? Welche Bilder sehen Sie vor Ihrem inneren Auge? Wie würden Sie mit eigenen Worten zentrale Glaubensaussagen formulieren?

- Denken Sie dabei auch an die Altersstufe der Kinder: Wie umfang- und facettenreich darf die Geschichte sein? Was ist für die Kinder eher bzw. weniger verständlich? Wie weit trägt bei ihnen der Spannungsbogen?

Abraham und Sara finden eine neue Heimat

1.Mose 12, 1ff.

Glaube als unerschütterliches Vertrauen auf Gottes Begleitung

Es ist Abend. Abraham und Sara sitzen wie so oft um diese Zeit vor ihrem Zelt. Sie hören das Blöken der Schafe und die Stimmen der Hirten, die sich noch um die Tiere kümmern. „Das alles gehört uns", sagt Abraham bedächtig. „Hier in Haran sind unsere Herden groß geworden. Und wir sind mit unseren Herden alt geworden. Hier sind wir zu Hause. Die anderen kennen und mögen uns."

Da kommt Abrahams Knecht Elieser herübergelaufen. „Abraham, ich muss mit dir reden!" sagt er. „Ist es etwas Schlimmes?" fragt Abraham. „Ich weiß es nicht", antwortet Elieser. „Als wir mit der Herde an der Wasserstelle waren, da haben die Hirten des Amos gesagt: Wenn das Wasser hier zu Ende ist, dann müsst ihr selber schauen, wo ihr Wasser findet. Wir können euch dann nicht mehr helfen. Am besten, ihr sucht euch selbst anderswo neue Quellen. – Aber wir haben bisher doch immer gemeinsam nach Quellen gesucht, habe ich geantwortet. Das gibt es doch nicht, habe ich mir gedacht. Wir haben doch immer so gut zusammengehalten. Wieso soll das denn auf einmal anders sein?" Sara schaut Elieser ganz erschrocken an. „Da leben wir jahrelang in Freundschaft zusammen, und auf einmal ist es aus! Was sollen wir bloß tun?" – Abraham schweigt lange. Dann meint er: „Wenn wir hier keine Freunde mehr haben, dann müssen wir fort von hier." – „Nein", ruft Sara ganz erschrocken, „wohin sollen wir denn ziehen?" – „Wir können neue Freunde suchen", meint Abraham.

„Aber ich will nicht", ruft Sara. „Ich bin hier zu Hause!" Einige Tage vergehen. Aber von morgens bis abends geht Abraham und Sara und Elieser nur eins durch den Kopf: Müssen wir wirklich weg von hier? Und wohin sollen wir dann gehen? Mit den anderen in Haran zu reden, macht ihnen gar keinen Spaß mehr. Die weichen ihnen aus, drehen sich weg, schauen so komisch. Nichts ist mehr, wie es früher war.

Eines Morgens sagt Abraham zu Sara: „Sara, ich weiß jetzt, was wir tun!" Fragend schaut Sara ihn an, und er fährt fort: „Wir brechen auf und ziehen weg!" – „Aber", stottert Sara, und sie hat Tränen in den Augen, „Wohin sollen wir denn gehen?" – „Sei beruhigt", sagt Abraham. „In der Nacht hat Gott zu mir gesprochen. Ich habe in mir seine Stimme gehört. Zieh los, hat diese Stimme gesagt, verlass deine Heimat. Und habe keine Angst, ich gehe mit euch mit und zeige euch den Weg. Ihr werdet neues und gutes Land finden und eine neue Heimat. Es wird ein Ort sein, an dem ihr euch wohlfühlen werdet, du und Sara und Elieser und alle anderen, die zu euch gehören. Du, Sara, ich bin mir ganz sicher, dass es so sein wird! Ich weiß, dass uns Gott eine neue Heimat schenken wird!" Langsam antwortet Sara: „Ich glaube, es muss sein, dass wir losziehen. Und ich glaube auch, dass es so sein wird, wie du es gesagt hast."

Von da an geht alles ganz schnell. Abraham holt die Knechte zusammen, Sara die Mägde, und sie sagen ihnen, was sie zu tun haben. Es ist viel Arbeit, bis alles bereit ist zum Aufbruch. Bei der Arbeit muss Sara immer wieder an all das Schöne denken, was sie hier erlebt haben, und dabei seufzt sie. Aber dann denkt sie an das, was Abraham erzählt hat, und sie murmelt vor sich hin: „Gott wird uns eine neue Heimat schenken. Gott wird uns nicht im Stich lassen!"

Dann ist es soweit, sie brechen auf. Es ist eine lange Reise, und oft sagt Sara zu Abraham: „Warum nur konnten wir nicht zu Hause bleiben!" Aber nach vielen Tagen wird die Landschaft anders. Sie sehen wieder grünes Gras,

schattige Bäume und Wasserquellen. Das sind gute Weiden für ihre Schafherde. „Hier bleiben wir!" sagt Abraham. „Das wird unsere neue Heimat." Es dauert eine Zeitlang, und dann haben sie auch neue Freunde gefunden. Abends sitzen sie mit ihnen oft beim Lagerfeuer zusammen und erzählen einander Geschichten. Neue Geschichten hören sie, die sie bisher noch nicht kannten, und auch sie haben den anderen viel Neues zu erzählen. „Gott sei Dank", meint Sara zu Abraham, „dass es uns jetzt wieder so gut geht!"

Davids Salbung

1.Sam 16, 1 ff.

Anerkennung erfahren – die anderen Maßstäbe des Glaubens

Aufgeregt läuft der kleine David durch die Gassen seines Dorfes Bethlehem. Es muss etwas Besonderes geschehen sein, denn überall stehen die Leute beieinander und reden. Er spitzt die Ohren, um herauszubekommen, um was es geht. „Was ist denn los?", fragt er neugierig, aber er bekommt keine Antwort. Die Großen sind viel zu sehr mit sich selbst beschäftigt. Nach und nach bekommt er es doch heraus. Der berühmte Samuel, der große Gottesbote, ist nach Bethlehem gekommen. Von dem hat sein Vater schon erzählt, aber gesehen hat David den Samuel noch nie. „Wenn ich ihn sehen könnte, das wäre toll!", denkt sich David. Auf einmal schnappt er einen Satz auf, bei dem er vor Freude gleich einen Satz macht: „Samuel ist gerade bei Isai", hört er jemanden sagen. Isai ist doch sein Vater. „Bei uns zuhause ist der große Gottesbote Samuel", ruft David ganz aufgeregt, und schon rennt er los.

Zuhause fängt ihn sein Vater vor der Tür ab. Atemlos fragt David: „Ist der Samuel noch da?" – „Ja schon", antwortet der Vater, „aber du kannst nicht zu ihm. Wir Großen, deine Brüder und ich, haben Wichtiges mit ihm zu besprechen. Da hast du nichts dabei zu suchen." Enttäuscht sieht David seinen Vater an. „Wir brauchen dich draußen bei den Schafen", fährt der Vater fort. „Das ist jetzt wichtiger!"

Missmutig macht sich David auf den Weg. Immer die Großen mit ihrer Wichtigtuerei, denkt er sich. Als ob ich sie stören würde, wenn ich still dabeisitze. Ich bin doch auch wer, ich bin doch kein Baby mehr! Das Schafe-Hüten macht ihm heute keinen Spaß. Immer muss er daran denken, dass Samuel jetzt in ihrem Wohnraum sitzt.

Auf einmal hört David Rufe. Er hört seinen Namen und schaut auf. Knechte seines Vaters kommen angerannt: „Kleiner, du sollst sofort nach Hause kommen! Der Samuel will dich sprechen!" David durchfährt es wie ein Blitz. „Mich will er sprechen?", fragt er aufgeregt und möchte mehr wissen. Einer der Knechte geht mit ihm zurück. „Warum will er mich sprechen?", fragt David, „ich bin doch bloß der Kleine." – „Ich weiß es auch nicht", antwortet der Knecht. „Ich habe nur gesehen, wie der Samuel mit jedem deiner Brüder geredet und dann den Kopf geschüttelt hat. Dann hat er deinen Vater gefragt: Isai, sind das alle deine Söhne? Wir haben nur noch den Kleinen, hat dein Vater geantwortet, der ist draußen bei den Schafen. Lass ihn holen, hat der Gottesbote darauf erwidert, denn mit ihm möchte ich reden. Ich habe ihm etwas Wichtiges zu sagen!" David kann es vor Neugier gar nicht erwarten, bis sie zuhause sind. Endlich sind sie da.

Jetzt steht er in dem großen Raum neben dem Propheten Samuel. Der beugt sich zu ihm hinunter und begrüßt ihn freundlich. „Gut, dass du da bist" sagt er, „ich habe eine wichtige Botschaft für dich". David meint, alle müssten sein Herz klopfen hören, so laut schlägt es vor Aufregung. „Komm, lass uns ein paar Schritte gehen", fährt der Gottesbote fort. Sie gehen

über den Hof, und die anderen schauen ihnen aufmerksam zu. Da kommt sich David sehr bedeutend vor. Samuel bleibt stehen, greift in seinen Umhang und holt ein Kuhhorn heraus, das an beiden Enden mit Wachs verschlossen ist. „Gott hat viel mit dir vor", sagt der Gottesbote jetzt. „Wenn du groß bist, wirst du dein Volk aus großer Gefahr retten. Gott wird dir die Kraft geben, die du dazu brauchst. Auch wenn du es jetzt noch nicht ganz verstehen kannst, sollst du es schon wissen: Du wirst einmal der Retter deines Volkes sein." Und dann öffnet Samuel das Gefäß und gießt wohlriechendes Öl in seine Hand. Er beugt sich über David und streicht ihm das Öl über die Stirn und über den Nacken. David spürt das Öl auf seiner Haut, und es tut ihm gut. Er fühlt sich erfrischt und gestärkt. „So wie du das Öl spürst, so sicher gilt das, was ich dir gesagt habe", sagt Samuel dazu. „So wie dir jetzt das Öl gut tut, so wird Gott bei dir sein und dir Kraft geben für deine Aufgaben."

Dann gehen die beiden wieder zurück und Samuel spricht auch wieder mit den anderen. Aber David riecht immer noch den würzigen Duft des Öls und hört immer noch die Worte des Gottesboten: „Gott hat mit dir Großes vor!"

📖 Josef und seine Brüder

1. Mose 43–45

Mit eigenen Grenzen leben – neu anfangen können

Die Josefsgeschichte ist wie eine Perlenkette aus vielen Einzelerzählungen. Sie beschreiben den Weg vom unreifen Jüngling zum verantwortlichen Staatsmann. Im Kindergartenalter wird man sich auf ausgewählte Erzählungen beschränken, während im Religionsunterricht der Grundschule über Wochen hinweg der Weg des Josefs bedacht wird.

In Familiengeschichten geht es zunächst um den jungen Josef, der von seinem Vater bevorzugt wird, die Allüren des „Kronprinzen" zeigt und so den Zorn der älteren Brüder auf sich zieht. Deren Wut entlädt sich schließlich, sie verprügeln Josef, stecken ihn aus Angst vor der väterlichen Strafe in eine Zisterne und verkaufen ihn an eine nach Ägypten ziehende Karawane.

Im weiteren Verlauf erleben wir den Aufstieg Josefs vom Sklaven zum Stellvertreter des Pharao mit. Zwar gibt es auch hier einen Rückschlag, aber Josefs Fähigkeit zur Traumdeutung wird der Schlüssel zu einem einmaligen Auftrag: Josef sieht eine kommende Hungersnot voraus und wird vom Pharao beauftragt, in großem Stil Nahrungsvorräte anzulegen. Als die Dürre eintritt, bleibt Ägypten vom Hunger verschont und kann sogar Korn an Menschen aus anderen Ländern verkaufen. Und so sprechen auch die Brüder Josefs vor, um Korn zu erwerben.

An dieser Stelle setzt die Erzählung ein und thematisiert – aus der Sicht der Brüder – den Umgang mit Schuld und die befreiende Erfahrung der Vergebung. Aber der Weg zu ihr ist spannend. Josef erkennt seine Brüder, wird aber selbst von ihnen nicht erkannt. Er nimmt Simeon als Geisel und verlangt, Benjamin zu sehen, den zu Hause gebliebenen jüngsten der Brüder. Das zwingt die Brüder zu einer zweiten Reise, diesmal mit Benjamin, an deren Ziel die Brüder ein Wechselbad der Gefühle erleben – bis Josef sich ihnen zu erkennen gibt, ihnen verzeiht und seinen Weg als Führung Gottes deutet.

Es ist ein fröhliches Festmahl, zu dem der ägyptische Verwalter die Brüder in sein Haus eingeladen hat. Wegen der Hungersnot in ihrem Land sind sie noch einmal nach Ägypten gekommen, und nun können sie sich an wohlschmeckenden Speisen satt essen. Der Verwalter zeigt sich von seiner freundlichsten Seite und erkundigt sich immer wieder, ob es seinen Gästen auch wirklich gut geht. Trotzdem kann sich Ruben nicht unbeschwert entspannen. Er kann sich das Verhalten dieses Verwalters aller ägyptischen Getreidevorräte nicht so recht erklären. Wir sind doch bloß unbekannte Bittsteller, die Korn kaufen wollen. Die lädt man doch nicht zu sich nach Hause zu einem Festessen ein. Und warum erkundigt er sich so freundlich nach unserem Vater? Juda, der neben ihm sitzt, beugt sich zu ihm und flüstert ihm zu: „Fällt dir auch auf, wie der Verwalter immer wieder den Benjamin ansieht?" Da bekommt Ruben ein ungutes Gefühl: Irgendetwas stimmt hier nicht! Er muss an die erste Reise nach Ägypten denken. Da war der Verwalter ganz anders zu ihnen gewesen. Er hatte sie verdächtigt, ausländische Spione zu sein. Sie wurden sogar ein paar Tage lang gefangen genommen, mussten Simeon zurücklassen und versprechen, mit ihrem jüngsten Bruder, dem Lieblingssohn ihres Vaters, zurückzukommen. Damals das Gefängnis, heute das Festessen, und das eigenartige Interesse an Benjamin, all das ist so rätselhaft. Es war nicht leicht gewesen, Benjamin mit auf die Reise zu nehmen. Juda hatte den Vater in vielen Gesprächen endlich überredet, seinen jüngsten Sohn mitziehen zu lassen. Und nun sieht der Verwalter den Benjamin immer wieder an, so neugierig, so interessiert. Was soll das? Was hat er vor mit ihm, mit uns? Sitzen wir hier in der Falle? denkt Ruben. Juda scheint es ähnlich zu gehen. „Ich bin erst wieder froh, wenn wir von hier weg sind!", flüstert er Ruben zu. Der muss immer wieder an die Worte des Vaters denken: „Ich will nicht meine Söhne, einen nach dem anderen, verlieren!" hatte er laut gerufen. „Mir reicht es mit dem einen, von dem ich weiß, dass er tot ist!" Josef hat er gemeint, Vaters Liebling, den sie damals im Streit und in ihrer Wut geschlagen und an eine Karawane nach Ägypten verkauft hatten. Hilflos und voller Schuldgefühle stand Ruben damals vor ihrem Vater, als er ihm die Lüge auftischte, Josef sei von einem wilden Tier getötet worden. All das ist auf einmal wieder so lebendig in seiner Erinnerung. Hilflos fühlt sich Ruben auch jetzt wieder. Er kann nicht einschätzen, was der Verwalter vorhat. Nun gut – Simeon ist wieder bei ihnen, das ist ja ein gutes Zeichen. Aber die Blicke auf Benjamin: Ohne Benjamin heimkehren zu müssen, das wäre das Schlimmste, das könnte er nicht ertragen. Er und Juda hatten dem Vater das Versprechen gegeben, ihn wieder heil nach Hause zu bringen. Diesen Wortbruch, diese Schuld könnte er nicht aushalten. „Warum steigere ich mich so in diese Angst hinein?", denkt er sich. Vielleicht ist ja alles ganz harmlos. Benjamin ist ja wirklich ein netter und

liebenswürdiger Junge. Da hat eben auch dieser ägyptische Verwalter seine Freude daran. Aber zu Juda sagt er leise: „Ich bin auch erst wieder ruhig, wenn wir alle auf dem Heimweg sind!"

Dann ist es soweit. Eine freundliche Verabschiedung, und die Brüder verlassen die Stadt. Ruben atmet erleichtert auf. Doch nach wenigen Stunden ereignet sich der folgenschwere Zwischenfall: Berittene ägyptische Soldaten holen die Brüder ein, halten sie an, nehmen sie fest. Diebstahlsverdacht heißt es – Durchsuchung der Sachen. Ruben und Juda bleibt vor Schreck fast das Herz stehen, als der Hauptmann der Soldaten aus Benjamins Getreidesack einen kostbaren silbernen Becher hervorholt, der auf dem festlichen Tisch im Haus des Verwalters stand. Als Gefangene müssen sie alle zurück in die Stadt. Wie soll es bloß weitergehen? So wie gestern beim festlichen Essen muss Ruben immerzu an Josef denken und an seine Schuld. Wird es jetzt wieder so? Müssen sie jetzt ohne Benjamin heimkehren? Das wird der alte Vater Jakob nicht ertragen. „Hört das denn nie auf mit unserer Schuld?", sagt Juda verzweifelt zu Ruben. Was hat der Verwalter mit Benjamin vor?

Wieder stehen sie vor dem ägyptischen Verwalter. Diesmal kein freundlicher Empfang, kein Festessen, sondern sie sind angeklagt als Diebe. Benjamin muss vortreten. Da wirft sich Juda vor dem Verwalter zu Boden und fleht um Gnade: „Mein Herr, das wäre für unseren alten Vater der Tod, wenn wir ohne Benjamin zurückkämen! Schon einmal hat unser Vater einen Sohn verloren!" Juda hält ein und schweigt. „Rede weiter!", befiehlt der Verwalter, „was war mit dem Sohn?" Und Juda erzählt, langsam und zögernd, was damals geschehen war. Und er sagt auch, dass sie bis heute nicht den Mut hatten, dem Vater die Wahrheit zu sagen. Er erzählt, wie ihn und die anderen die Schuld drückt, gegenüber dem Vater und vor allem gegenüber Josef, von dem sie nie wieder etwas gehört haben. Und er sagt, dass alles noch viel schlimmer wird, wenn sie ohne Benjamin heimkehren müssten. „Euer Vater muss die ganze Wahrheit erfahren", sagt der Verwalter streng. Dann wendet er sich plötzlich von ihnen ab und verschwindet in einem der Nebenräume. Die Brüder sehen einander verwundert an, sagen nichts.

Da erscheint der Verwalter wieder, diesmal aber mit einem Nomadentuch um den Kopf, so wie sie es selbst tragen. „Erkennt ihr mich nicht?", fragt er. „Ich bin Josef, euer Bruder!" Zuerst ungläubige Blicke, und dann folgt langsam das Erkennen. Wie aus einer Erstarrung lösen sich die Brüder. Josef geht auf sie zu und umarmt sie, einen nach dem anderen. Sie lachen und weinen. „Ich habe euch verziehen", sagt er. „Die Schuld soll ein Ende haben!" Kurz danach sitzen sie wieder bei einem Festessen, wieder sieht Josef aufmerksam zu Benjamin hin und unterhält sich ausgiebig mit seinem jüngsten Bruder. Aber jetzt ist für Ruben und für Juda alles klar. Erleichtert sitzen sie diesmal am Tisch und fühlen sich unter dem Schutz ihres ägyptischen Bruders ganz sicher. Josef erzählt von seinem Lebensweg in Ägypten, was er hier alles lernen musste, und wie er zu dem hohen Amt des Verwalters aller Nahrungsvorräte in Ägypten kam. „Es war ein mühevoller Weg", sagt er, „aber jetzt sehe ich den Sinn dieses Weges ganz genau. Und deshalb fiel es mir nicht so schwer, euch zu verzeihen. Gott hat es so eingerichtet, dass ich diesen Weg gehen konnte. Er hat eure böse Tat zum Guten gewendet. Ihm verdanken wir, dass ihr jetzt mit viel Getreide heimkehren könnt – und dass ich euch jetzt einladen kann, zusammen mit unserem Vater wiederzukommen und in Ägypten zu wohnen!" „Die Wahrheit muss ans Licht, auch unserem Vater gegenüber", sagt Juda, „aber jetzt fällt es mir nicht mehr so schwer. Du, Josef, hast uns verziehen, und unser Vater wird uns auch verzeihen können." „Und all das haben wir Gott zu verdanken", ergänzt Josef, „dass er mich diesen Weg geführt hat und ich euch so vor der Hungersnot bewahren kann!"

Die Heilung des Gelähmten

Mk 2, 1–12

Die Welt mit anderen Augen sehen – eine Geschichte von Heilung und Hoffnung

Draußen, am Rand von Kapernaum, stand ein kleines, ärmlich wirkendes Haus. Wenn Leute vorbeikamen, redeten sie manchmal von dem Mann, der in diesem Haus wohnte. „Da wohnt doch der Lahme!" „Den kennt doch schon keiner mehr!" „Ich weiß gar nicht, wer der ist!" „Warum der wohl so von Gott gestraft ist?" „Der gehört ja gar nicht mehr richtig zu uns!" Und dann gingen die Leute schnell weiter und redeten wieder von anderen, näher liegenden, interessanteren Dingen.

Der Lahme drinnen in dem Haus hörte jedes Wort. Was von außen an sein Ohr drang, war die einzige Abwechslung, die er den Tag über hatte. Aber bei solchen Sätzen zuckte er zusammen. Er hörte sie wie ein Urteil, das über ihn gesprochen wurde. „Den kennt ja keiner – der gehört gar nicht mehr zu uns!" Solche Worte waren wie schmerzhafte Stiche, und sie trafen ihn tief. „So ist es also mit mir", dachte er sich. „Für die anderen draußen bin ich also schon gar nicht mehr da! – Recht haben sie ja!" Er fühlte, wie wieder die bekannte Bitterkeit in ihm aufstieg. Und mit ihr war auch erneut der Tag lebendig, der zwar schon Jahre zurücklag, den er aber nicht vergessen konnte.

Mit seiner Lähmung war es damals noch nicht gar so schlimm. Ein bisschen humpeln konnte er noch. Er wollte es auf einmal wissen, ob er noch zu denen da draußen gehört, ob sie ihn noch kennen, ob es für ihn noch etwas anderes gab als das dunkle Zimmer, die Liege und immer dieselben vier Wände. Lang-sam und mühsam machte er sich auf den Weg, humpelte hinein nach Kapernaum. Die Leute aber nahmen kaum Notiz von ihm. Am Markt war er den anderen bloß ständig im Weg. „Geh weg! Siehst du nicht, dass du uns störst! Was willst du da eigentlich!" Er war enttäuscht, er-schöpft niedergeschlagen. Er spürte auf Schritt und Tritt, dass er hier überflüssig war, dass er hier nichts zu suchen hatte. Er sehnte sich nach ein bisschen Ruhe. Da drüben, in der Gasse, die zur Synagoge führte, da konnte er bestimmt ei-nen Moment ausruhen. An diesen Weg hatte er gute Erinnerungen. Doch da kam ihm schon der Synagogenvorsteher entgegen, geschäftig und ganz im Dienst: „Du willst doch wohl nicht in die Synagoge!" Und ohne eine Antwort ab-zuwarten: „Du weißt, dass du da nicht hinein darfst! Du bist krank, du gehörst nicht zu uns und zu Gott!" Als der Vorsteher sein erschreck-tes Gesicht sah, fügte er begütigend hinzu: „Ich habe ja nichts gegen dich, aber die Gesetze gel-ten für alle! Ich muss es dir leider sagen, dass du nicht zu unserer Gemeinde dazugehörst!" Mühsam humpelte er damals wieder heim – und als er endlich wieder auf seinem Bett lag, da begriff er erst so richtig, was unterwegs mit ihm geschehen war.

Dieses Erlebnis von damals, es war jetzt wieder so lebendig, und bitter sprach er zu sich selbst: „Die anderen haben ja recht – und der Synagogenvorsteher hat auch recht!" Er dachte daran, wie lange er nicht mehr zu Gott gebetet hatte. Er hatte es aufgegeben, ihn um Hilfe zu bitten. Jahr um Jahr hatte er nichts von Gott gespürt. Ja, da hatte er seinen Kontakt zu Gott abgebrochen, sich von ihm getrennt. Die anderen hatten schon recht: Er war ein Sünder, ausgestoßen aus der Gemeinschaft mit Gott. Immer tiefer grub er sich hinein in seine Bitterkeit und in seine Einsamkeit. Warum lebte er überhaupt noch? Zu erwarten hatte er jedenfalls nichts mehr von seinem Leben.

Am Abend besuchten ihn seine vier Freunde. Es waren die einzigen, die noch zu ihm hielten. Viel Zeit hatten sie zwar auch nicht, aber sie versorgten ihn, redeten mit ihm, unterbrachen seine Einsamkeit. Heute spürten sie offensichtlich gleich, wie schlecht es ihm ging. Er war so müde, so leer! Sie versuchten ihn aufzumuntern, aber er sagte nur: „Gebt euch keine Mühe! Ihr könnt mir auch nicht helfen. Ich gehöre ja zu niemand mehr, nicht mehr zu den Menschen und auch nicht mehr zu Gott. Heute ist es mir wieder ganz klar geworden." – „Ja", meinte einer der vier verlegen, „wenn das der Rabbi so sagt, dann stimmt es wohl, aber …" Sie spürten, dass sie keine Antwort darauf wussten. Sie merkten, dass sie sein Gefängnis, in dem er saß, aus eigener Kraft nicht mehr aufbrechen konnten.

An einem der folgenden Abende kamen die Freunde früher als sonst und waren ganz aufgeregt. „Wir wissen, wer dir helfen kann!", riefen sie gleich beim Hereinkommen. Und ohne auf den Lahmen weiter einzugehen, der nur müde abwinkte, fuhren sie fort: „Wir haben von einem Rabbi gehört, der sich ganz besonders um die Kranken kümmert. Stell dir vor, er soll gesagt haben ‚Die Gesunden brauchen den Arzt nicht, sondern die Kranken', und man sagt, dass er mit dem Arzt Gott selbst gemeint hat." „Und er hat gesagt", fuhr ein anderer dazwischen: „Glücklich zu preisen sind die Müh-

seligen und Beladenen, denn sie werden Gott schauen! – Das passt doch genau zu dir!" Und als Letztes setzte der Vierte drauf: „Und ich habe gehört, dass dieser Rabbi morgen bei uns in Kapernaum ist!"

Gespannt warteten die vier auf eine Reaktion des Lahmen, aber der winkte nur ab. „Ach, lasst mich doch in Ruhe! Mir kann auch kein noch so freundlicher Rabbi mehr helfen. Der müsste schon von Gott selbst kommen. Ich danke euch, aber es hat alles keinen Sinn mehr!"

Die Freunde gingen sehr enttäuscht weg. Aber das, was sie gesagt hatten, ließ den Gelähmten nicht los. „Wenn doch was dran wäre an diesem Rabbi? – Ach, mir kann auch kein Rabbi helfen, der es gut mit mir meint! - Wenn der aber wirklich von Gott geschickt ist?" So sprangen seine Gedanken hin und her zwischen der tief sitzenden Enttäuschung, die ihn misstrauisch stimmte, und der kleinen Hoffnung, die sich in ihn eingewurzelt hatte. In seinem Kopf arbeitete es weiter, er konnte nicht schlafen. „Und wenn dieser Rabbi wirklich mehr Autorität hätte als all die anderen?"

Auch die Freunde hatten weiter gegrübelt, und sie waren sich rasch einig: Nein, diese gute Gelegenheit durften sie nicht ungenutzt vorbeiziehen lassen! Wenn noch irgend jemand ihrem gelähmten Freund helfen konnte, dann war es dieser Rabbi. Zu ihm mussten sie ihn unbedingt hinbringen!

Am nächsten Abend traten sie sehr entschlossen in das Zimmer des Gelähmten. Der fühlte sich gepackt und auf eine Trage verfrachtet. Sein schwacher Widerstand fand keine Beachtung. Je weiter sie in den Ort hineinkamen, je dichter die Menschenmenge wurde, desto mehr bekam es der Lahme mit der Angst zu tun. Er spürte wieder die Blicke der anderen auf sich gerichtet; er merkte, wie er wieder im Weg war. „Dreht doch um", sagte er zu seinen Freunden, „es hat doch keinen Sinn!" Aber je ängstlicher er wurde, umso entschlossener wirkten seine Freunde. Sie bahnten sich und ihm einen Weg, ließen sich von der Menge nicht beeindrucken. Aber dann war wirklich kein Durchkommen mehr. „Ich habe es euch doch gleich gesagt", klagte der Lahme.

Die Freunde steckten die Köpfe zusammen, suchten das Haus, in dem der Rabbi war, und vor dem sie jetzt standen, mit ihren Augen ab. Einer wies mit den Händen aufs Dach. „Was hatten die bloß vor?" Sie trugen ihn hinter das Haus und die Treppe hinauf, die auf das flache Dach des Hauses führte. „Was soll das?" Oben sahen sich die Freunde um, einer fand eine Art Hacke und fing an, den Lehmboden aufzuschlagen. „Das könnt ihr doch nicht machen!" Es ging alles so schnell. Der Lahme schwebte auf einmal durch das Loch in dem Dach, dem Rabbi direkt vor die Füße. „Was wird jetzt bloß geschehen?" Gespannt blickte er auf den Rabbi.

Der Rabbi unterbrach seine Rede und wandte sich ihm zu. Und der Lahme spürte in diesem Augenblick: Ja, dieser Rabbi wird mir helfen! Er spürte, dass dieser Lehrer des Willens Gottes mehr zu sagen hatte und tun konnte als alle anderen. Er spürte: Jetzt wird etwas ganz Wichtiges für mich geschehen!

„Deine Freunde haben sich ganz und gar darauf verlassen, dass es noch eine Botschaft von Gott gibt, die dir helfen kann", begann der Rabbi, und sah dabei kurz nach oben zum Loch in der Decke. „Sie haben dich nicht vergeblich hierher gebracht!" Er blickte wieder ihn an: „Du meinst, dass du von Gott und von den Menschen getrennt bist. Du hast dich ganz und gar in deine Einsamkeit und Bitterkeit vergraben. Aber ich sage dir jetzt, dass das nicht länger so sein soll! Du gehörst zu Gott und zu seinem Volk und zu seiner Gemeinde hier, wie jeder andere auch. Was für die anderen gilt, das gilt auch für dich! Komm heraus aus deinem Gefängnis und sei frei! Werde wieder lebendig!"

Der Lahme spürte, wie diese Worte ihn in Bewegung brachten, wie sie ihn aufrichteten und stärkten.

Aber dann hörte er andere Worte, die Stimme des Synagogenvorstehers, die Worte, die ihn so lange gelähmt hatten, die Stimme aus seiner Vergangenheit: „Das kannst du doch nicht sagen, verehrter Rabbi! Das geht doch nicht! Du kannst doch nicht etwas anderes von Gott sagen, als es unsere Gesetze bestimmt haben! Wer gibt dir das Recht, so etwas zu sagen?"

„O doch", antwortete der Rabbi, „was ich gesagt habe, das gilt, das ist Gottes Wille! Ihr meint wohl, das sind bloße Worte, die keine Wirkung haben, falsche Worte, die nicht gelten! Aber da täuscht ihr euch!"

Und dann spürte der Lahme, wie sich der Rabbi wieder an ihn wandte: „Du hast erlebt, dass es wahr ist, was ich dir gesagt habe! Zeig es den anderen! Zeige ihnen, dass du frei bist von dem, was dich bisher gebunden hatte! Steh auf, nimm dein Bett und geh!"

Und er stand auf. Er spürte festen Boden unter sich. Er konnte stehen, er hatte seinen eigenen Stand. Er war Mensch wie die anderen auch. Er konnte von sich aus auf sie zugehen, zu ihnen treten. Er gehörte zu ihnen und gehörte zu Gott. Er konnte Gott danken, dass er zu ihm gehalten hatte, obwohl die anderen und auch er selbst es nicht wussten. Er konnte sein Gefängnis verlassen und hinein treten in die Welt der anderen, in der er nicht länger unbedeutend und überflüssig war, sondern die auch wieder seine Welt sein sollte.

Jesus speist mit Zachäus

Geschenkte Freude regt zum Weitergeben an

Als Zollpächter hatte sich Zachäus mit den verhassten Römern eingelassen. Er hatte von ihnen gegen viel Geld die Zollstelle in Jericho übertragen bekommen und damit auch das Recht, hohe Zollgebühren in die eigene Tasche fließen zu lassen. Auf diese Weise war Zachäus reich geworden. Aber von seinen Landsleuten wurde er verachtet. Der Preis für seinen Reichtum war die Rolle des Außenseiters. Gab es für ihn eine Chance, wieder in die Gemeinschaft mit seinen Landsleuten zurückzukehren? Als er von Jesus und dessen Botschaft von Gottes Liebe zu allen Menschen hört, möchte er diesen Rabbi unbedingt kennen lernen. Vielleicht kann der ihm helfen. Jesus kommt zwar nach Jericho, aber die Leute versperren Zachäus den Weg zu ihm. In seiner Not klettert er auf einen Baum, um Jesus wenigstens so näher zu kommen. Der bleibt unter dem Baum stehen, ruft Zachäus zu sich und lässt sich von ihm zum Essen in sein Haus einladen. Damit brüskiert Jesus die Bürger von Jericho, für die eine Tischgemeinschaft mit einem Zollpächter undenkbar ist. Aber für Zachäus ist dies ein Zeichen der Freundschaft, das ihm sehr, sehr viel bedeutet. Der entscheidende Schritt zu einem neuen Anfang ist getan. Wie soll es weitergehen? Davon erzählt der Schluss der Geschichte:

Lange Zeit sitzen sie beieinander und essen. Immer wieder erzählt Zachäus von früher. Er erzählt davon, wie er konsequent an seiner beruflichen Karriere gebastelt hat und dadurch zu viel Geld gekommen ist. Und er erzählt auch, wie er darüber alle Freunde verloren hat und ganz einsam geworden ist. Und wie glücklich er jetzt ist, dass Jesus ihm seine Freundschaft angeboten hat. „Wie soll es jetzt weitergehen?", fragt Zachäus dann seinen Gast. Der schaut ihn aufmerksam an. „Ich glaube, ich habe eine Idee", fährt Zachäus fort. „Ich werde ganz einfach das Geld zurückgeben." Jesus nickt dazu. Und dann reden die beiden noch lange darüber, wie das im Einzelnen geschehen kann. „Weißt du", sagt Zachäus einmal dazwischen, „du hast gar nicht auf mich eingeredet und mir gesagt, was ich alles falsch gemacht habe und wie ich es besser machen soll". – „Das hast du ja selbst gewusst", meint Jesus dazu. – „Und du warst so freundlich zu mir und hast mir ganz einfach zugetraut, dass ich das besser machen kann!" – „Ja, und das kannst du ja auch", antwortet Jesus. Da atmet Zachäus tief ein und hat ein ganz wohliges Gefühl in seinem Bauch.

Abraham und Lot finden eine Lösung

1. Mose 13

Verantwortung wahrnehmen – mit den Augen des anderen sehen

Am Abend sitzen Abraham und Sara vor ihrem Zelt. „Ist dir auch aufgefallen", sagt Sara, „dass sich Lot seit einiger Zeit nicht mehr bei unserem Zelt blicken lässt?" – „Wie du es so sagst", antwortet Abraham, „fällt es mir auch auf. Früher saßen wir doch oft beieinander, mit unserem Knecht Elieser und mit Lot. Meinst du, dass er irgendeinen Grund hat, uns zu meiden?" Da kommt gerade Elieser vorbei. „Komm doch her, Elieser", ruft Sara, „setz dich ein bisschen zu uns!" Und dann fragt Sara auch ihn: „Das kann ich euch schon erklären", meint der Knecht. „Unsere Schafherden sind doch zu unserer Freude mit der Zeit immer größer geworden. Unsere und auch die von Lot. Und da wird jetzt langsam das Wasser in den Brunnen und auch das Weideland knapp. Zwischen unseren Hirten und denen von Lot hat es deswegen schon ein paar Mal Streit gegeben. Wenn ich schon da bin, dann können wir die Sache ja grundsätzlich bereden. Bald müssen wir sowieso mit unseren Herden weiterziehen. Aber es hat auf die Dauer keinen Sinn, wenn wir mit Lot und seiner Herde zusammenbleiben. Wir sollten uns trennen. Ich habe auch schon einmal mit Lot darüber gesprochen. Das sieht er genauso." – „Aber warum spricht er nicht mit uns?", fragt Abraham. Elieser meint: „Das hat schon seinen Grund. Schau Abraham, es gibt doch nur zwei Richtungen, in die wir ziehen können. Dort ist gutes Grasland." – und er zeigt in die eine Richtung, und dann in die andere – „und dort ist ziemlich dürres Land. Wer geht wo-

hin? Das ist die große Frage. Ich habe Lot auch schon angedeutet, dass wir als die Älteren und mit der größeren Herde wohl auch bestimmen können, wohin wir gehen. Das ist doch klar, oder?" – „Jetzt ist mir auch klar, warum Lot uns aus dem Weg geht", wirft Sara ein. „Aber das mit der Entscheidung, wer wohin geht, das ist für mich noch nicht ausgemacht!" – „Wieso?", fragt Elieser zurück. „Du, Abraham, bist doch der Chef und hast das Sagen! Und das weiß Lot zum Glück auch ganz gut!" Abraham wiegt den Kopf: „Als ich Lot auf unsere Wanderungen mitnahm, da habe ich ihm versprochen, gut für ihn zu sorgen, solange er das noch nicht selbst kann." – „Und es ist nun soweit", wendet Elieser ungeduldig ein. „Er ist jetzt erfahren genug, dass er auch im dürren Land mit seiner Herde zurechtkommt!" – „Weißt du das so genau?" fragt Abraham zurück. „Ich bin zwar der Chef, aber Gott hat mir auch Verantwortung für euch alle übertragen". – „Wir sollten mit Lot selbst reden", meint Sara. „Da weiß ich schon, was er sagt", mault Elieser. „Er wird natürlich das gute Land haben wollen."

Nach einer Weile sehen sie Lot in der Nähe und rufen ihn her. Die Begrüßung ist nicht so herzlich wie früher, und dann fängt Abraham an: „Wir haben gerade davon gesprochen, dass wir uns trennen müssen, weil unsere Herden zu groß geworden sind." – „Das ist mir auch klar geworden", meint Lot, „und ich weiß auch, wohin ich zu gehen habe. Denn du bist ja der Chef und hast das Recht zu entscheiden." – „Moment mal", unterbricht ihn Abraham, „ich habe dir auch versprochen, dich nicht im Stich zu lassen!" Lot horcht auf: „Und was heißt das?" – „Dass ich genau wissen muss, was ich dir zumuten kann und was nicht", sagt Abraham. Elieser schüttelt den Kopf: „Für mich ist die Sache klar. Wer das Recht zu bestimmen hat, der darf sich auch für das gute Land entscheiden. Es hat ja auch lange genug gedauert, bis wir die Großen geworden sind. Das muss ja doch auch irgendeinen Vorteil haben, oder?" – „Ich kann dich gut verstehen, dass du keine Lust auf das dürre Land hast", sagt Sara zu ihm, „wir

auch nicht und Lot bestimmt auch nicht. Aber Abraham hat Verantwortung für uns alle übernommen, auch für Lot und seine Herde!" Da gibt sich Abraham einen Ruck und sagt zu Lot: „Du sollst sagen, was du dir zutraust. Und danach wird entschieden!" Elieser brummt unzufrieden vor sich hin. Eine Weile redet niemand, alle hängen ihren Gedanken nach. Dann räuspert sich Lot und sagt: „Abraham, ich habe mir das alles schon tagelang durch den Kopf gehen lassen, und ich habe mich nicht getraut, es dir zu sagen." Und leise fährt er fort: „Ich habe Angst davor, in das dürre Land zu ziehen. Das traue ich mir einfach noch nicht zu. Da fehlen mir die Erfahrungen." Elieser braust auf: „Mich hat früher auch keiner gefragt, wo ich hin will!" Aber niemand antwortet ihm. Dann steht Abraham auf, geht hin und her und sagt: „Lot, ich erkenne deine Entscheidung und deine Gründe dafür an und ich danke dir für deine Offenheit. Zieh in das gute Land. Freilich wäre mir auch das gute Grasland lieber. Aber bis zum heutigen Tag habe ich als Chef auch Verantwortung dafür, dass es uns allen gut geht. Ich möchte, dass wir im Frieden auseinander gehen können, und ich möchte ein gutes Gefühl dabei haben." Und dann nickt er Elieser zu: „Und wir werden auch das mit dem dürren Land schaffen! Gott hat uns bisher mit seinem Segen begleitet und wird es auch weiterhin tun. Komm, Elieser, alter Freund, wir haben miteinander schon so viele Aufgaben gemeistert. Da kommt es doch auf diese da auch nicht mehr an!"

Das letzte Abendmahl

Mt 26, 17 ff.

Sich den Ereignissen um Jesu Sterben und Auferstehen nähern

Am Abend wird es in der großen Stadt ruhig. Die Menschen haben sich in den Häusern zusammengefunden. Dort feiern sie und erinnern sich daran, wie Gott vor vielen, vielen Jahren sein Volk aus der Gefangenschaft befreit hat. Auch Jesus und seine Freundinnen und Freunde feiern diese Erinnerung mit Essen und Trinken.

Als Jesus wie ein Hausvater das Brot bricht und den Becher mit Wein kreisen lässt, da wissen alle: In diesem Jesus hat Gott von Neuem seine befreiende Kraft und seine Liebe gezeigt. Die Erinnerungen wandern zurück, wie sie mit Jesus und dem Zöllner Zachäus zusammen gegessen und getrunken haben, wie glücklich Zachäus dabei war, und sie erzählen einander davon.

Da sagt Jesus etwas, und alle spüren, dass es wichtige Worte sind, die er jetzt spricht: „Ihr habt es miterlebt, wie ich zu den Menschen die gute Nachricht von Gott gebracht habe. Mit meinen Füßen und Händen, mit meinem Mund, meinen Augen und Ohren bin ich Gottes Bote." Die anderen nicken: „Ja, so ist es, so haben wir es erlebt, Tag für Tag."

Dann fährt Jesus fort: „So wie wir alle das Brot zum Leben brauchen, bin ich wie Brot für euch gewesen. Aber so wie ich das Brot gebrochen habe, so werde ich selbst zerbrochen werden. Ich werde leiden und sterben." Erschrocken starren die Frauen und Männer Jesus an. Sie wissen nicht, was sie sagen sollen.

Jesus spricht weiter: „Der Weinbecher ist das Zeichen dafür, dass wir zusammengehören. Der Wein, den wir getrunken haben, ist das Zeichen, dass ich bei euch bin. Aber er bedeutet auch, dass bald Blut fließen wird, mein Blut. Ihr werdet traurig und einsam sein. Aber wenige Tage später werdet ihr neu erleben, dass wir zusammengehören. Und ihr werdet wieder mit Freude essen und trinken, das Brot brechen und den Weinkelch kreisen lassen. Denkt daran, dass ich euch nie verlassen werde. So wie wir jetzt miteinander essen und trinken, so bin ich auch später bei euch da, wenn ihr zur Erinnerung an mich esst und trinkt."

Verwundert schauen die Freundinnen und Freunde Jesu einander an. Sie verstehen nur wenig von dem, was Jesus sagt. Es ist ihnen, wie wenn er mit ihnen einen geheimnisvollen Blick in die Zukunft tut. Sie spüren, wie die Angst um Jesus in ihnen hochsteigt, und sie halten sich fest an seinen beruhigenden Worten: Ich lasse euch nicht im Stich! Ich bleibe bei euch!

📖 Jesu Auferstehung

Mk 16, 1ff.

Sich den Ereignissen um Jesu Sterben und Auferstehen nähern

Zwei Tage nach Jesu Tod, ganz früh am Morgen, gehen drei Frauen, Freundinnen Jesu, zwei mit dem Namen Maria, und eine heißt Salome, zum Grab. Sie wollen dem Verstorbenen den letzten Dienst erweisen. Sie wollen seinen Körper einsalben und in Tücher wickeln und dann endgültig die Felshöhle, in der er liegt, verschließen. „Wir können nun nichts anderes mehr tun, als ihm sein Totenlager herzurichten", sagen sie traurig. „Ich kann es mir gar nicht vorstellen, für immer von ihm Abschied zu nehmen. Ich sehe ihn noch vor mir – und jetzt ist er tot. Und auch alle Freude in mir ist mit ihm gestorben!"

Sie treten in die Felshöhle ein, in der das Grab ist. Da ist es auf einmal ganz hell um sie, und sie hören die Botschaft eines Engels, eines Boten von Gott: „Ihr sucht Jesus bei den Toten! Aber da ist er nicht. Gott hat ihm neues Leben geschenkt. Er ist jetzt da, wo Leben ist. Und ihr werdet ihn in seiner Lebendigkeit sehen!" Großer Schreck durchfährt die Frauen, und sie rennen entsetzt weg. Dann sagen sie aufgeregt zueinander: „Was soll das heißen: Er ist nicht bei den Toten? Er ist da, wo das Leben ist? Er war immer da, wo das Leben war. Er hat doch den Menschen neue Freude an ihrem Leben geschenkt. Wie haben wir uns gefreut, als er mit uns sprach und uns von Gott erzählt hat! – Aber das ist doch vorbei! Das ist doch tot! – Oder doch nicht? Wie sagte der Engel: Er ist da, wo das Leben ist, er lebt?"

Erst nach und nach wird ihnen bewusst, was sie da erlebt haben. Sie spüren, wie diese Botschaft sie ergreift und verändert. Sie spüren die Lebendigkeit, von der der Engel gesprochen hat, in sich selbst. Sie laufen zurück zu den Jüngern, erzählen ihnen von ihrem Erlebnis und ihrer neuen Freude und gehen mit ihnen zu dem Berg, auf dem sie auch früher schon mit Jesus waren.

Und auf einmal erkennen sie Jesus vor sich. Wieder überfällt sie zuerst der Schreck. Aber dann hören sie seine Stimme: „Fürchtet euch nicht! Ich bin es doch!" Jetzt ist er wieder da bei ihnen mit seiner vertrauten Stimme, die sie noch im Ohr haben, die ihnen so viel Gutes gesagt hat. Und auch all das Schöne, das sie mit Jesus erlebt hatten, ist wieder ganz lebendig in ihnen. Und sie hören ihn sagen: „Was jetzt in euch wieder lebendig geworden ist, das soll lebendig in euch bleiben. Ich lebe, unsichtbar bei Gott, und zugleich mit Gottes Kraft in euch. Die Freude, die ihr von mir aufs Neue bekommen habt, die soll noch stärker sein als früher. Gottes Kraft, die in mir war, die wird fortan in euch sein. Ihr könnt mich nun nicht mehr sehen, aber ihr werdet spüren, dass ich trotzdem bei euch bin!"

Die Frauen und Männer können Jesus nicht mehr sehen, aber sie spüren die Freude und neue Kraft in sich. Die Freude, die ihnen Jesus damals geschenkt hatte, sie ist wirklich wieder in ihnen lebendig. Ihre Traurigkeit ist wie weggeflogen. Sie können wieder lachen und singen. Sie hören die Vögel wieder zwitschern, spüren die Wärme der Sonne, sehen wieder die bunten Blumen und die Blüten an den Sträuchern. „Er lebt", rufen sie immer wieder einander zu, „und wir spüren in uns seine Kraft, die Kraft von Gott."

Pfingsten

Apg 2

Von der Zaghaftigkeit zur Begeisterung – Gottes Geist ergreift die Menschen

Sieben Wochen ist es jetzt her, seit Jesus gefangen genommen und gekreuzigt wurde. Und wieder ist ein Fest in Jerusalem. Die Stadt ist voll von Pilgern. Juden, die in anderen Ländern wohnen, sind nach Jerusalem gekommen, um hier das Bundesfest zu feiern und sich dabei an den Bund zu erinnern, den Gott mit seinem Volk vor langer Zeit geschlossen hatte.

In einem Haus sitzen die Freunde Jesu beieinander. „Damals, vor sieben Wochen, als wir das Passahfest feierten, da war Jesus noch bei uns", sagt Andreas. „Und jetzt sitzen wir ohne ihn da!" – „Aber er ist doch unsichtbar da", widerspricht Maria. „Er ist mit seiner Kraft bei uns, damit wir weitererzählen, was wir mit ihm erlebt haben!" – „Ja schon", meint Jakobus, aber wenn ich draußen die vielen Soldaten sehe, dann vergeht mir der Mut dazu. Dann erinnere ich mich daran, wie sie Jesus gefangengenommen haben und ich habe Angst!" Die anderen nicken: „So geht es uns auch", murmeln ein paar. „Und außerdem", redet Simon weiter, „hätte es doch gar keinen Sinn, denen da draußen von Jesus zu erzählen. Die meisten verstehen uns ja gar nicht, und außerdem können die sich auch gar nicht vorstellen, dass wir mit Jesus so viel von Gott erfahren haben. Und dann", fügt er noch hinzu, „werden die wohl auch nie begreifen, dass Jesus lebt und unsichtbar bei uns ist." – „So wie wir dasitzen, so mutlos und zaghaft", sagt Philippus, „kann man es ja auch gar nicht verstehen. Da müsste schon etwas anderes passieren! Da müsste man schon

irgendwie deutlich sehen und spüren können, dass Jesus mit seiner Kraft da ist!" Die anderen seufzen nur.

„Erinnert ihr euch noch", fängt nach einer Weile eine der Frauen an, „wie wir mit Jesus manchmal auch so mutlos waren, weil viele Leute immer noch nicht verstanden, wer er ist? Und dann haben wir Großartiges erlebt, als so viele zusammenkamen und ihm aufmerksam zuhörten." – „Ja, und als wir alle Hunger hatten", macht Andreas weiter, „und Jesus uns beauftragte, unsere paar Brote mit den anderen zu teilen, und wir dachten, das geht bestimmt schief, das reicht doch hinten und vorne nicht, und alle, alle wurden satt! Das war so wunderbar!" – „Und wisst ihr noch", ergänzt Susanna, „als er uns das kleine Senfkorn zeigte und dann die große Senfstaude und sagte: So wird aus dem winzigen Korn meiner Botschaft durch uns alle ein riesengroßer Strauch wachsen. Da habe ich gewusst, dass es richtig ist, mit diesem Jesus zu gehen!" Immer mehr Geschichten erzählen sie, sie kommen in Fahrt, bekommen vor Eifer rote Köpfe, stehen auf und unterstreichen das Erzählte mit ihren Gesten.

Sie haben gar nicht bemerkt, dass ein paar Fremde in den Raum getreten sind und ihnen aufmerksam zuhören. Erst als einer von ihnen zu reden beginnt, schauen sie zur Eingangstür. „Von wem erzählt ihr so tolle Geschichten?", fragt er. „Von Jesus" antwortet Petrus, „aber ihr werdet euch kaum vorstellen können, was er für uns bedeutet hat!" – „Doch, doch", sagen die anderen an der Tür. Das was ihr erzählt, das klingt gut! Erzählt doch weiter!" Und sie winken auch andere herein. Der Raum wird voll, aufmerksam hören die Gäste zu. Die Freunde Jesu erzählen weiter, und mittendrin werden sie freundlich zur Tür hinaus gebeten, damit es die anderen draußen vor der Tür auch hören. „Wo ist denn dieser Jesus geblieben?", ruft einer neugierig. Und Petrus erzählt weiter: „Er ist zum Tod verurteilt und gekreuzigt worden, aber Gott hat ihn auferweckt, und er ist mit seiner Kraft bei uns!" – „Das merkt man", ruft ein anderer, „so lebendig, wie ihr von ihm erzählt."

Eine der Frauen fängt an zu singen, die anderen stimmen ein und wie Wellen werden alle von dem Lied erfasst, stimmen ein, klatschen mit, wiegen sich im Rhythmus. Ein paar von den Jüngern schauen sich verwundert an: „Jetzt ist es wie mit dem Senfkorn und dem großen Baum! Es ist wunderbar! Es ist, wie wenn ein Feuer der Begeisterung ausgebrochen ist, es brennt in uns, in jedem von uns und in den vielen Menschen da, die wir gar nicht kennen!" – „Meine Angst ist wie weggeblasen", ruft Jakobus, „seht nur, wie die Vielen da auf Petrus hören!" Der erzählt und erzählt. „Ich fasse es nicht", ruft ein anderer der Freunde, „Jesu Kraft hat wie ein Sturmwind die vielen Menschen gepackt! Seht nur hin!" Die Menschen singen und freuen sich. „Wie haben die bloß verstanden, was wir erzählt haben?", fragt Andreas. „Aber sie müssen es verstanden haben.

spüren, dass er da ist?" Ein paar Leute kommen die Straße entlang, gehen vorbei, schütteln die Köpfe und sagen: „So früh am Tage, und alle sind schon betrunken! Na so was!" Aber die anderen hören gar nicht hin, sondern wieder auf Petrus. „Einer von euch hat mich gerade gefragt", ruft er laut, „wie man zu den Freunden Jesu gehören kann. Jesus hat Gottes Geist und Kraft bei seiner Taufe erlebt. Die Taufe ist das Zeichen dafür, dass Jesus bei uns ist und wir zu ihm gehören." – „Dann möchten wir auch getauft werden", rufen viele. Und bald danach zieht eine große Schar hinunter zum Bach.

Weiterführende Literatur

BIESINGER, ALBERT (1994): Kinder nicht um Gott betrügen. Anstiftung für Mütter und Väter. Freiburg: Herder.

BÜTTNER, GERHARD und RUPP, HARTMUT (Hrsg.) (2002): Theologisieren mit Kindern. Stuttgart. Kohlhammer.

FRANKE, HEIKO und HANISCH, HELMUT (2000): Religiöse Erziehung im Vorschulalter. Grundlagen und praktische Hinweise. Stuttgart: Calwer Verlag.

GOECKE-SEISCHAB, MARGARETE LUISE (2004): Christliche Bilder verstehen. München: Kösel.

GOSSMANN, HANS-CHRISTOPH (1999): Kleines ABC des Islam. Stuttgart: Calwer Verlag.

HARZ, FRIEDER und GOECKE-SEISCHAB, MARGARETE LUISE (2001): Komm, wir entdecken eine Kirche. Räume erspüren, Bilder verstehen, Symbole erleben. Tipps für Kindergarten, Grundschule, Familie. München: Kösel.

HARZ, FRIEDER (1990): Biblische Geschichten. Eine Anleitung zum Erzählen. Landesverband evang. Kindertagesstätten in Bayern. (Arbeitshilfe 1).

HARZ, FRIEDER (1992): Mit Kindern beten. Situation klären, Praxis gestalten. Landesverband evang. Kindertagesstätten in Bayern. (Arbeitshilfe 2).

HARZ, FRIEDER (1997): Mit Kindern von Gott reden. Vorstellungen, Fragen, Entwicklungen. Landesverband evang. Kindertagesstätten in Bayern. (Arbeitshilfe 6).

HARZ, FRIEDER (2001): Ist Allah auch der liebe Gott? Interreligiöse Erziehung in der Kindertagesstätte. München: Don Bosco.

HARZ, FRIEDER (2001): Biblische Erzählwerkstatt (Werkbuch Religionsunterricht 1 bis 6). Lahr: Persen.

HULL, JOHN M. (1997): Wie Kinder über Gott reden. Gütersloh: Gütersloher Verlagshaus.

MASCHWITZ, GERDA und MASCHWITZ, RÜDIGER (1997): Gemeinsam Stille entdecken. München: Kösel.

MÖLLER, RAINER und TSCHIRCH, REINMAR (Hrsg.) (2004): Arbeitsbuch Religionspädagogik für ErzieherInnen. Stuttgart: Kohlhammer.

MORITZ, ANDREA (2001): Die Osterzeit Kindern erklärt. Gütersloh: Gütersloher Verlagshaus.

MORITZ, ANDREA (2001): Tod und Sterben Kindern erklärt. Gütersloh: Gütersloher Verlagshaus.

OLBRICH, HILTRAUD (1998): Abschied von Tante Sofia. Lahr: Kaufmann.

PISARSKI, ANGELIKA und PISARSKI, WALDEMAR (1997): Das Sterben ins Leben holen. Kinder beim Trauern begleiten. Landesverband evang. Kindertagesstätten in Bayern. (Arbeitshilfe 7).

SCHEILKE, CHRISTOPH T. und SCHWEITZER, FRIEDRICH (Hrsg.) (1999): Kinder brauchen Hoffnung. Religion im Alltag des Kindergartens. Gütersloh: Gütersloher Verlagshaus.

SCHEILKE, CHRISTOPH T. und SCHWEITZER, FRIEDRICH (Hrsg.) (2000): Musst du auch sterben? Kinder begegnen dem Tod (= Kinder brauchen Hoffnung. Bd. 3). Gütersloh: Gütersloher Verlagshaus

SCHEILKE, CHRISTOPH T. und SCHWEITZER, FRIEDRICH (Hrsg.) (2002): Wie sieht Gott eigentlich aus? Wenn Kinder nach Gott fragen (= Kinder brauchen Hoffnung. Bd. 4.) Gütersloh: Gütersloher Verlagshaus.

SCHINDLER, REGINE (1981): Pele und das neue Leben. Lahr: Kaufmann.

SCHINDLER, REGINE (1999): Zur Hoffnung erziehen. Gott im Kinderalltag. Lahr: Kaufmann.

SCHWEER, THOMAS (2000): Basiswissen Buddhismus. Gütersloh: Gütersloher Verlagshaus.

SCHWEITZER, FRIEDRICH (2000): Das Recht des Kindes auf Religion. Ermutigungen für Eltern und Erzieher. Gütersloh: Gütersloher Verlagshaus.

SCHWIKART, GEORG (1995): Julia und Ibrahim. Christen und Muslime lernen einander besser kennen. Düsseldorf: Patmos.

SCHWIKART, GEORG (1996): Gott hat viele Namen. Kinder aus aller Welt erzählen von ihrem Glauben. Düsseldorf: Patmos.

TWORUSCHKA, MONIKA und TWORUSCHKA, UDO (1996): Die Weltreligionen Kindern erklärt. Wie andere leben – was andere glauben. Gütersloh: Gütersloher Verlagshaus.

VARLEY, SUSAN (1984): Leb wohl, lieber Dachs. Wien: Betz.

WAGEMANN, GERTRUD (1996): Feste der Religionen – Begegnung der Kulturen. München: Kösel.

Stichwortverzeichnis

Absolutheitsanspruch 10, 147
Abendmahl 106, 133 f., 169
Abraham und Lot 89, 167
Abraham und Saras Auszug
54, 156 f.
Adventszeit 125 ff.
Altar 106
Apostel 111, 145
Auferstehung Jesu 134 ff.,170

barmherziger Vater,
Gleichnis vom 59, 87
Bilder 34, 111 ff.
Bilderverbot 28 f.
Buddhismus 76

Christi Himmelfahrt 136

Davids Salbung 56, 158 f.
David und Goliat 57
Dialog 147 ff.
Dreieinigkeit Gottes 137 f.

Engel 41 f., 127
Erzählen 63 f., 154 ff.
Eucharistie 106, 133 f., 169
Evangelisten 65 f., 109, 129

Fasten 130
Familie 11 f., 97 f., 124, 128, 148
Festkalender 120 ff.
Freikirchen 146
Frieden 82, 90 f.

Gebet 37, 44 ff.
Gebote 82 f., 85
Geburtstag 102, 125
Geheimnis 10 f., 41, 47, 71, 78 f.,
117, 141, 145, 153,
Gelähmter, Heilung des 163 ff.
Gemeinde 14 f., 97 f., 108
Gerechtigkeit 35, 42 f., 82, 90 f.
Gespräche mit Kindern 33 f.,
43 ff., 88, 90
Glaubensbekenntnis 109
Gleichnisse 67 f., 85, 88
Gottesbilder 11, 27 ff.
Gottesdienst 106 f.

Halloween 120 f.
Heilige 77, 104 , 111
Heiliger Geist 109, 137 f.
Heilung der Frau mit dem
gekrümmten Rücken 87
Himmel 31, 38 f., 41 f., 136
Hinduismus 76, 123
Hölle 42 ff.

Interreligiöse Erziehung 147 ff.
Islam 9, 29, 43, 52, 76, 110, 122 f.,
130, 147

Josefsgeschichte 58, 160 ff.
Judentum 29, 43, 51

Karwoche 130
Kinderbibel 113
Kindertagesstätte 12 ff., 148 ff.
King, Martin Luther 91
Kirchenraum 103 ff.
Konfessionen 145 f.
Konziliarer Prozess 82
Kreuz 107 ff., 131 ff.
Kreuzweg 111, 132
Kunst 111 ff., 133

Luther 85, 126, 145 f.

Märchen 57
Maria 41, 111, 129
Menschenrechte 14, 78
Moses Berufung 34
Musik 114 ff., 138

Nikolaus 125 f.

Orgel 114
Orthodoxe Kirchen 145 f.
Ostergeschichte 134 ff., 170
Osterzeit 130

Pfingstfest 137 f., 171
Psalmen 30, 37, 40, 46, 51, 54, 79,
85, 107, 114

Reformation 145 f.
Religion 9 ff.
Religiöse Pluralität 9 f., 14, 147 ff.
Religionsunterricht 15 ff., 98
Rituale 99 ff., 125

Samariter, Gleichnis vom
barmherzigen **88**
Sämann, Gleichnis vom **68**
Schalksknecht, Gleichnis vom **85**
Schöpfung **23**, **32 f.**, **79**, **82**, **139**
Segen **41**, **97**, **99 ff.**, **107**, **116**, **124**
Staunen **21**, **33**, **47**
Sterben und Tod **114 ff.**, **138**
Stilleübungen **38 ff.**, **42 f.**
Sturmstillung **54 f.**
Symbole **101 f.**, **117**, **125 ff.**, **130**, **137 f.**
Taufe **60**, **100**, **108**
Tauferinnerung **102**
Teufel **43**
Tod Jesu **131 ff.**

Übergangsobjekt **100**

Vaterunser **44**, **107**
Weihnachtszeit **124 ff.**
Wundergeschichten **60 ff.**

Zachäus **87**, **166**
Zehn Gebote **80**

Bildnachweise

akg-images/Erich Lessing **68**; akg-images/Tristan Lafranchis **13**; Claudia Below **65**, **66**, **107**; Bildagentur Schapowalow **139**; cinetext **146**; epd **46**, **76**, **131**; Gerry Frank **115**; FTI Frosch Touristik GmbH **110**, **112**, **144**; KNA **137**; Solveig Möhrle **95**, **119**, **125**; picture-alliance/akg-images **91**; picture-alliance/dpa **9**, **51**, **75**, **110**; picture-alliance/dpa/dpaweb **11**; picture-alliance/Godong **7**, **13**, **52**; picture-alliance/ZB **13**, **122**; plainpicture/Wagner, V., plainpicture/Stüber, P. **143**; Presseamt Stadt Münster **104**; www.bigfoto.com **144**; www.1000fragen.de **73**; *Zeichnungen:* Dietmar Griese **57**, **87**, **89**, **157**, **159**, **167**, **172**